AF622822

1日 8月32日 33日

toshibo 写真作品集

※この作品集は演出の都合上、文字化けのようになっている部分があります。

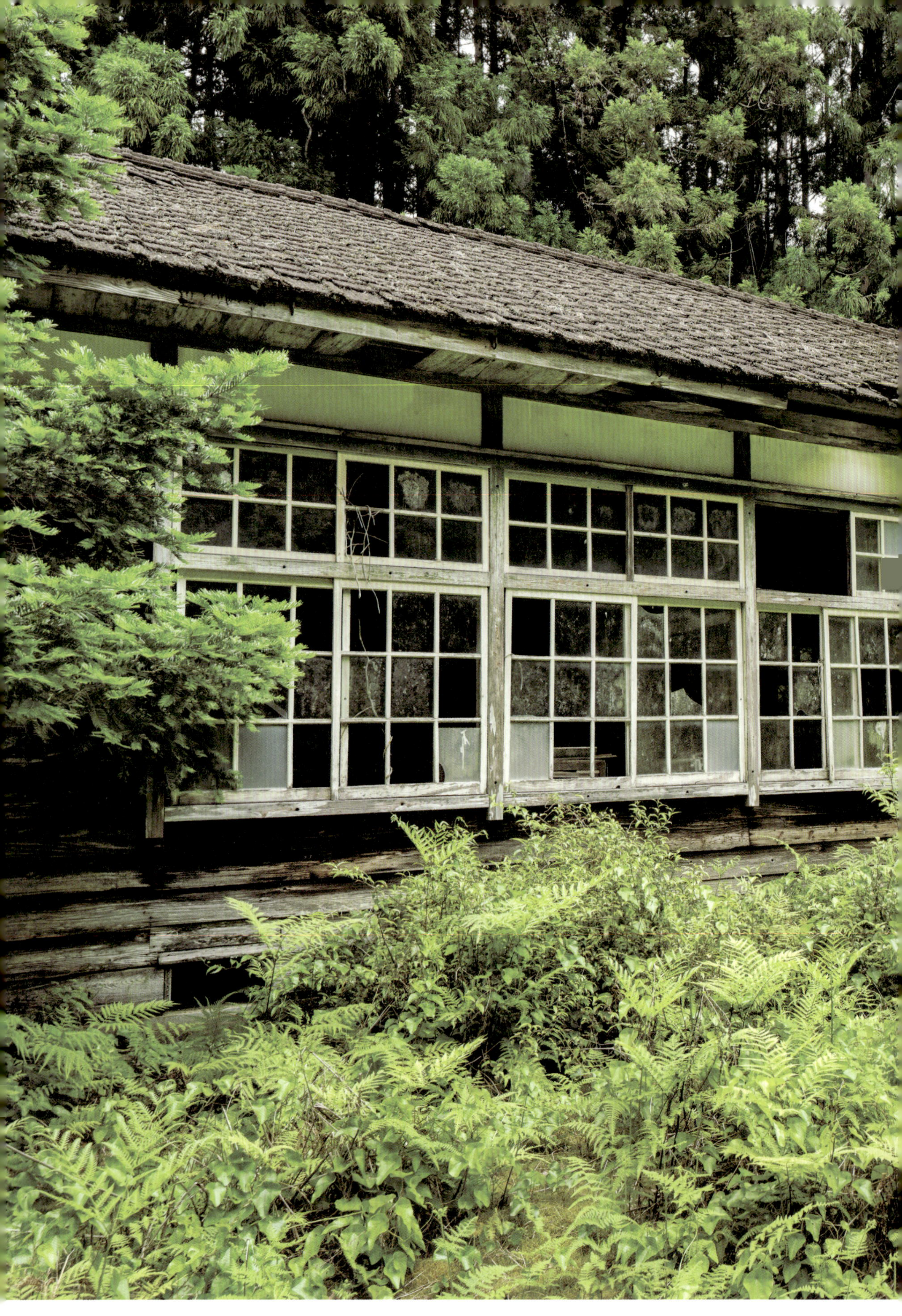

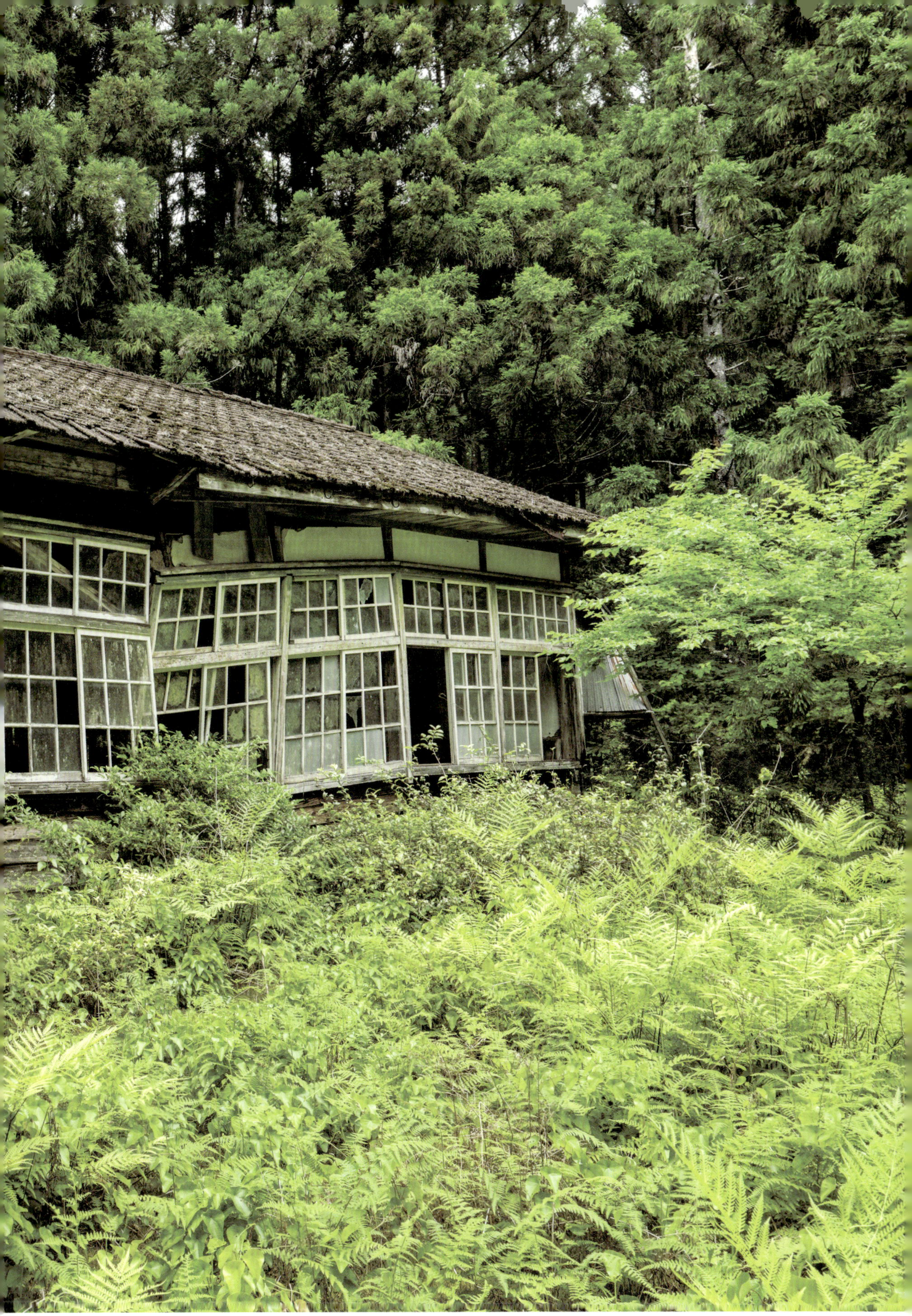

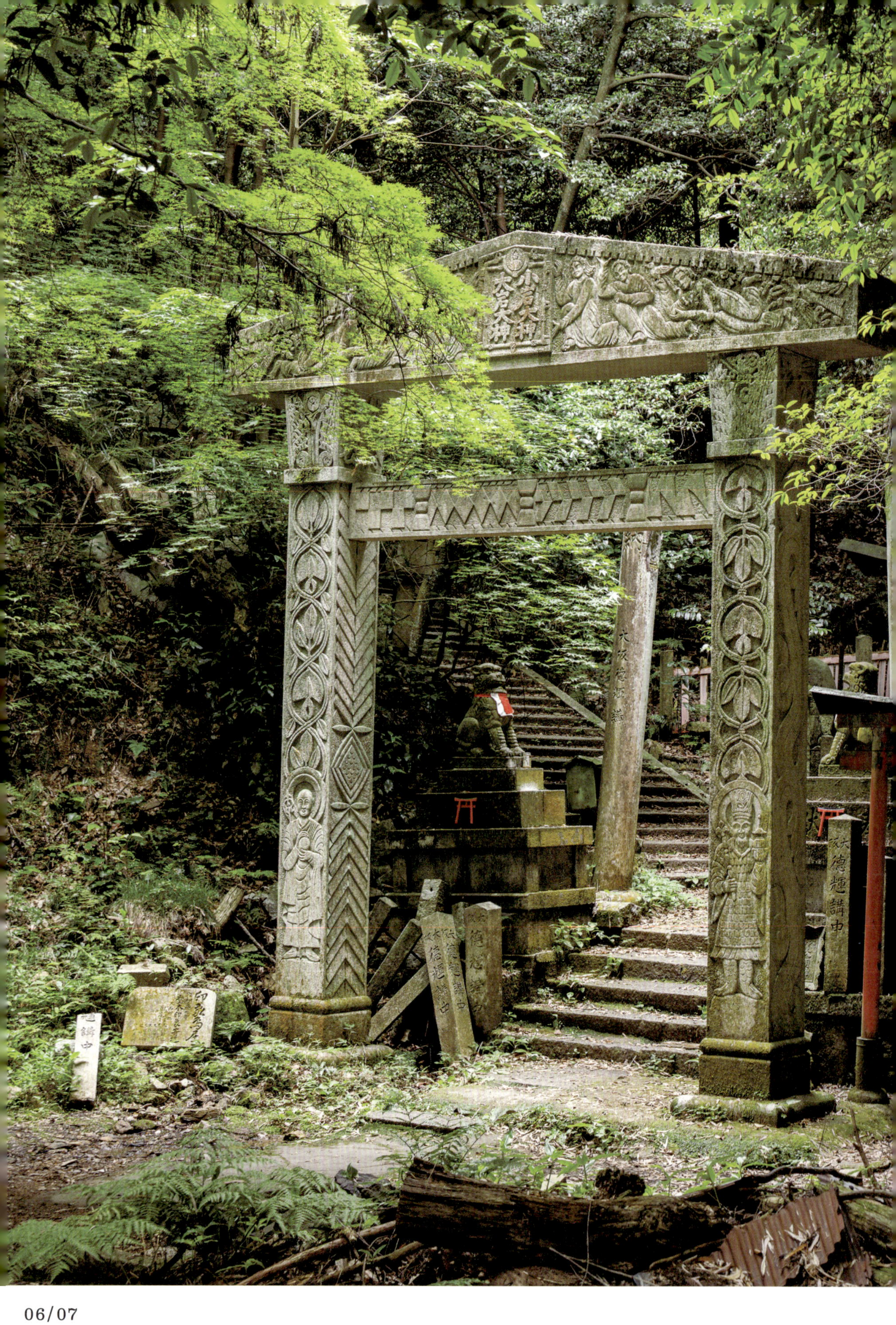

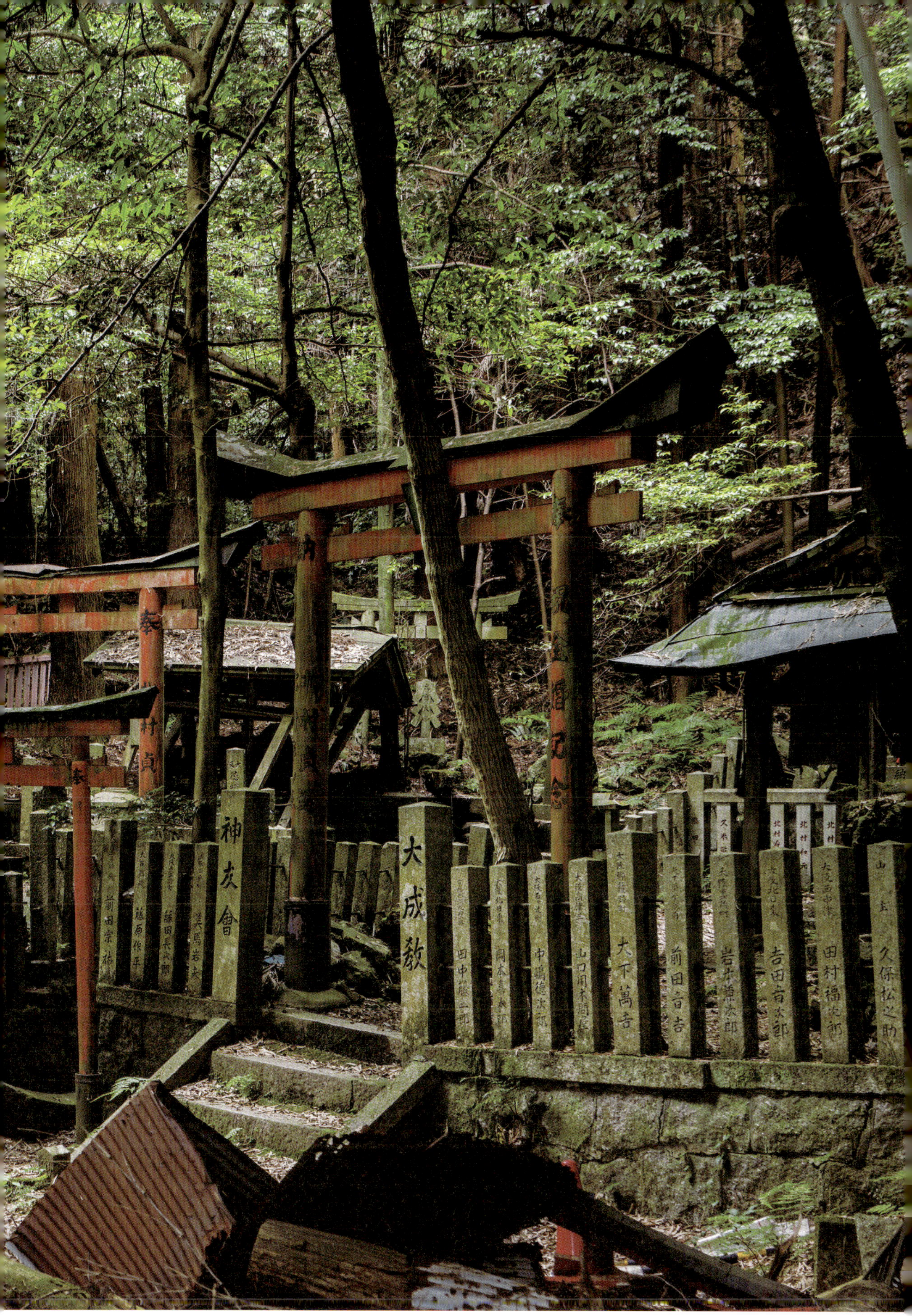
神友會
大成教

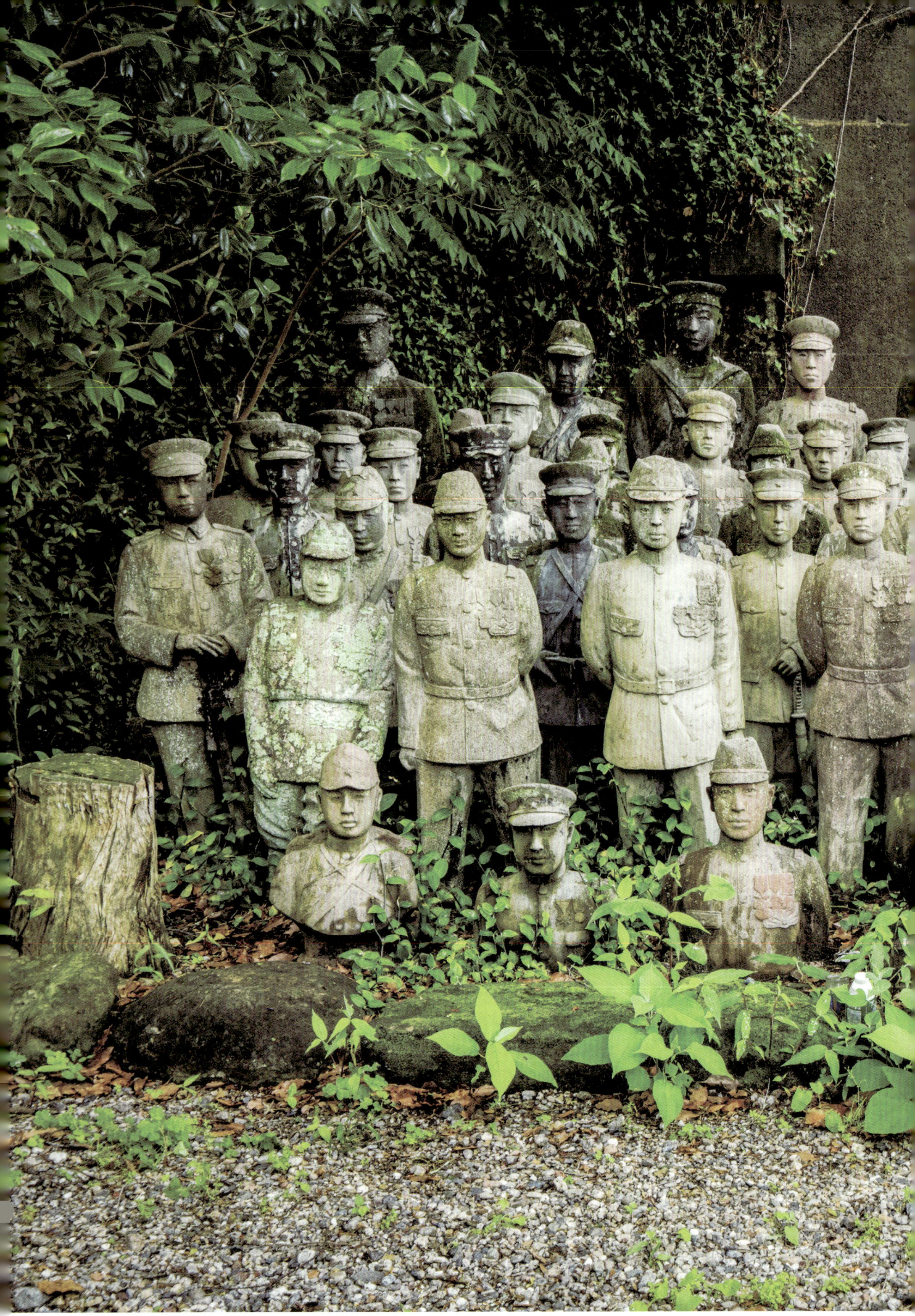

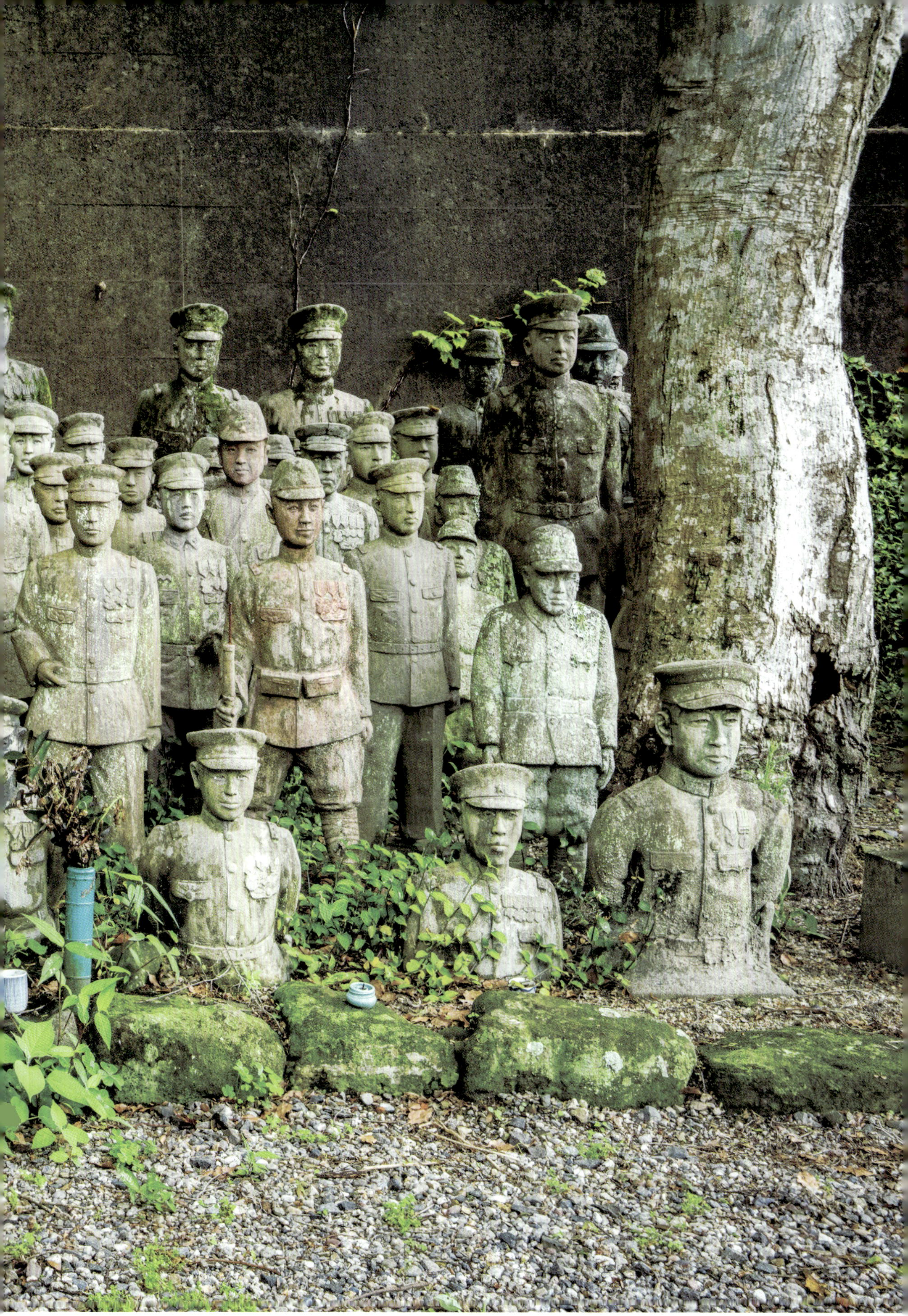

8

3

Contents

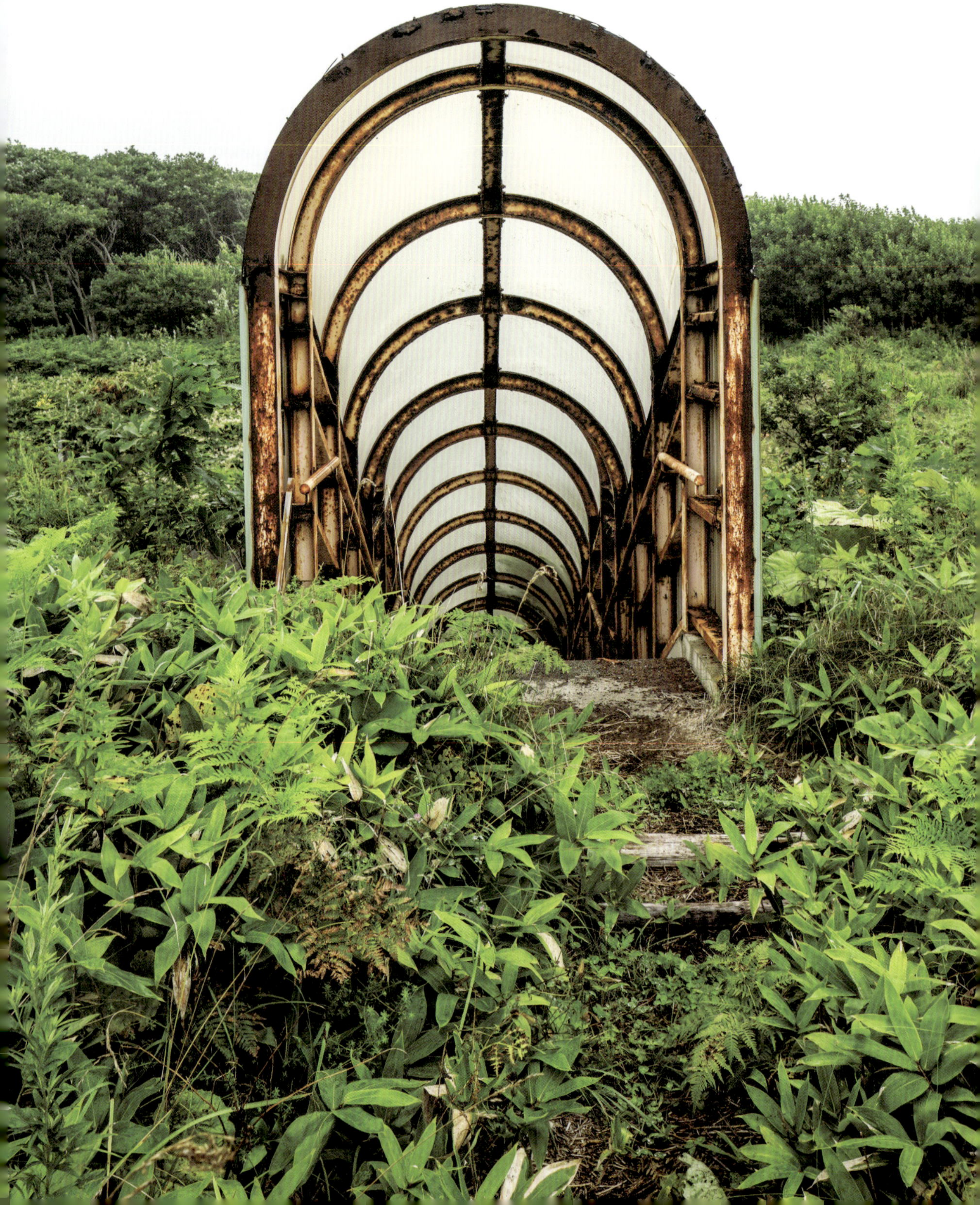

Prologue

8月31日。僕は会社を辞めた。
学生たちの夏休みが終わる日、
僕だけの夏休みが始まった。
その些細なズレが、
この世界のバグを生んだのかもしれない。

「toshibo」という写真家が残した
『8月32日』という作品集は、
僕がめぐった世界のバクを
驚くほど正確に捉えていた。
あの日、退屈な日常から解放された僕は、
その歪みに惹きつけられるように、
ありえないはずの「明日」に
足を踏み入れたのだった—

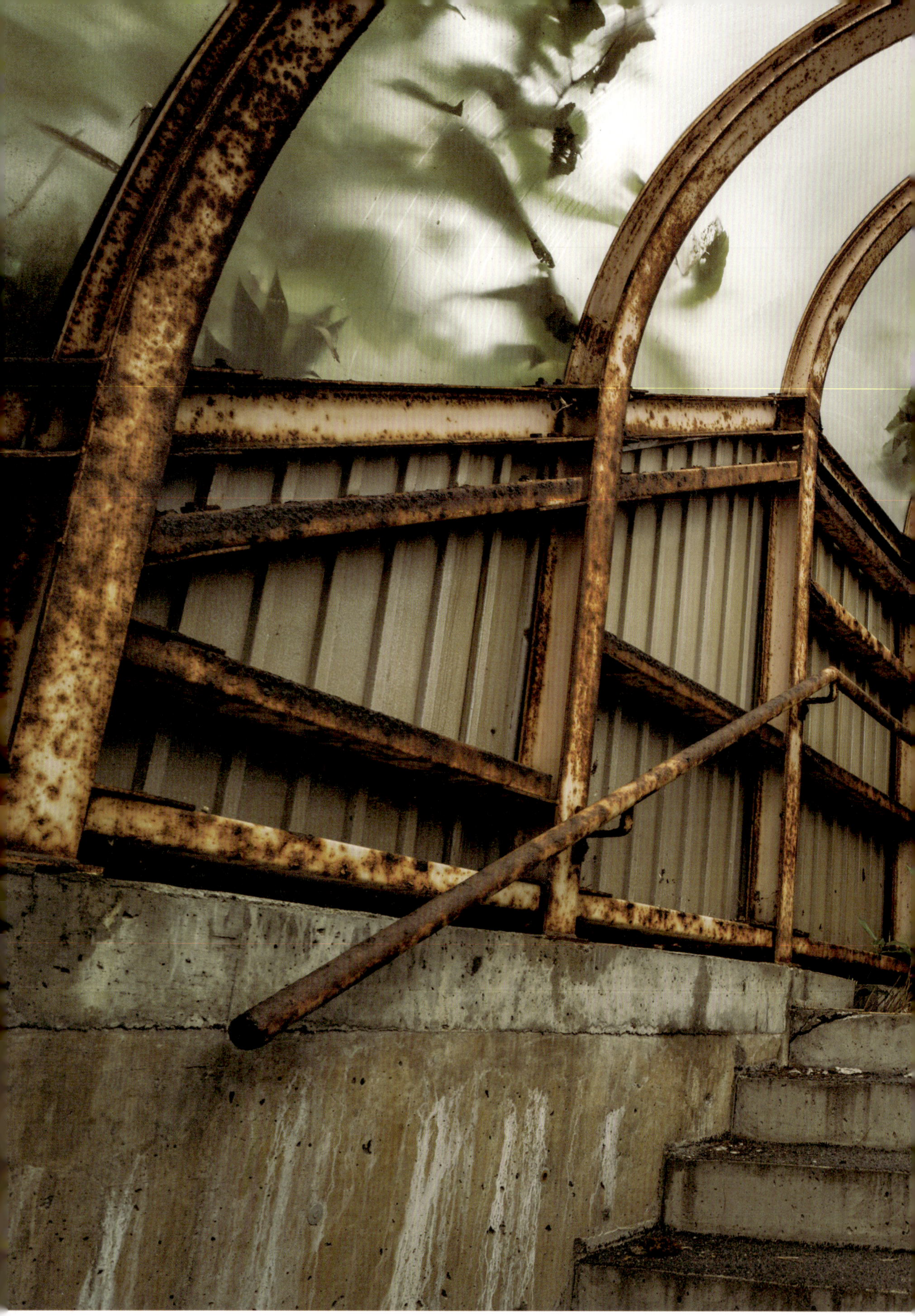

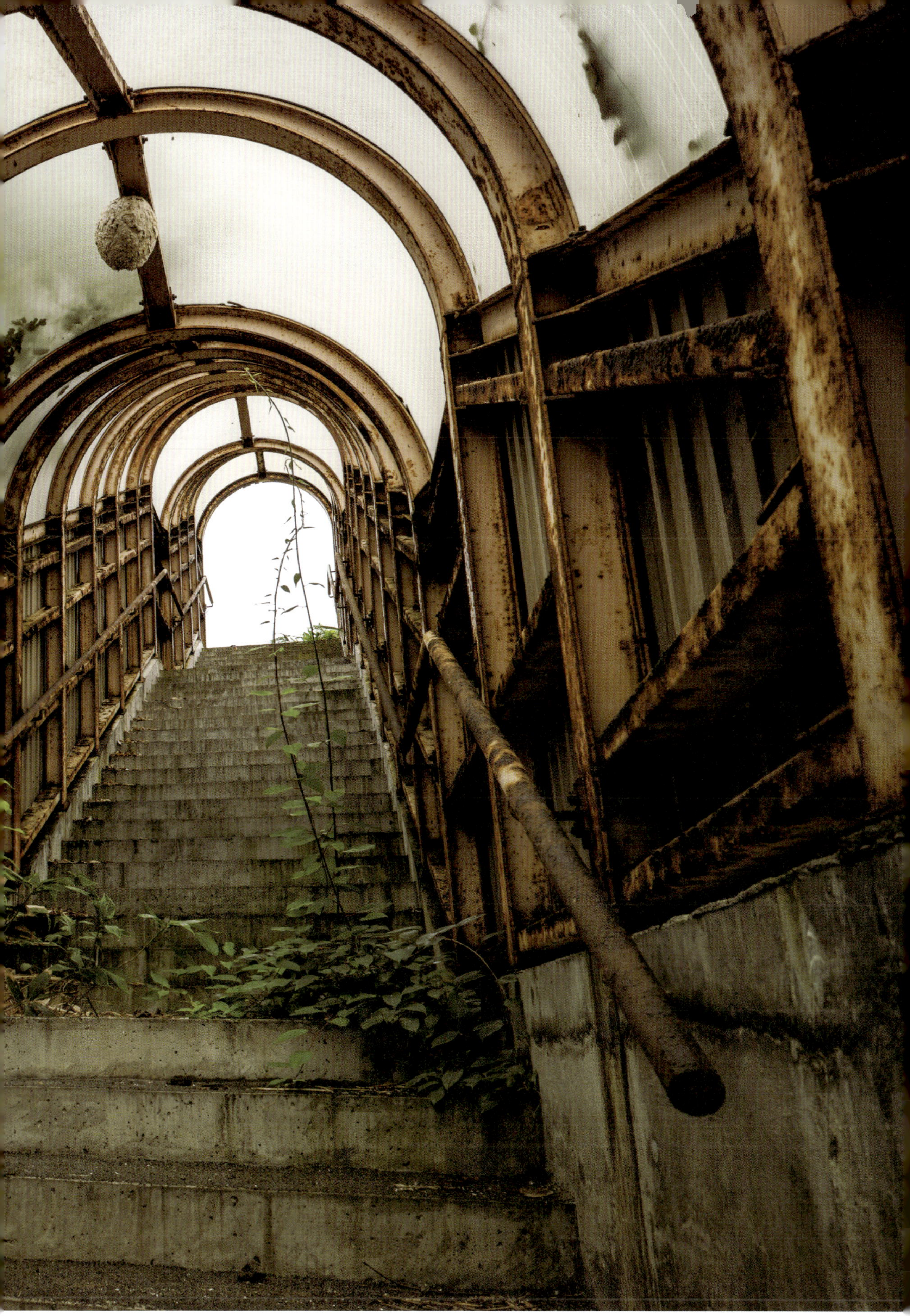

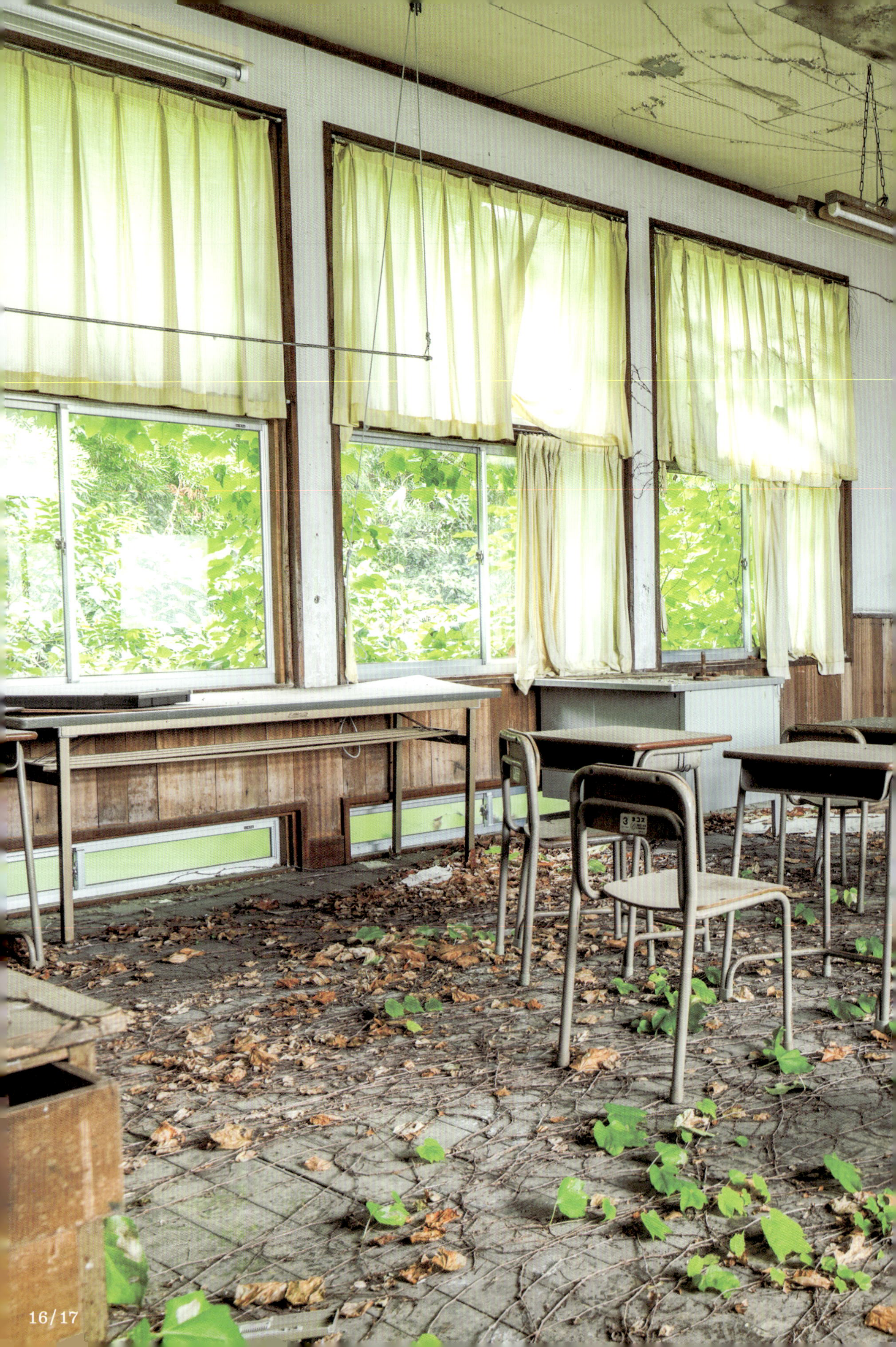

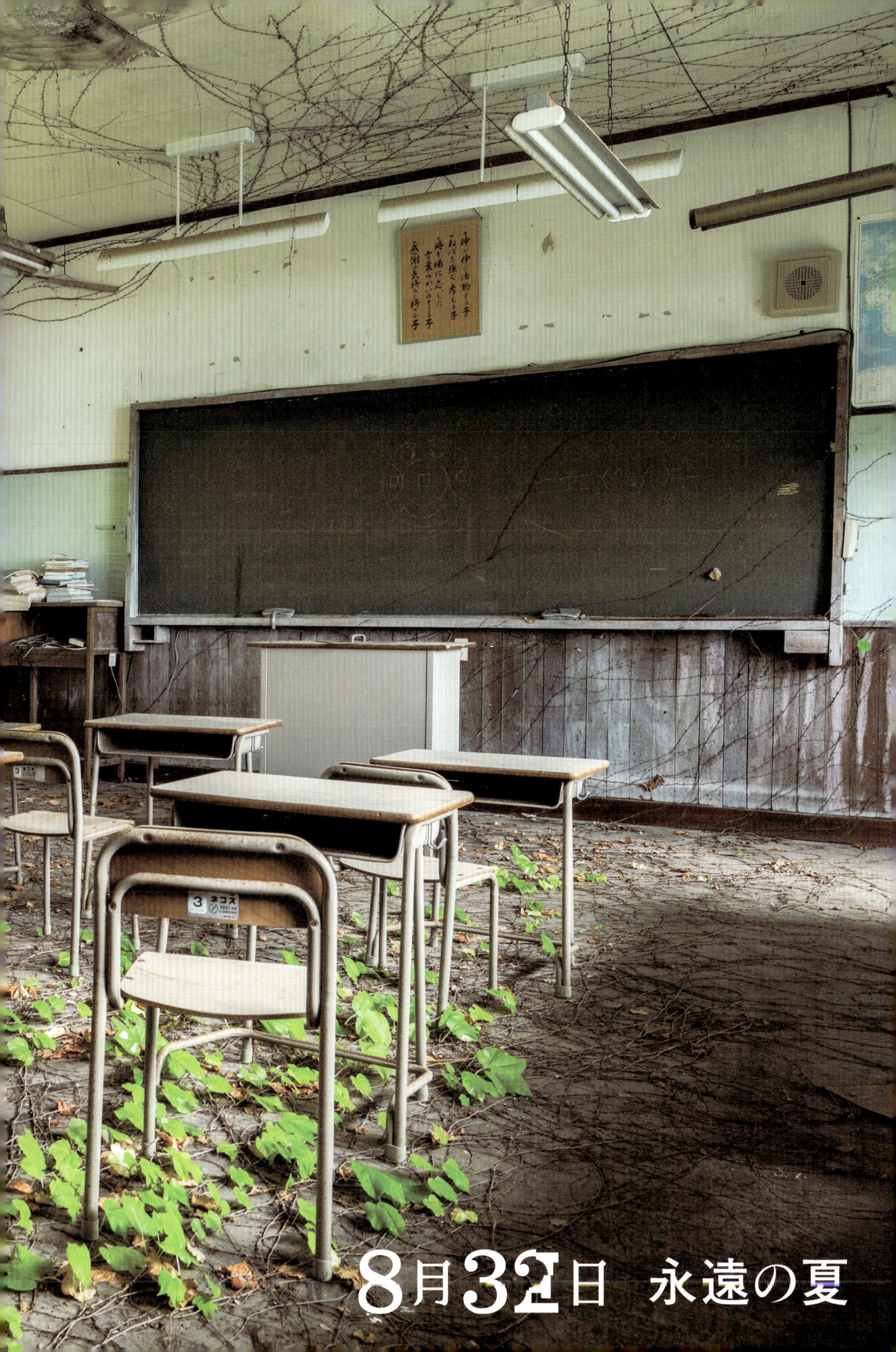

8月32日 永遠の夏

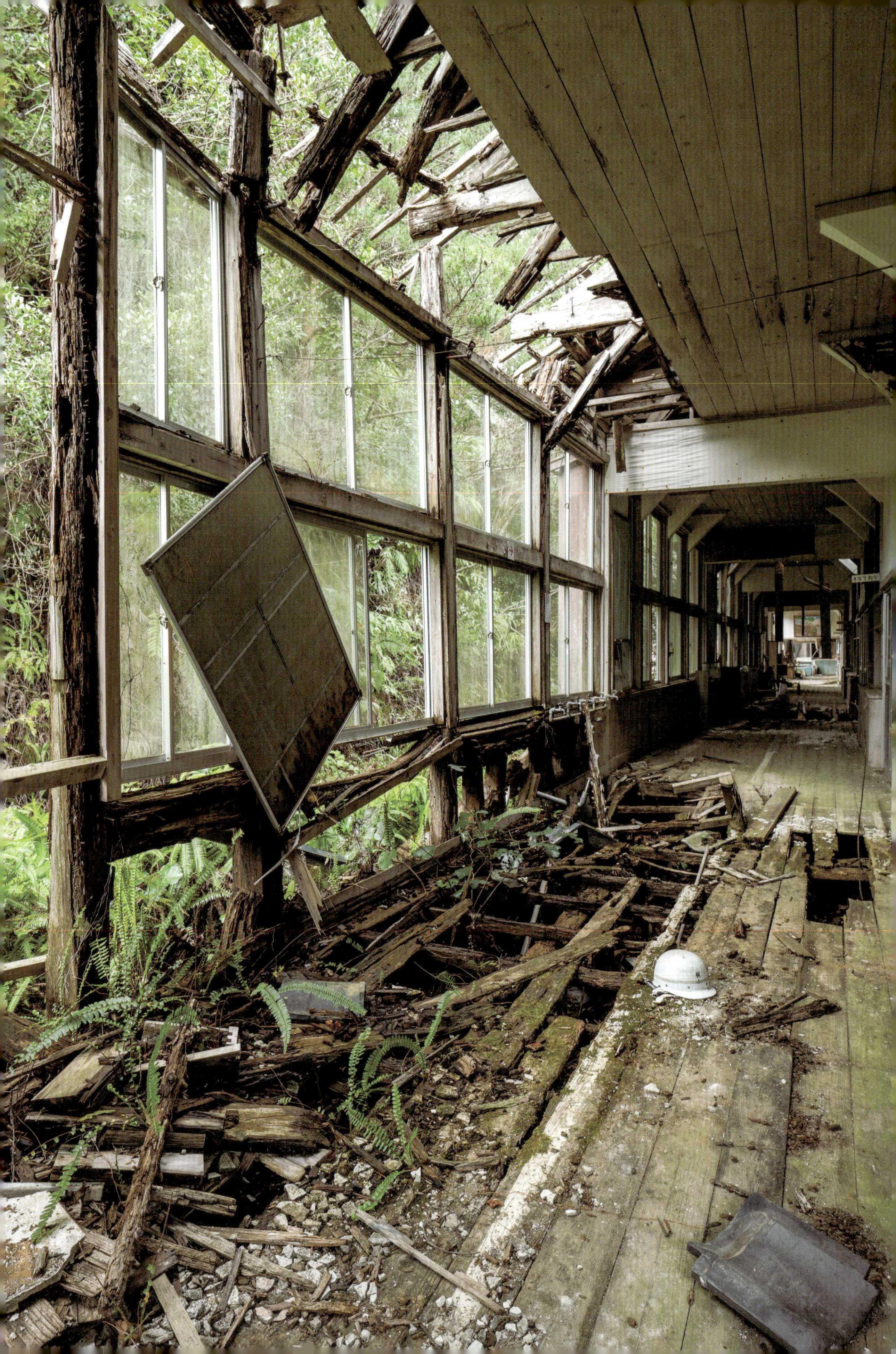

気づくと見覚えのある教室にいた。

植物の青臭さと、カビのにおいが鼻をかすめる。
なんだかとても懐かしい。

カナカナカナカナカナ……
普段だとうるさく感じる蝉の声は
不思議と煩わしさを感じず、
心地の良い環境音として鼓膜を振動させてくる。

どうやらこの学校は廃墟となっているようだ。
きっと誰もいないだろうから、少し探検してみよう。

腐りかけて、今にも底が抜けそうな木造の廊下を慎重に歩く。
慎重に、慎重に、なるべく丈夫な床を探して慎重に歩いた。

ふと、廊下の窓から差し込む光が目に入った。
埃の粒がその光の中をゆらゆらと漂っている。
その光景に、ふいに胸がざわついた。

僕はこの光景を、どこかで見たことがある気がする。

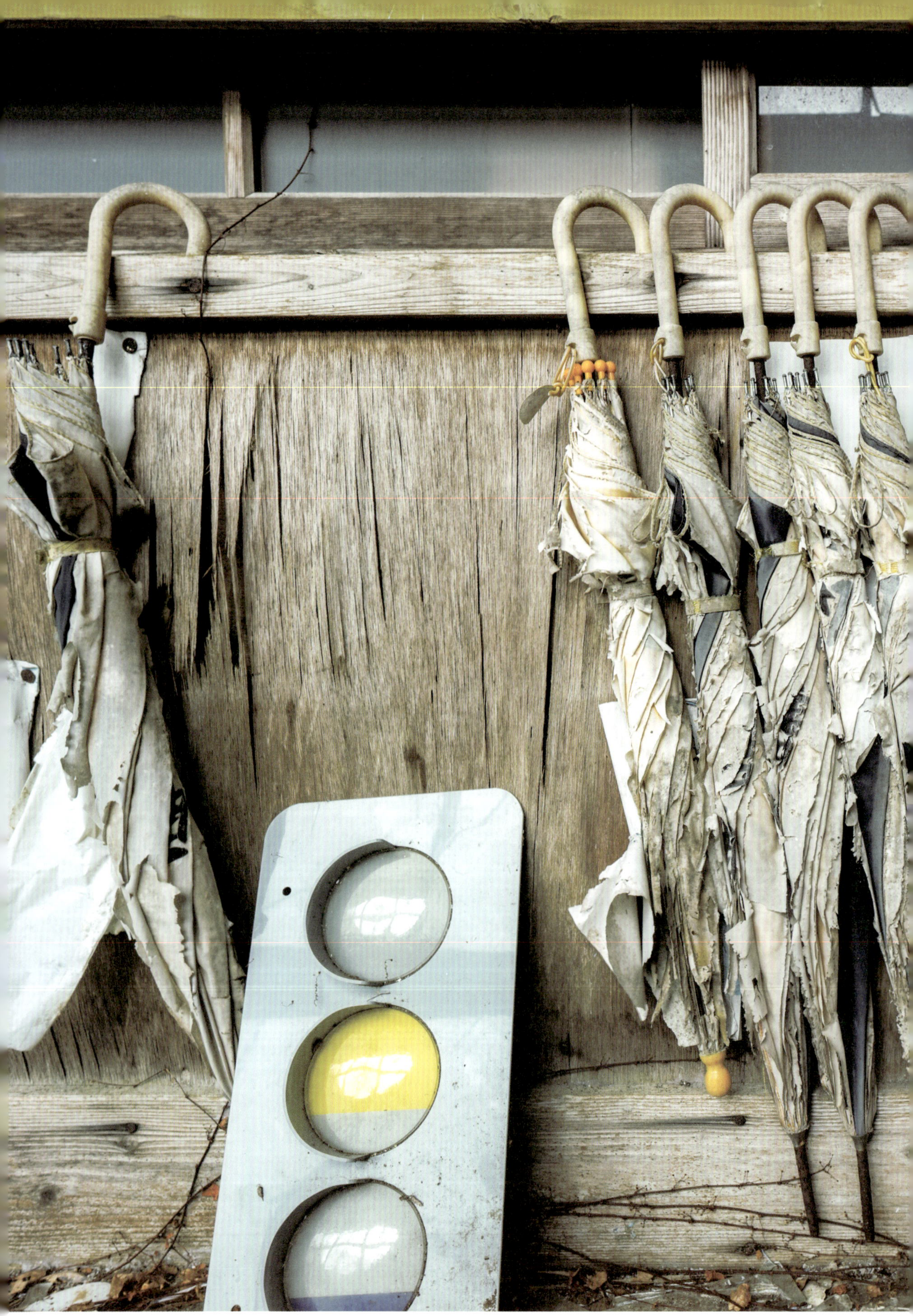

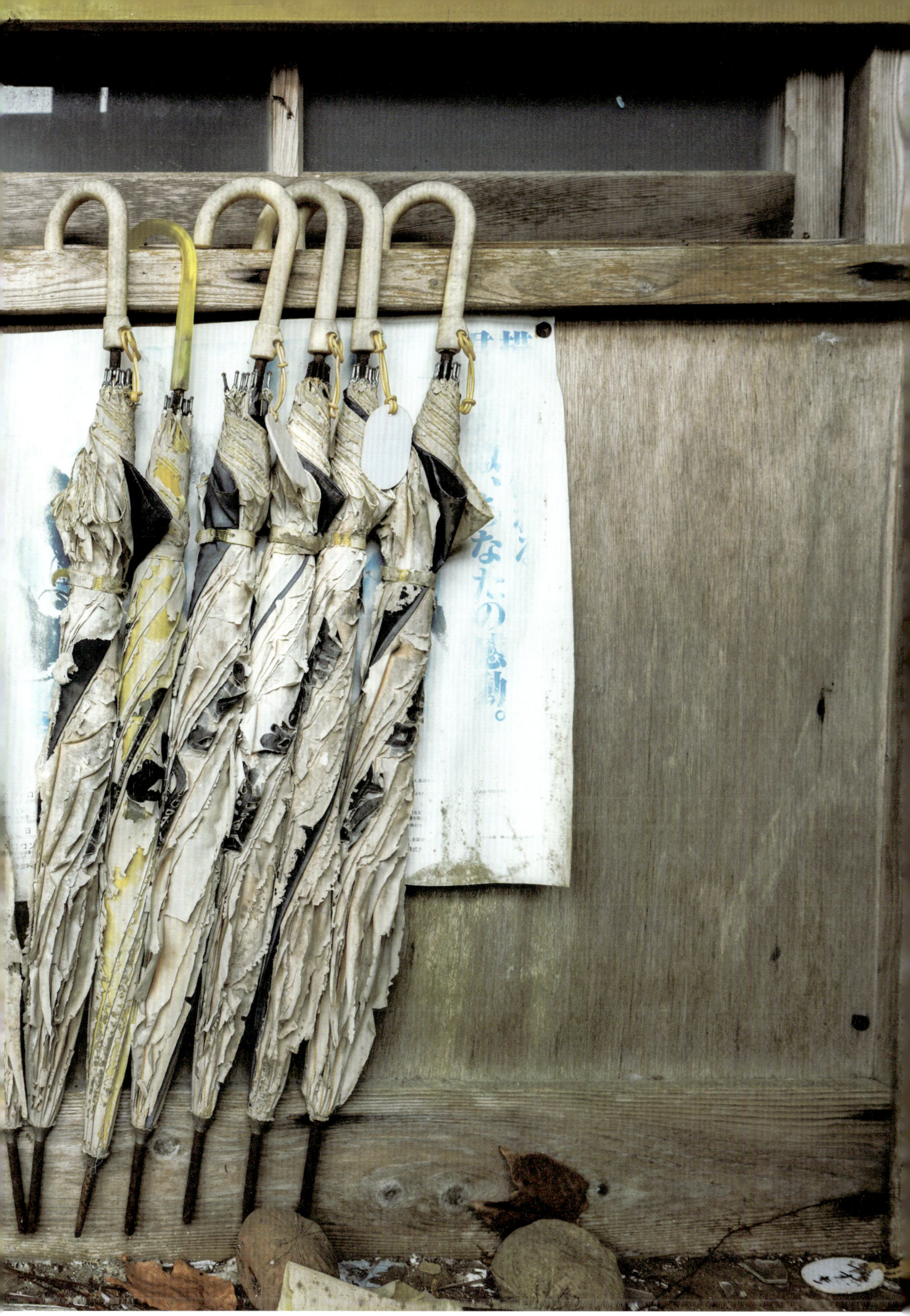

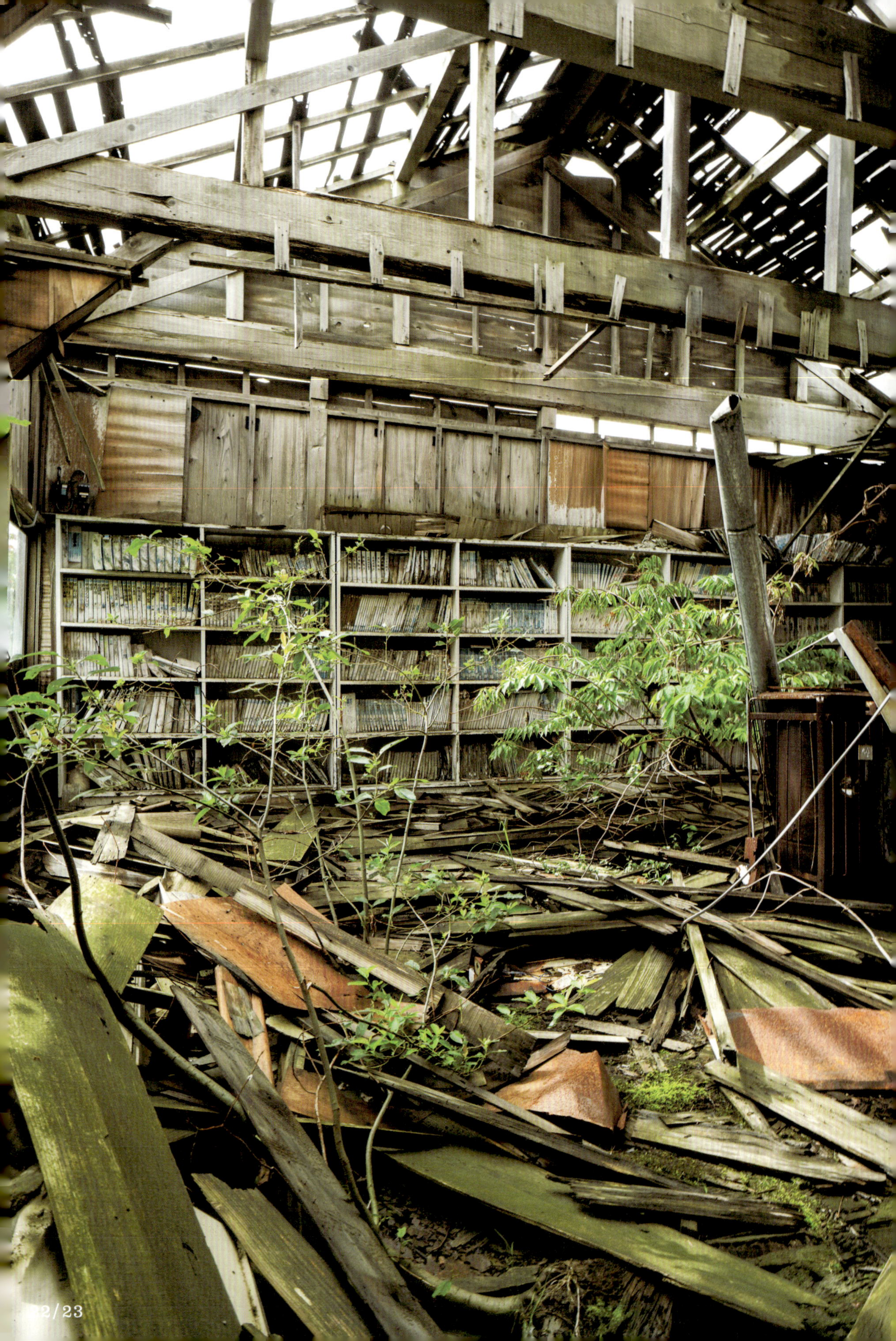

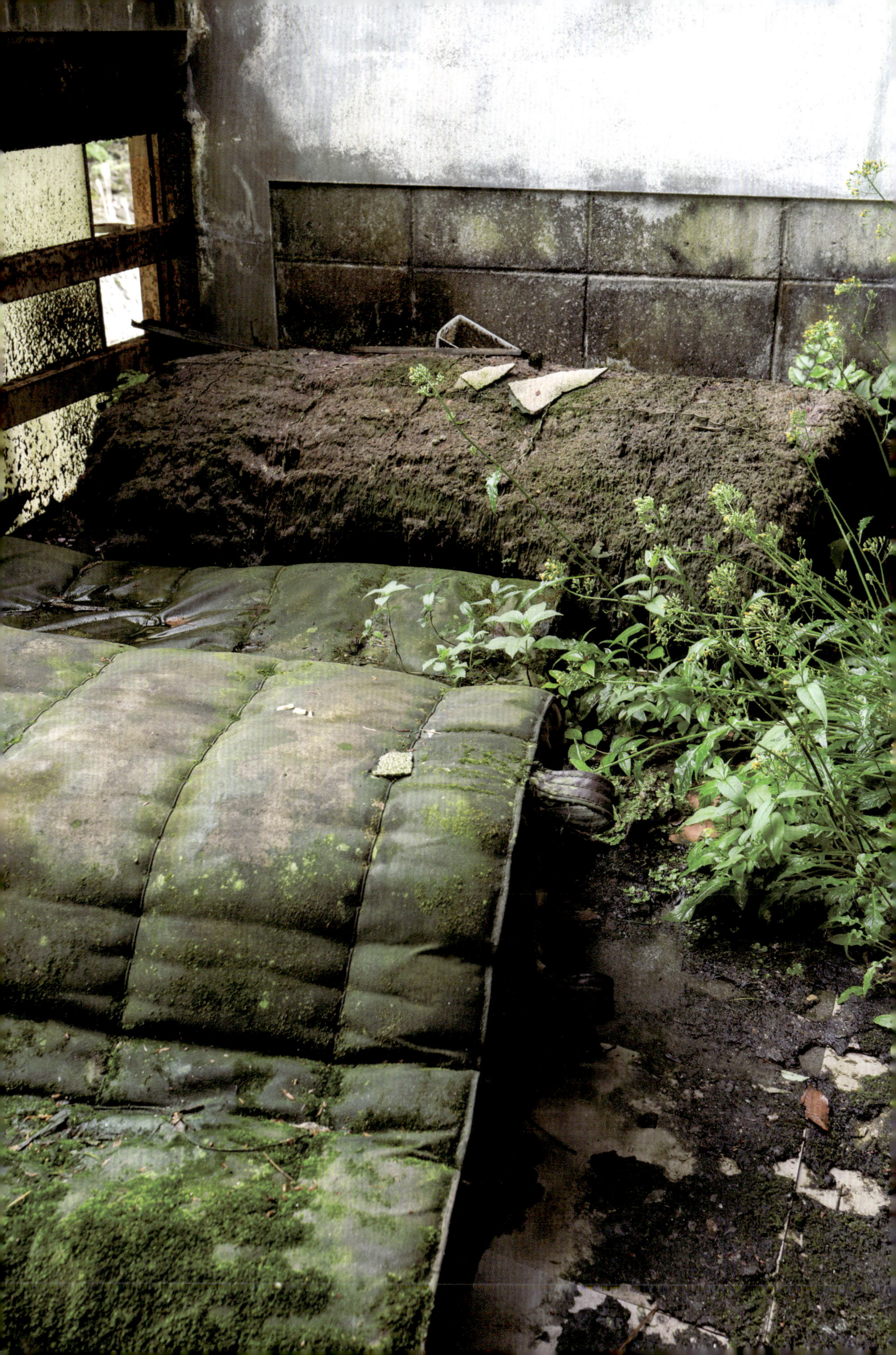

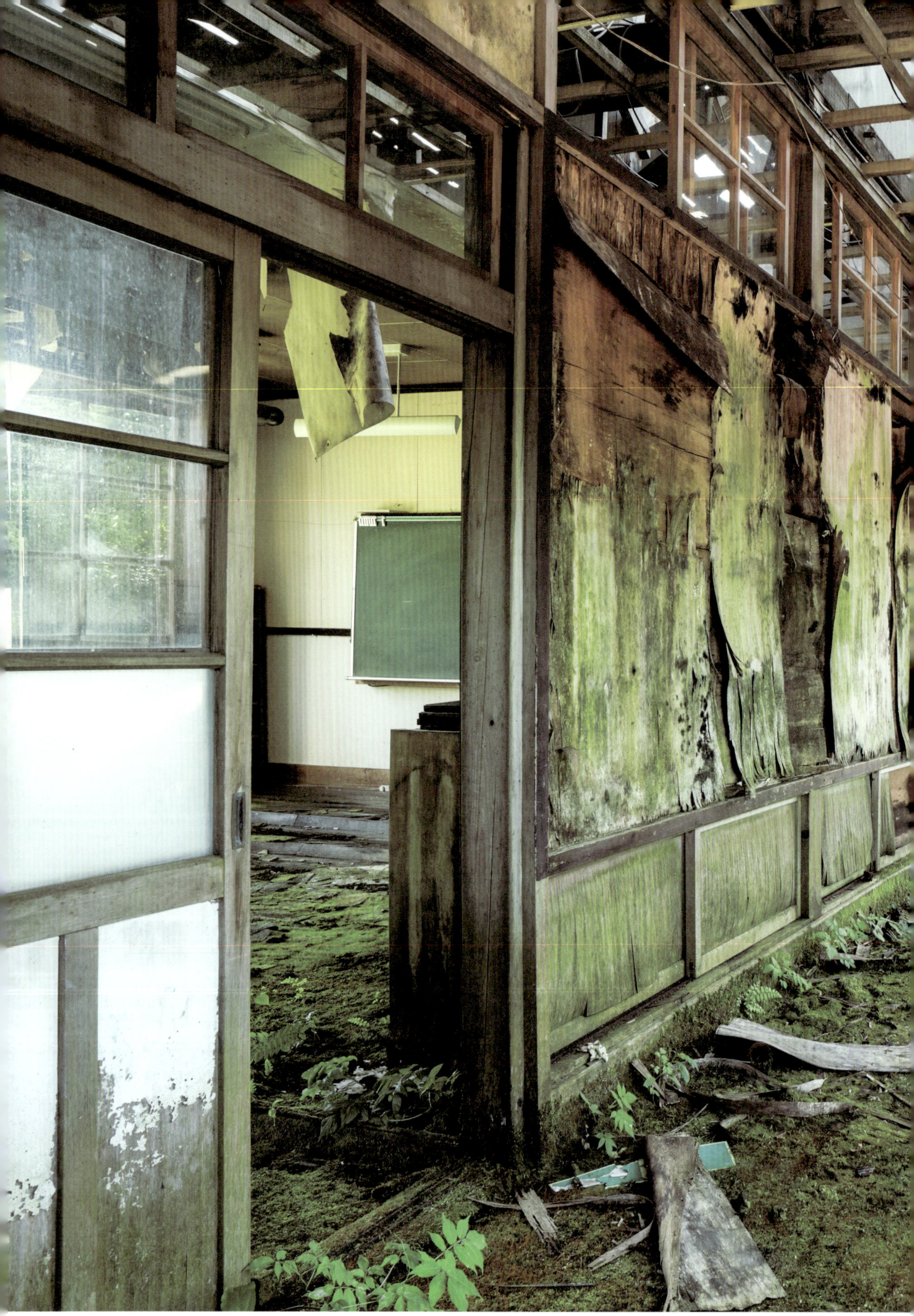

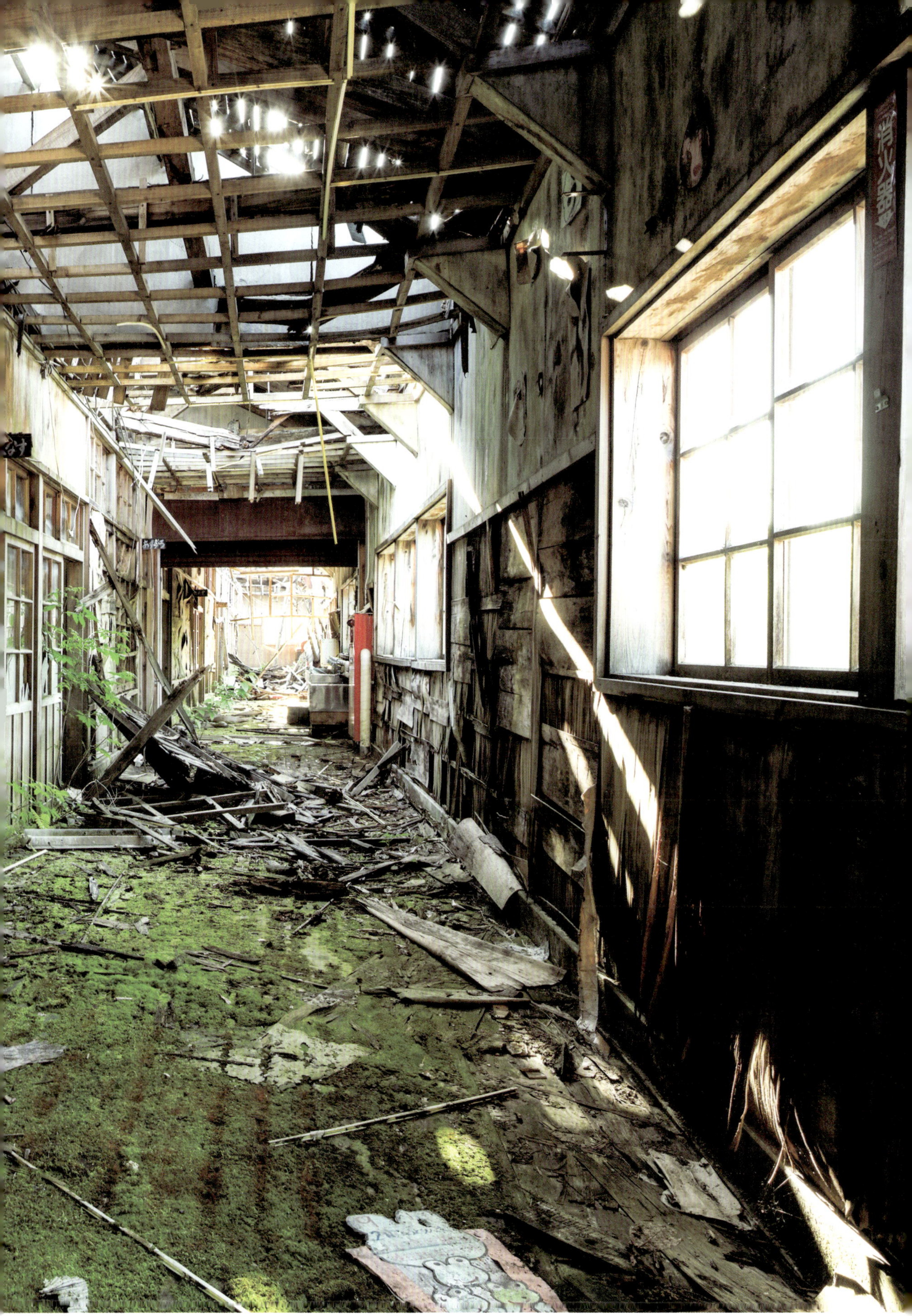
消火器

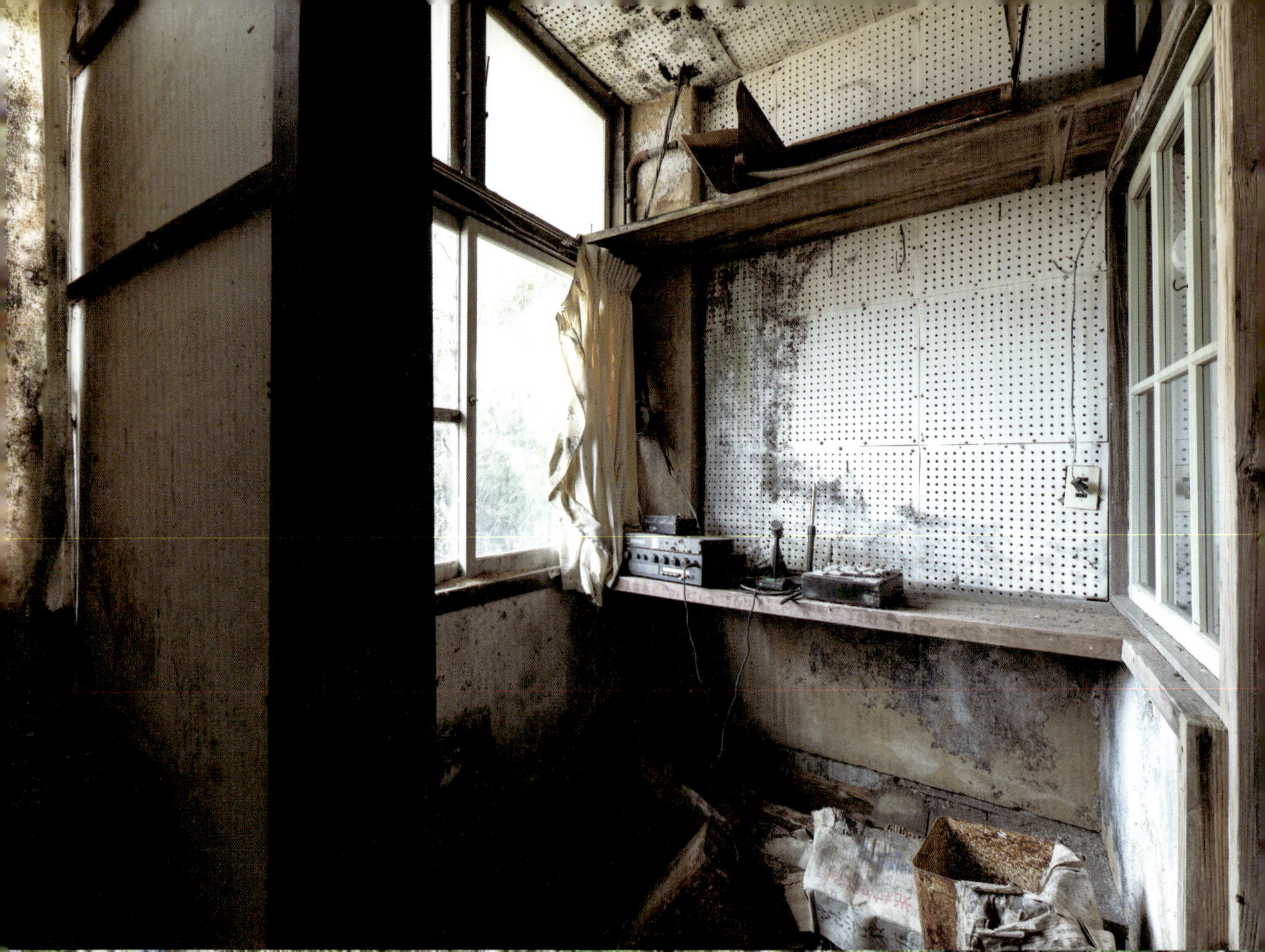

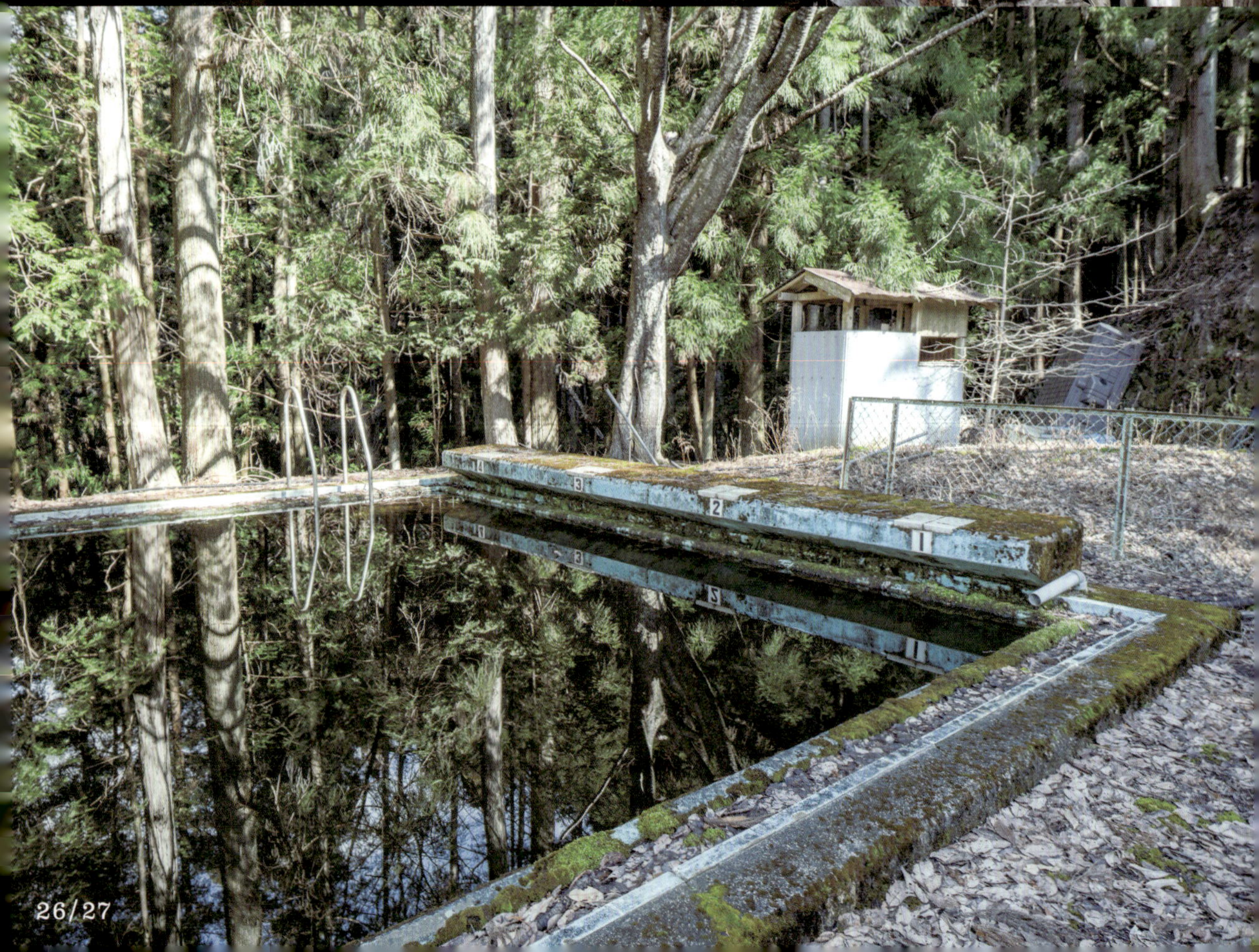
1
2
3
4

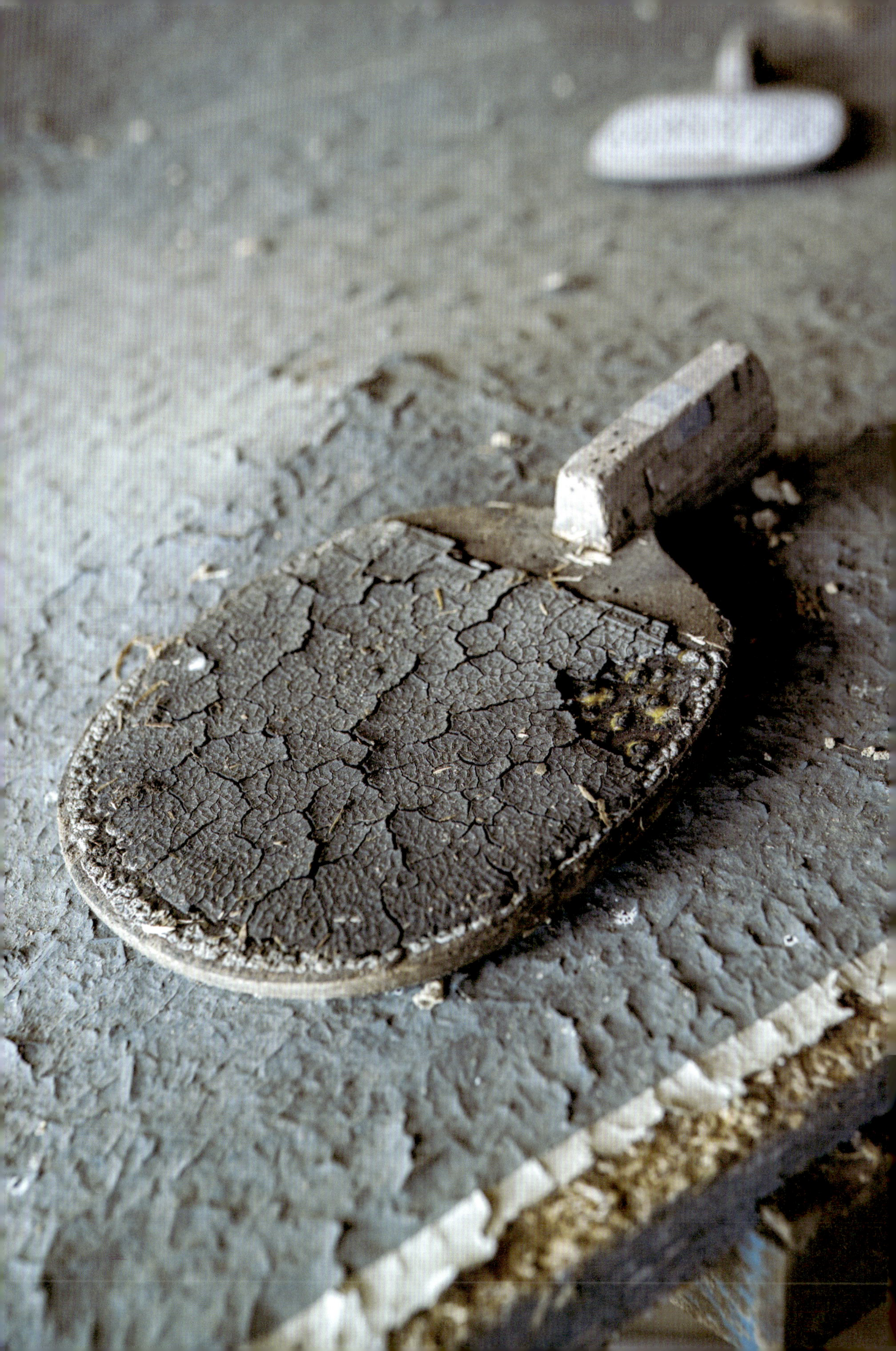

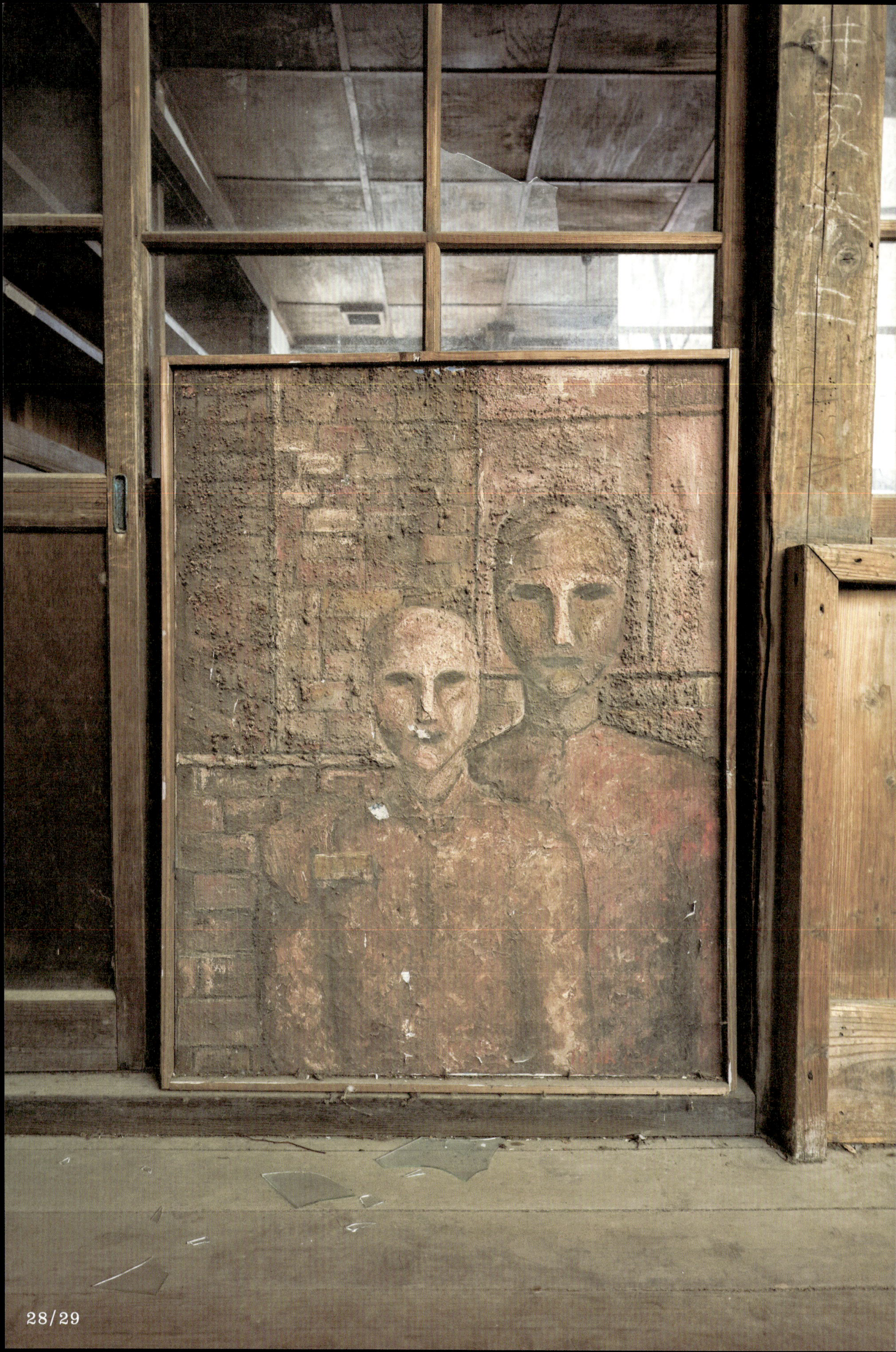

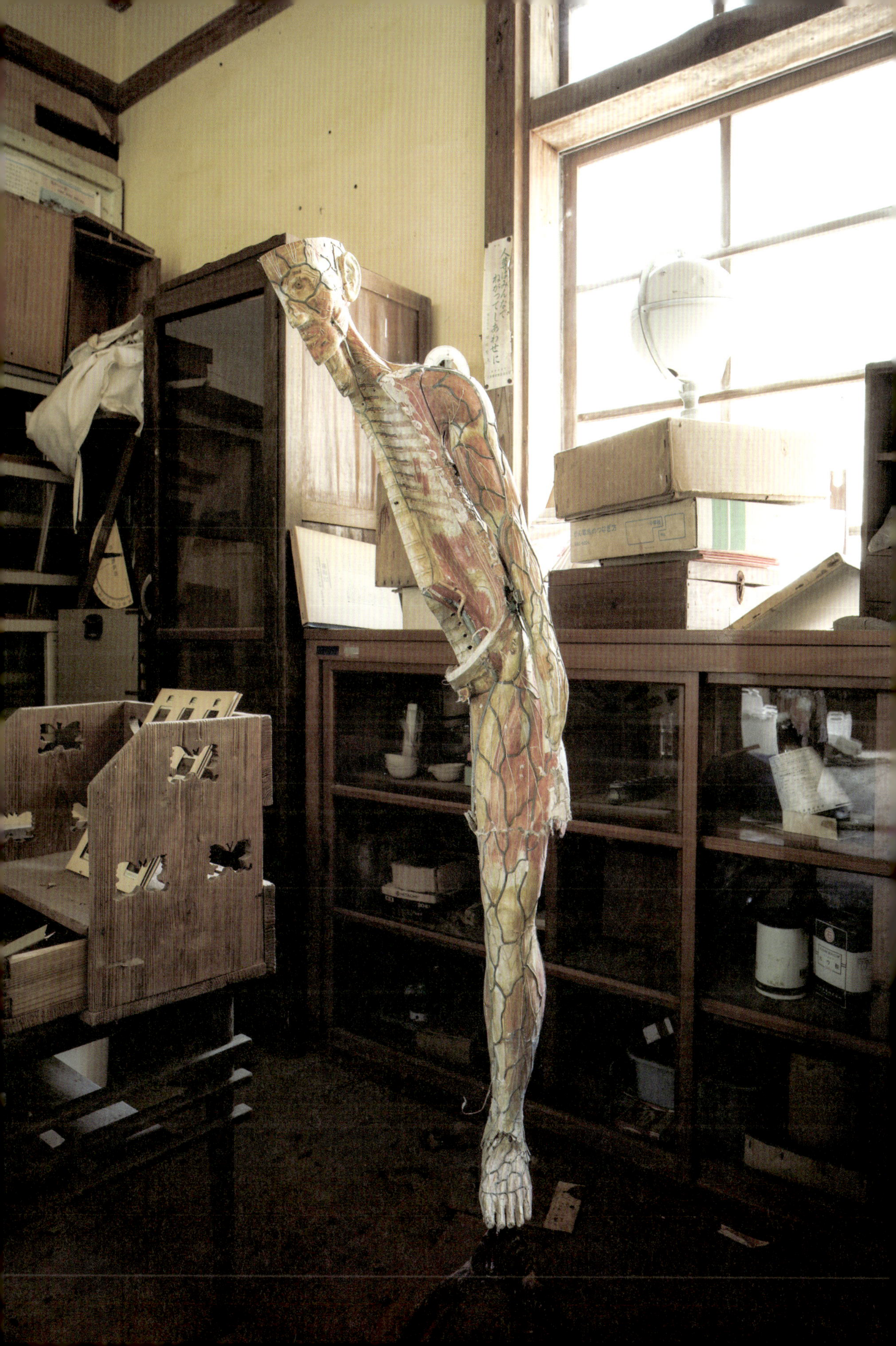
ねがってしあわせに

ここにいる間に忘れかけていた記憶が蘇ってきた―

僕の通っていた小学校は、
町の少子化に伴い、隣町の学校と統合して今は存在しない。
絵に描いたような港町、生徒は少なくても立派な校舎だった。

潮風の影響でクラスのロッカーが
少し錆びていたのをよく覚えている。

山間の小高い場所に建っていて、
今思うと通学するのはなかなか大変な道のりだったけど、
当時はそんなことは気になりもしなかった。

都会と比べると日照時間が長い地域だったおかげで、
放課後は長いこと友人たちと遊んでいた。

夕陽に照らされて、長く伸びる影を踏み合いながら、
「さようなら」「またあした」と手を振って別れる。

あの頃は、そんな当たり前の光景が永遠に続く気がしていた。

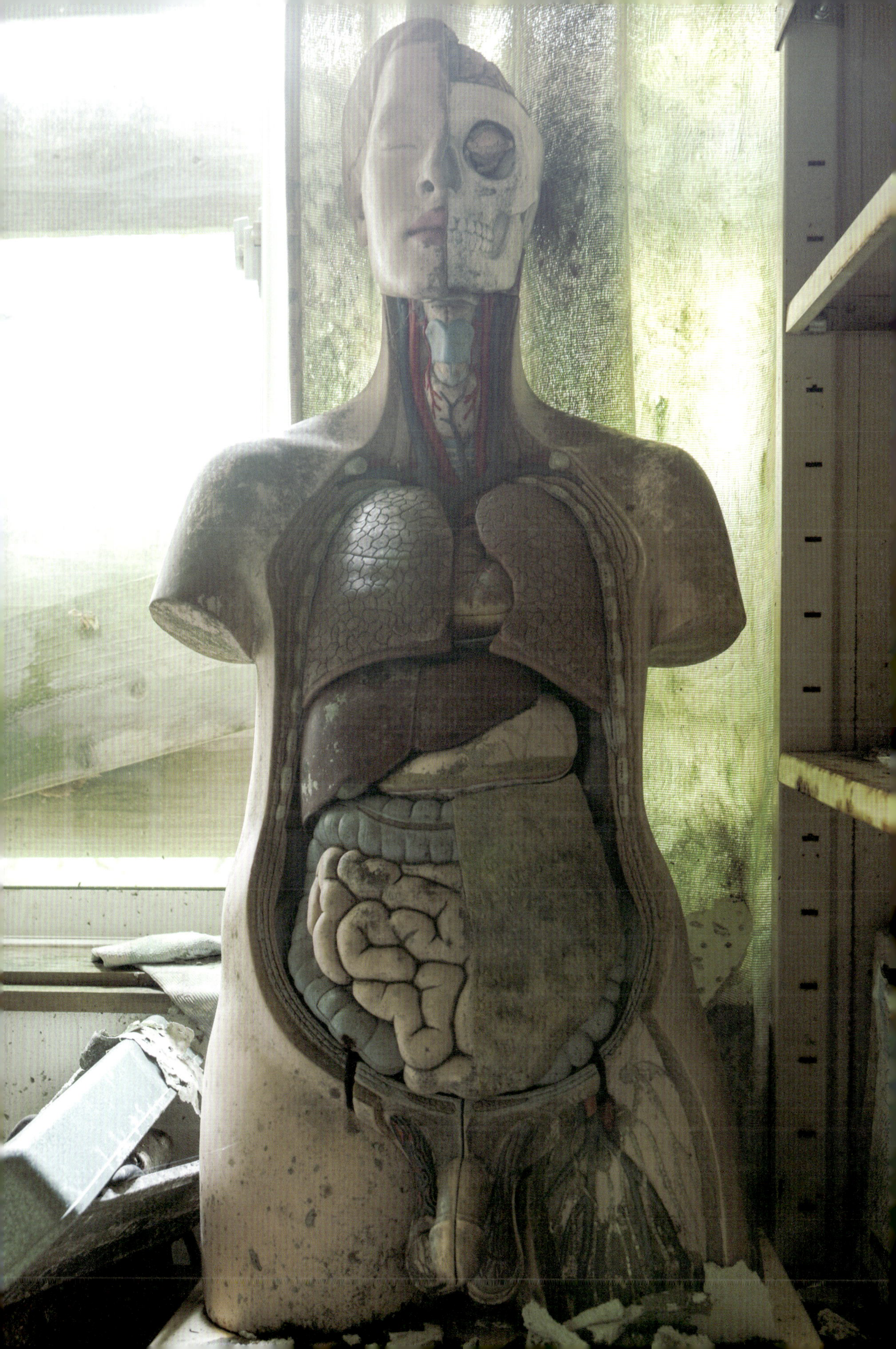

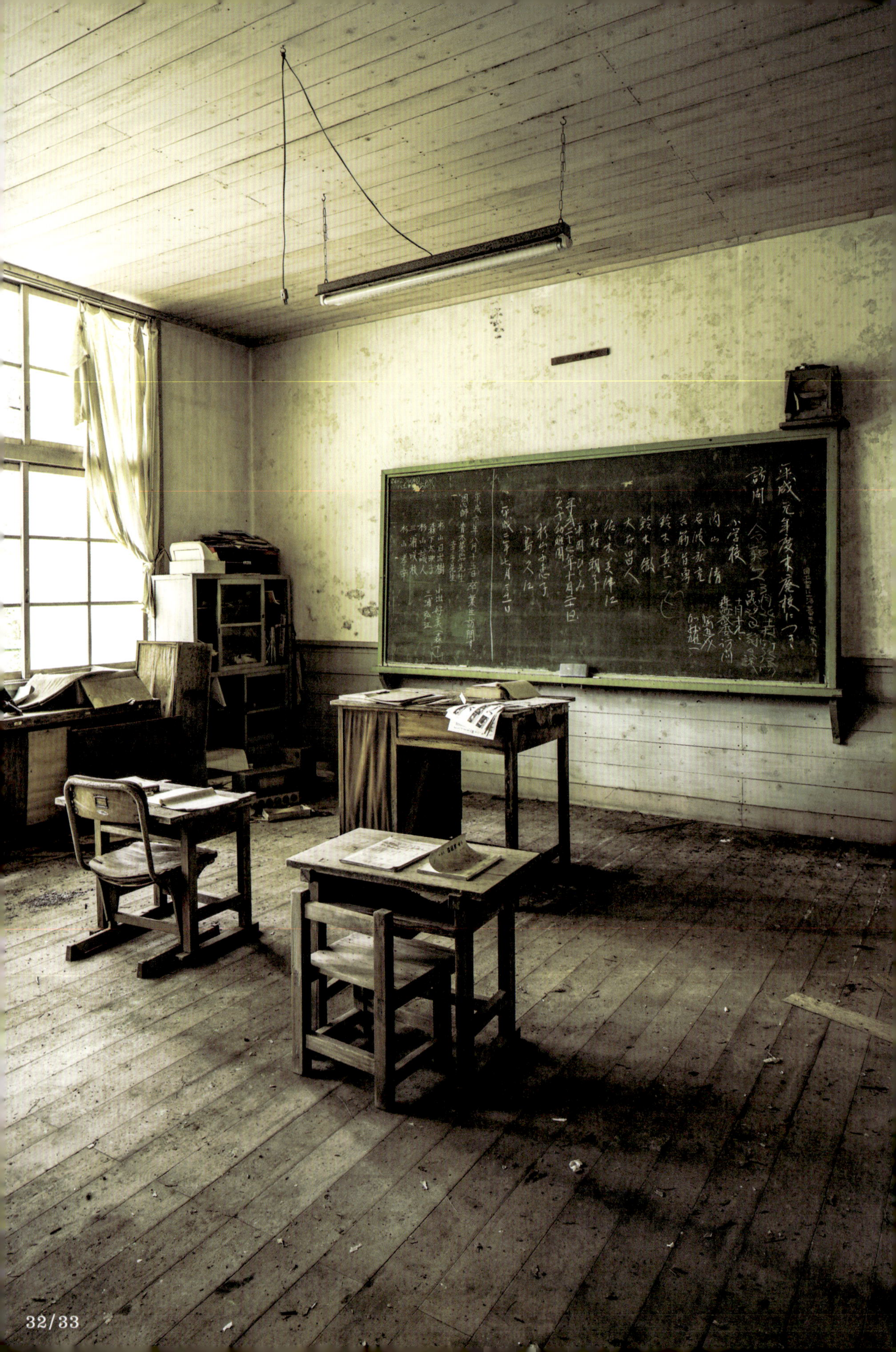
平成元年度末廃校につき
訪問
小学校
平成二年七月二十一日
平成六年八月十三日 卒業生訪問す

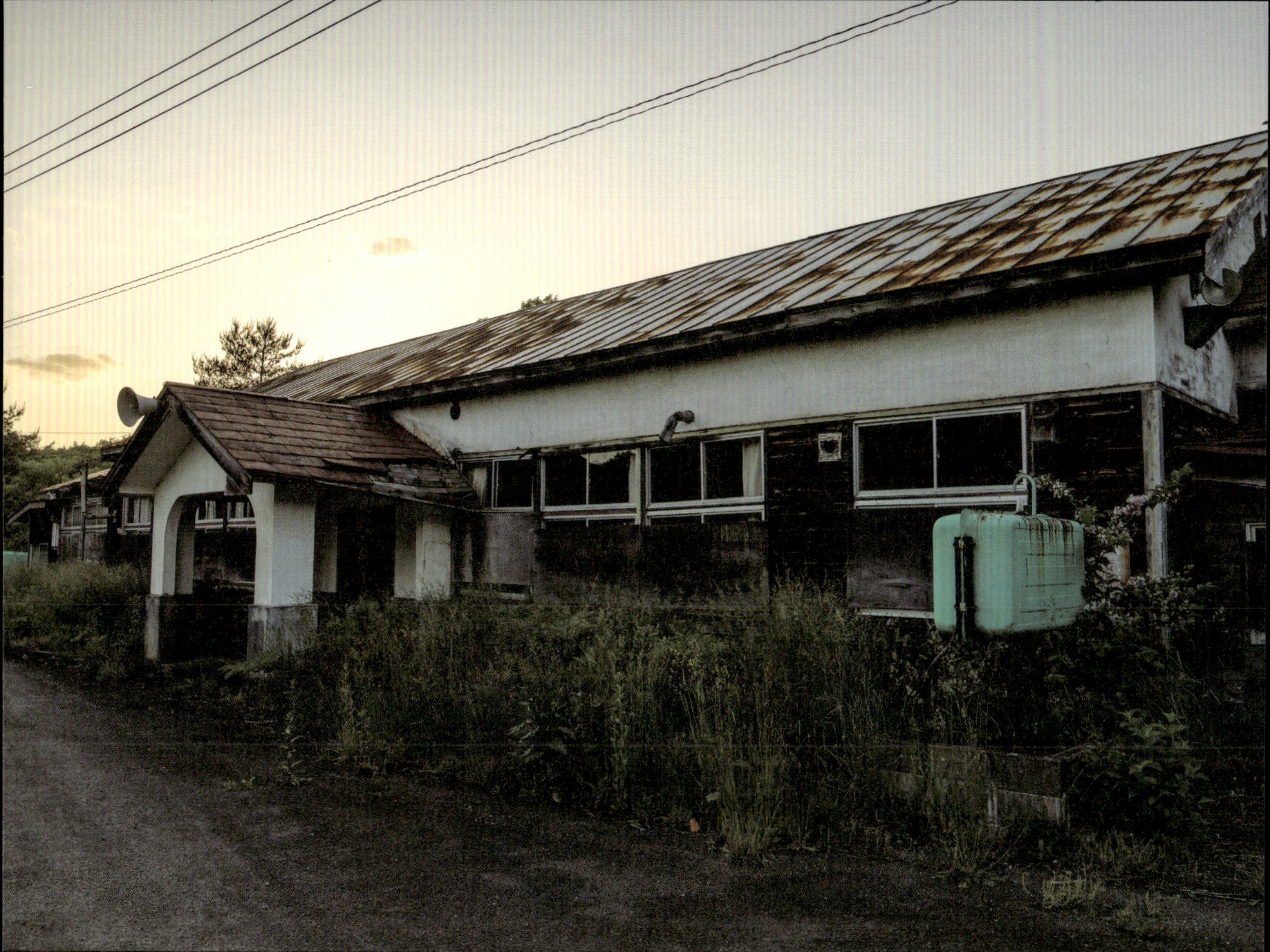

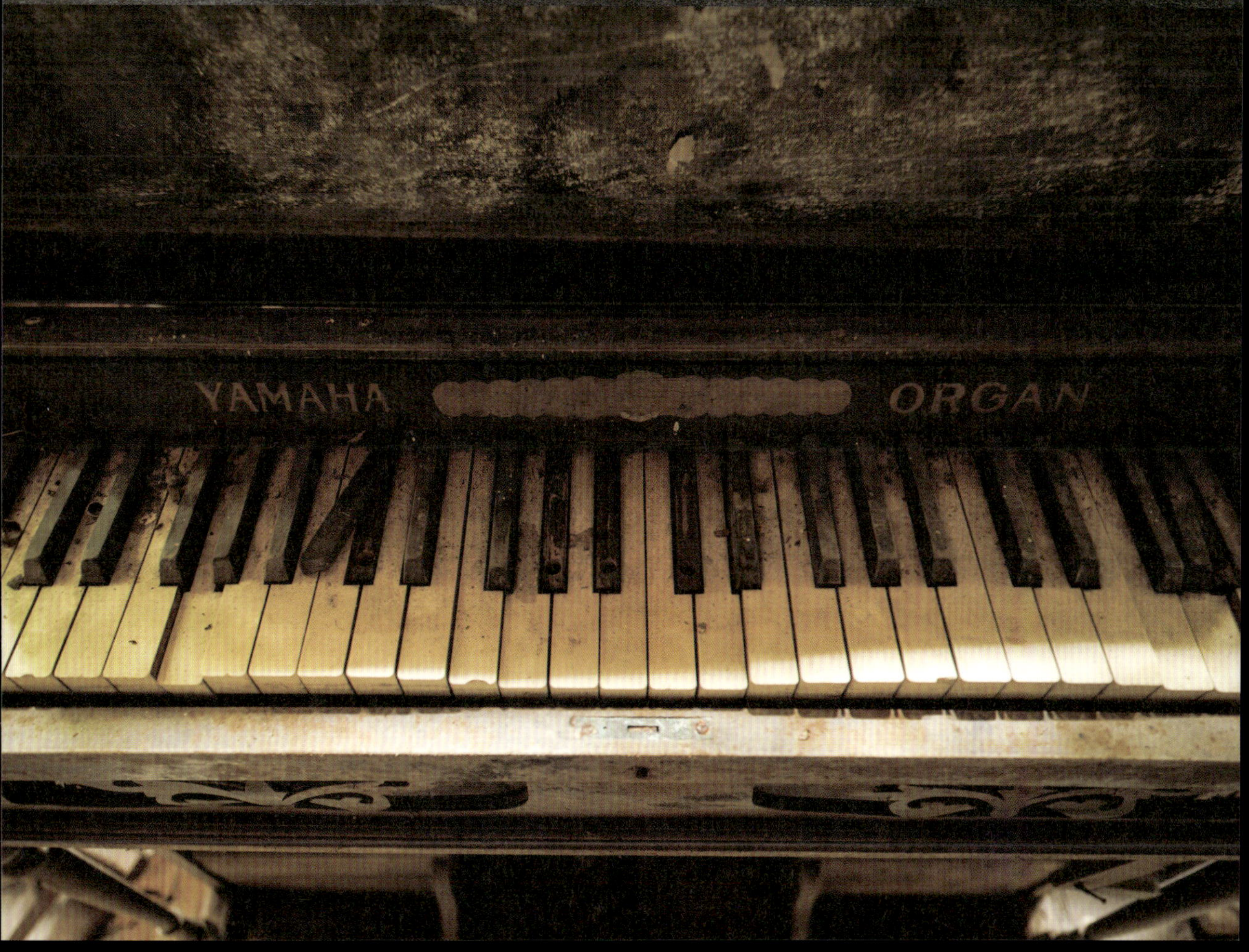
YAMAHA
ORGAN

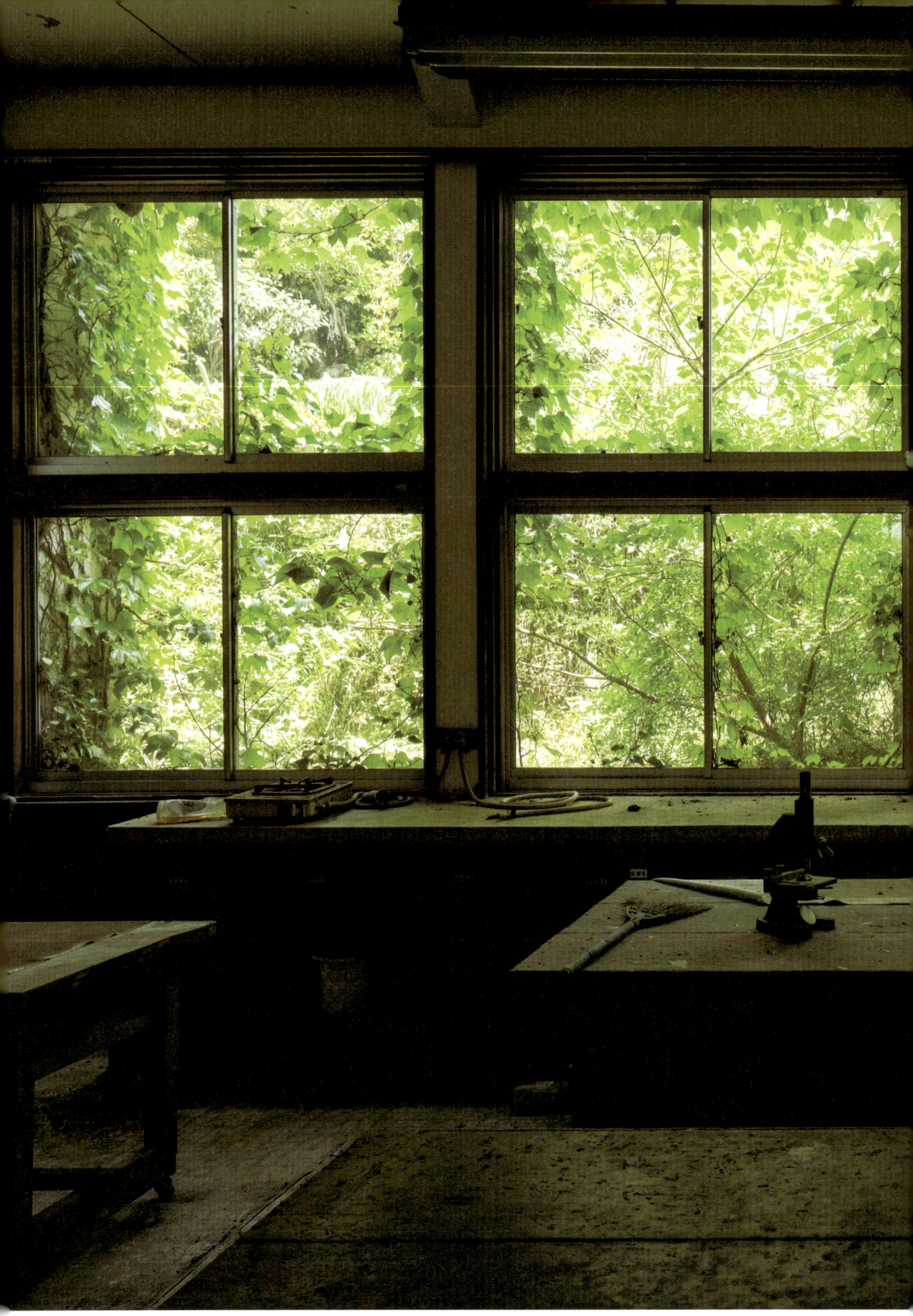

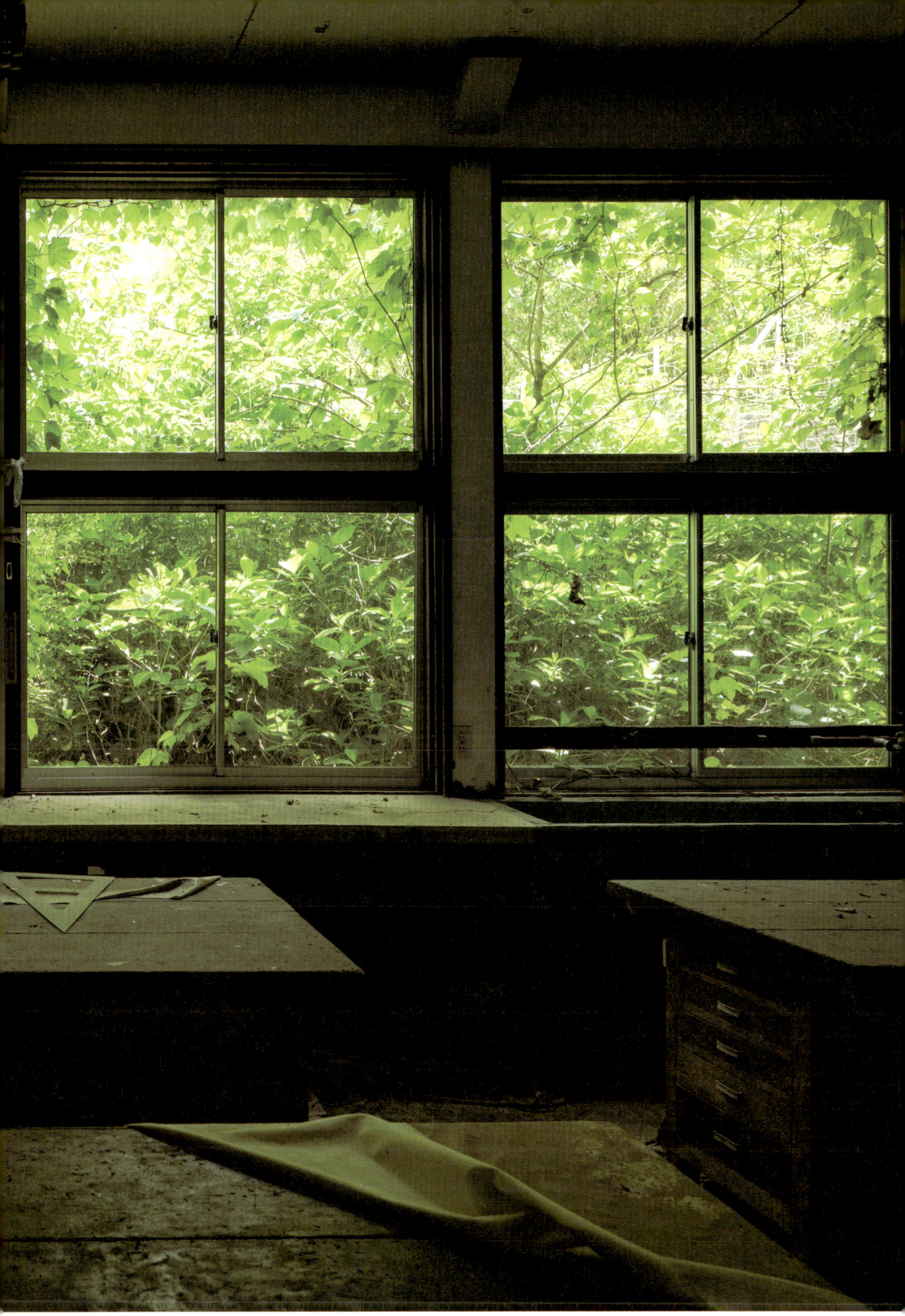

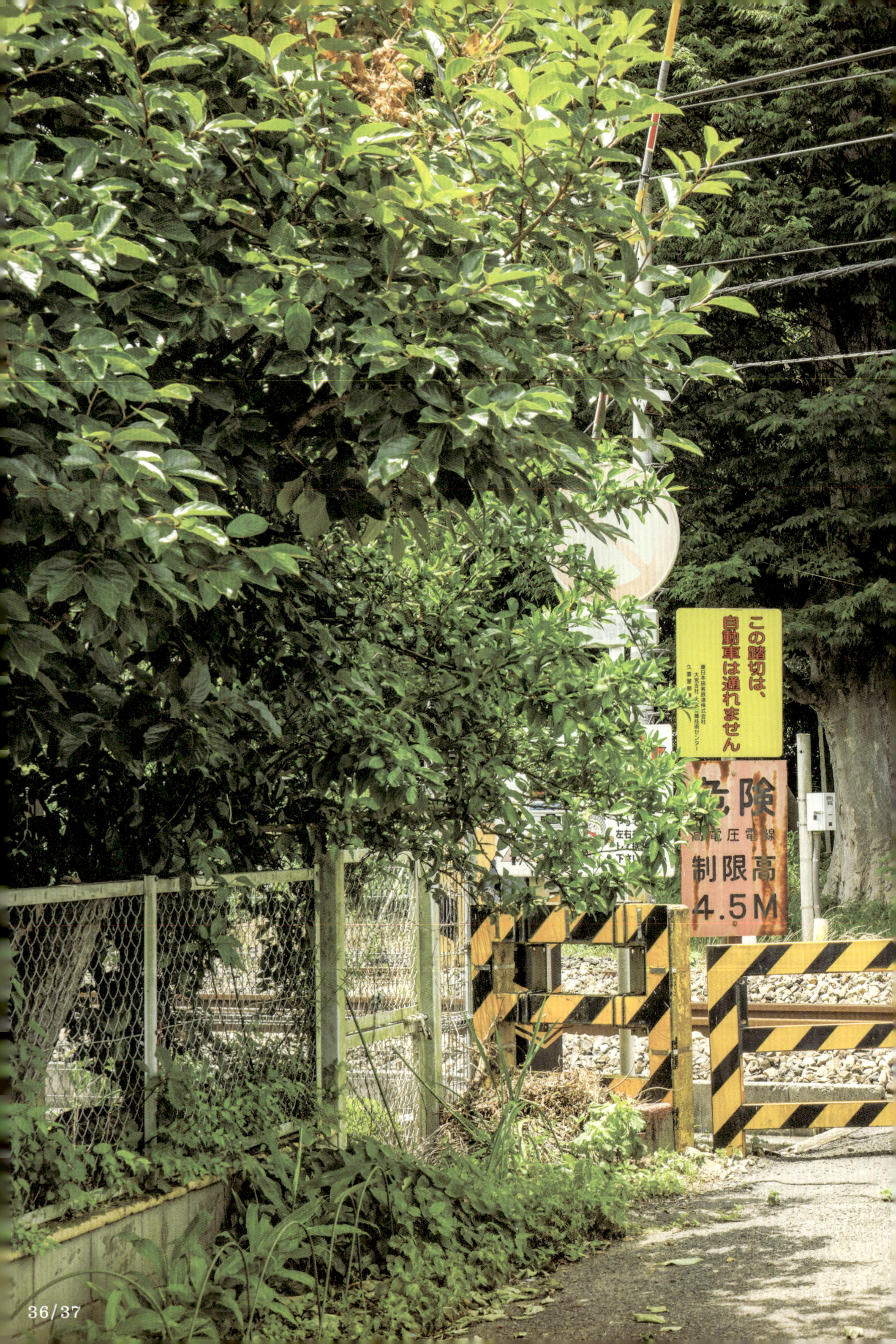
この踏切は、
自動車は通れません
険
高電圧電線
制限高
4.5M

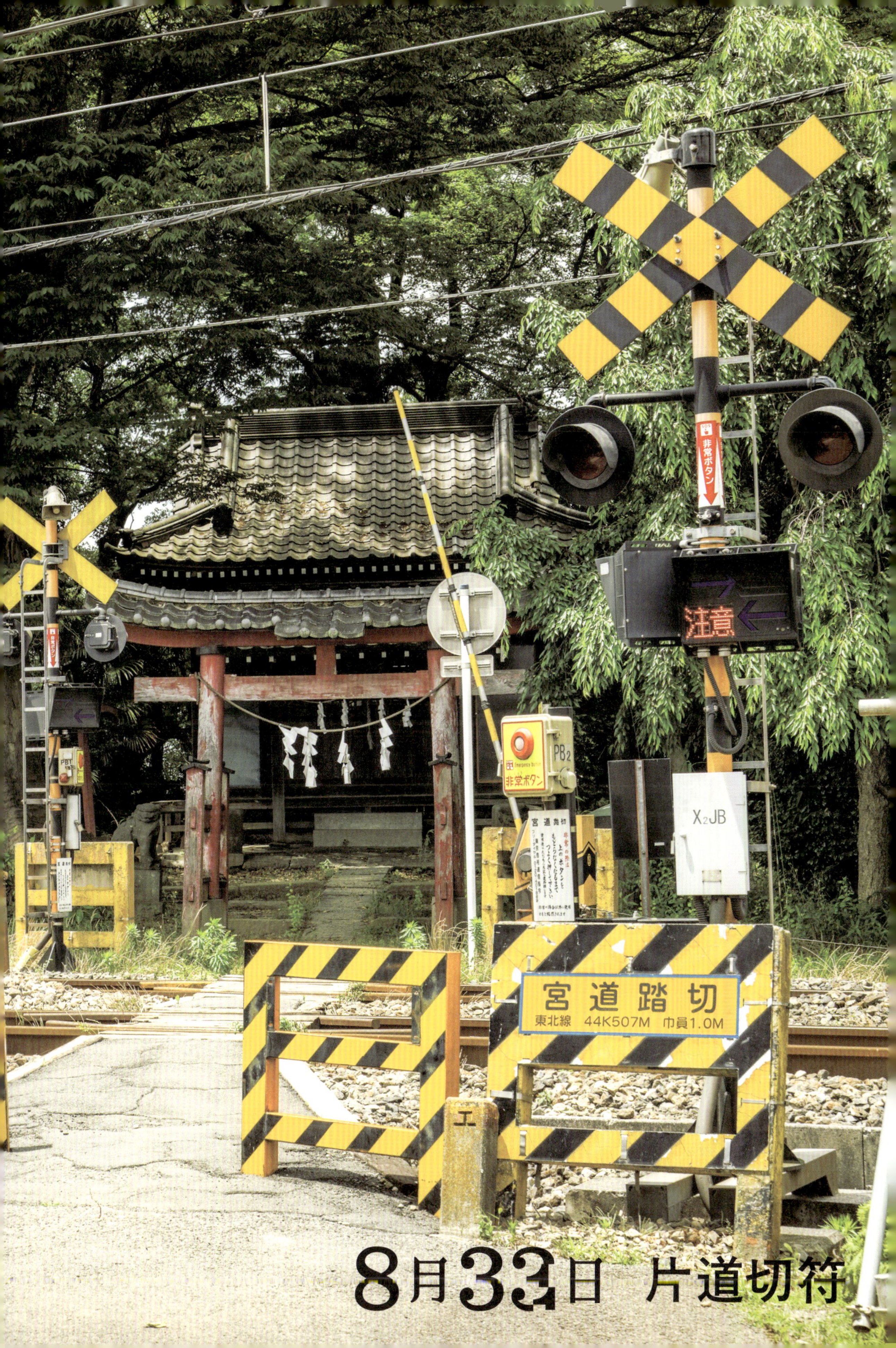

8月33日 片道切符

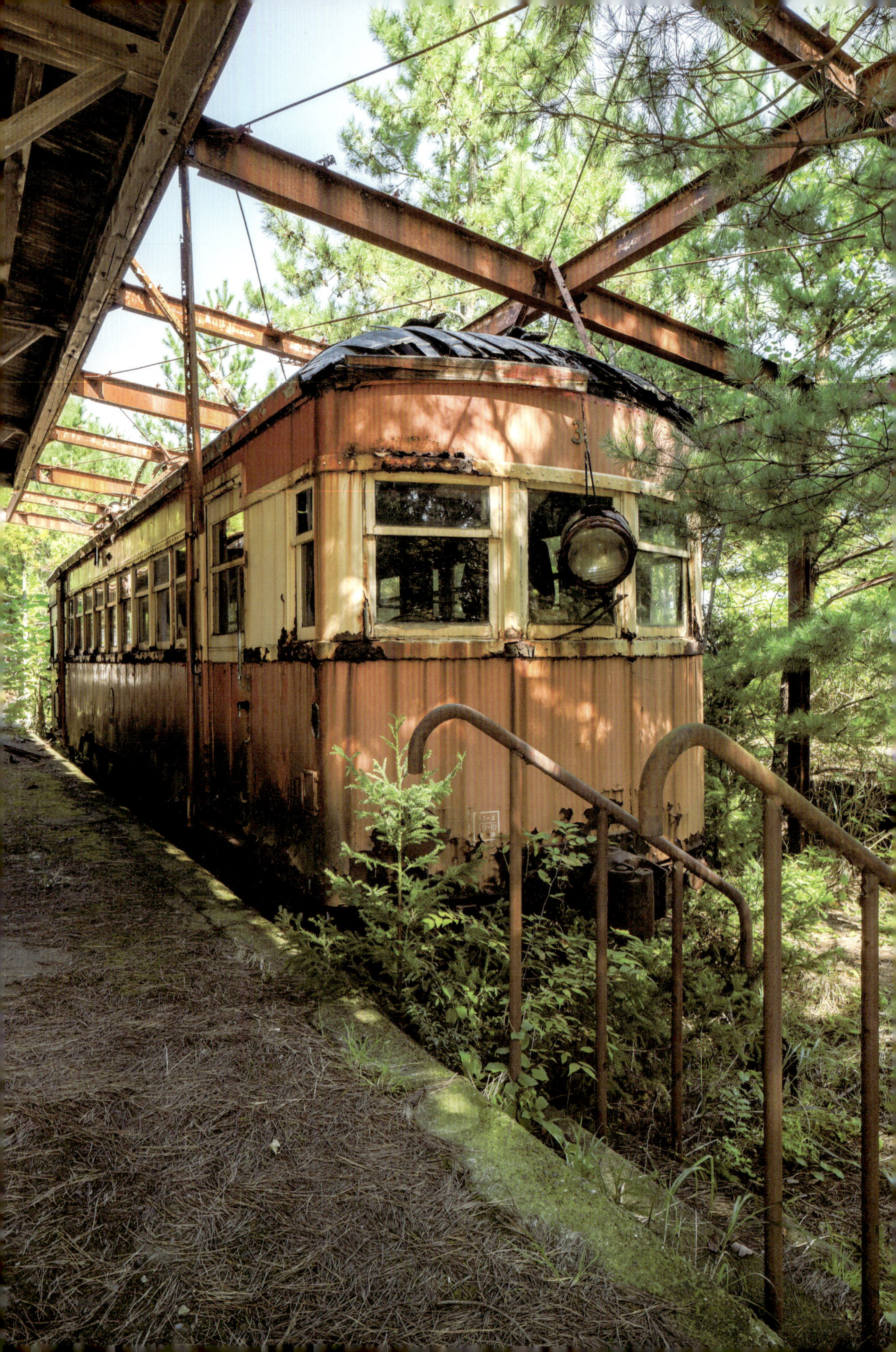

駅舎をみつけた。
レールは赤茶色に錆び、
あちこちに植物が生い茂っている。

時刻表を探してみるが、
撤去されているようで見つからない。
どうやら、この駅は長らく使われていないようだ。

「……何処へ続いているんだろう？」

見渡しても、人の気配はない。
けれど、錆びついたレールだけは
どこまでも続いているように思えた。

気がつけば、僕は吸い込まれるように
線路を歩きはじめていた。

本来、鉄道のための線路だ。
当然歩きにくい。
枕木をまたぎ、時には砂利を踏みしめ、
足元に気を配りながら歩く。

歩く。
　　歩く。

気がつけば、もうずいぶん歩いていた。
目的地もないまま—ただ、前へ。

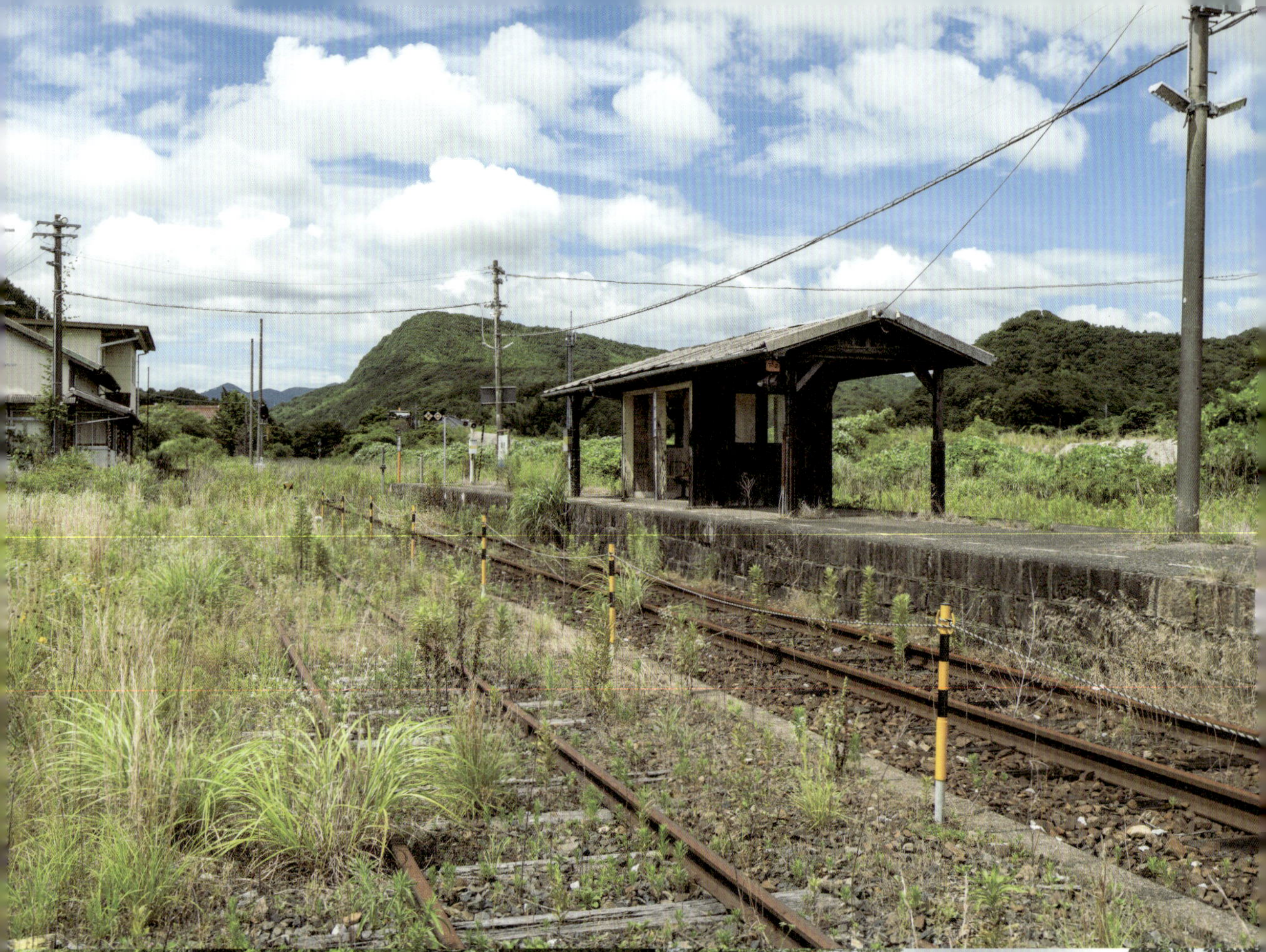

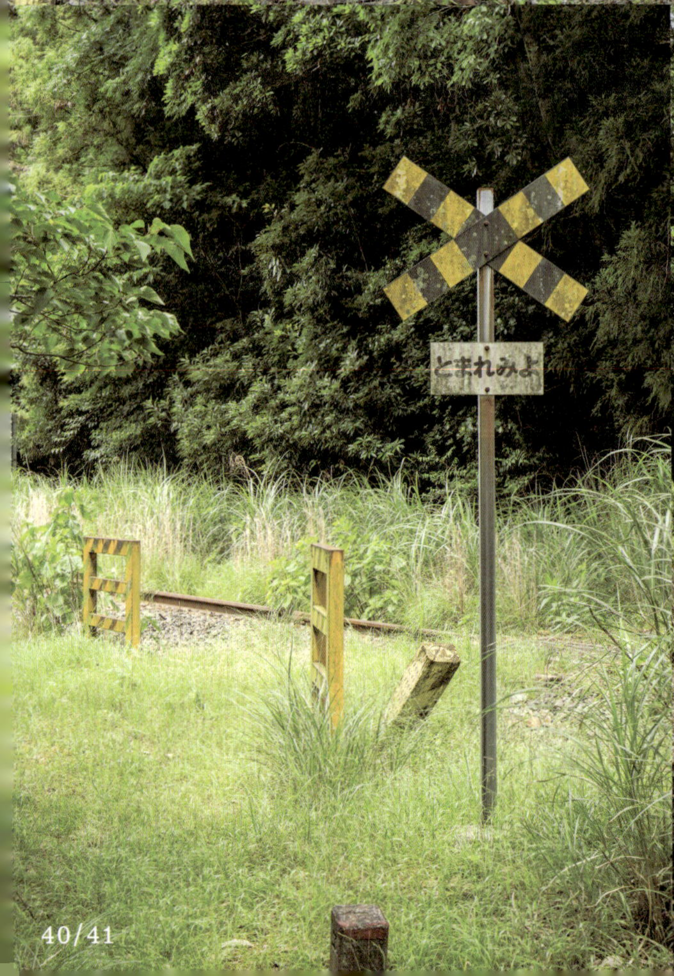
とまれみよ

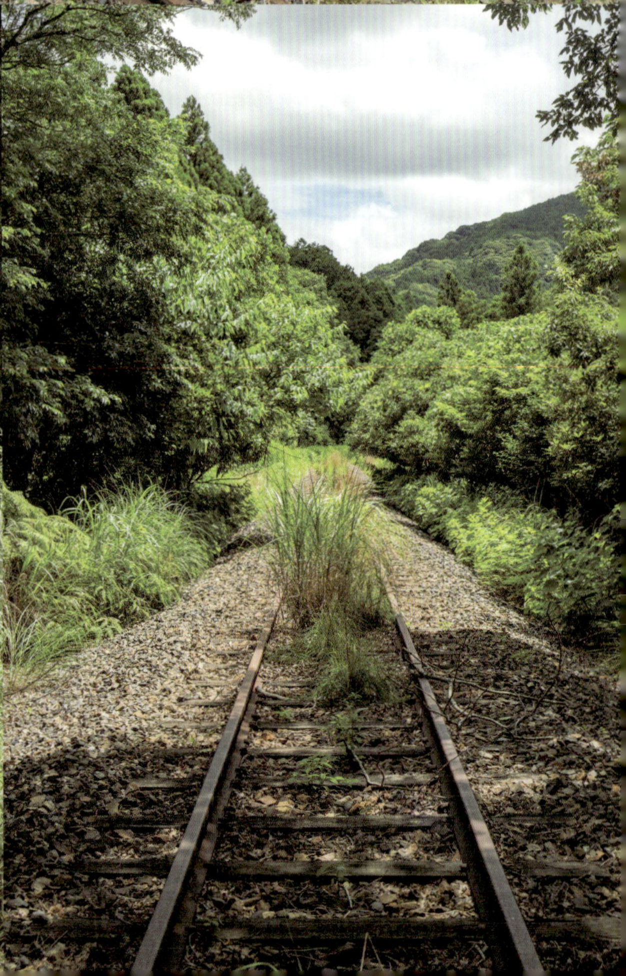

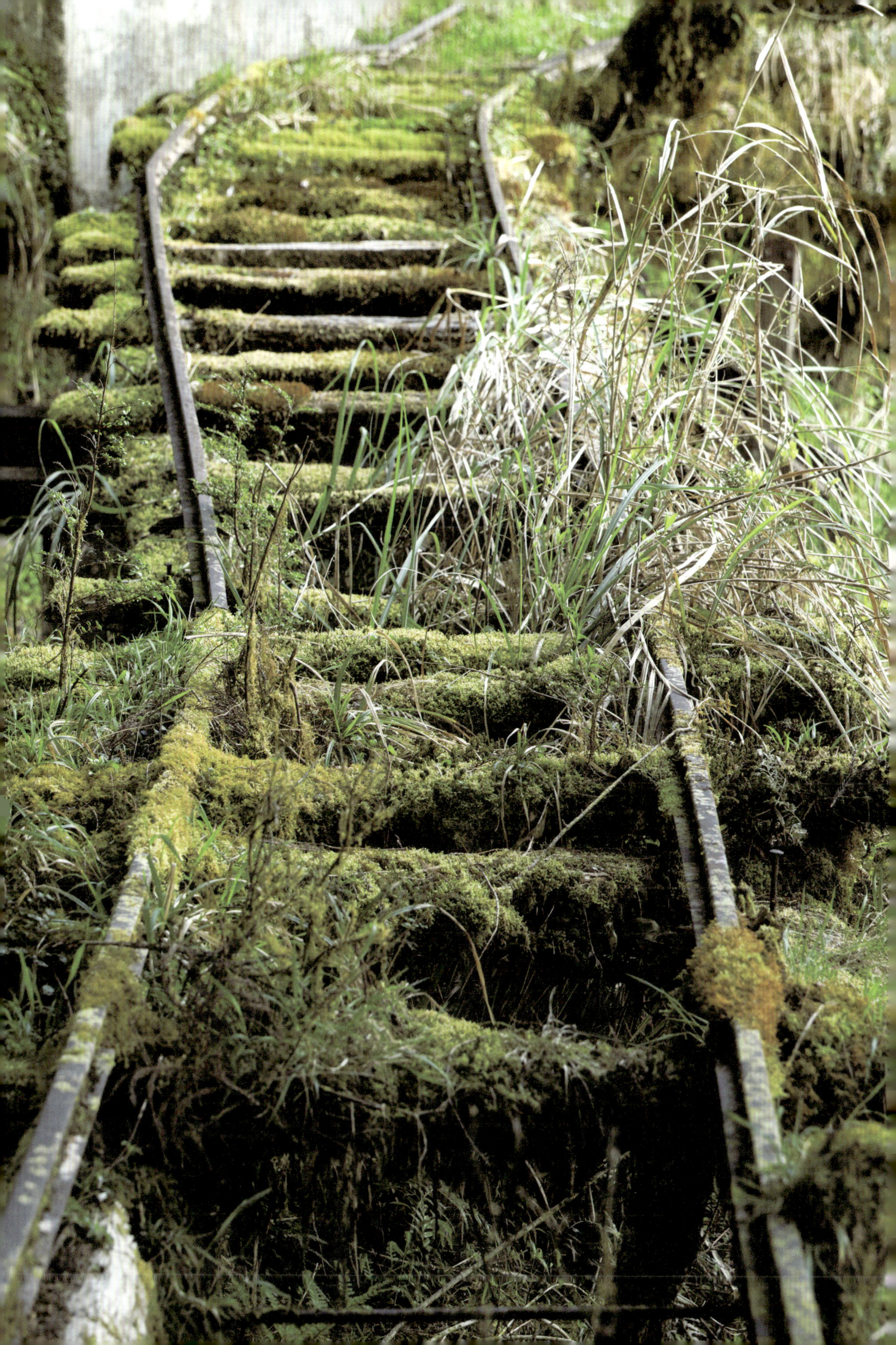

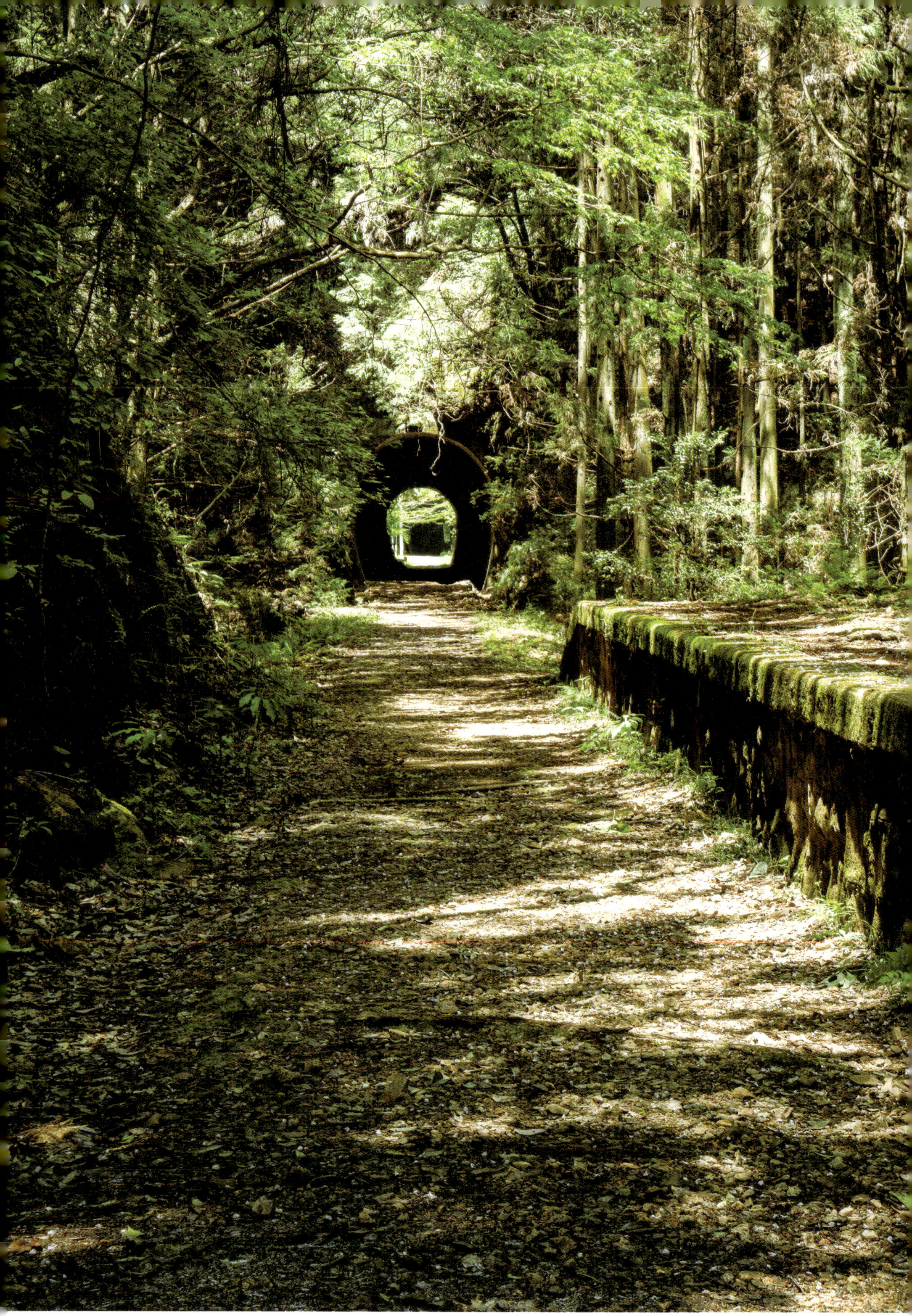

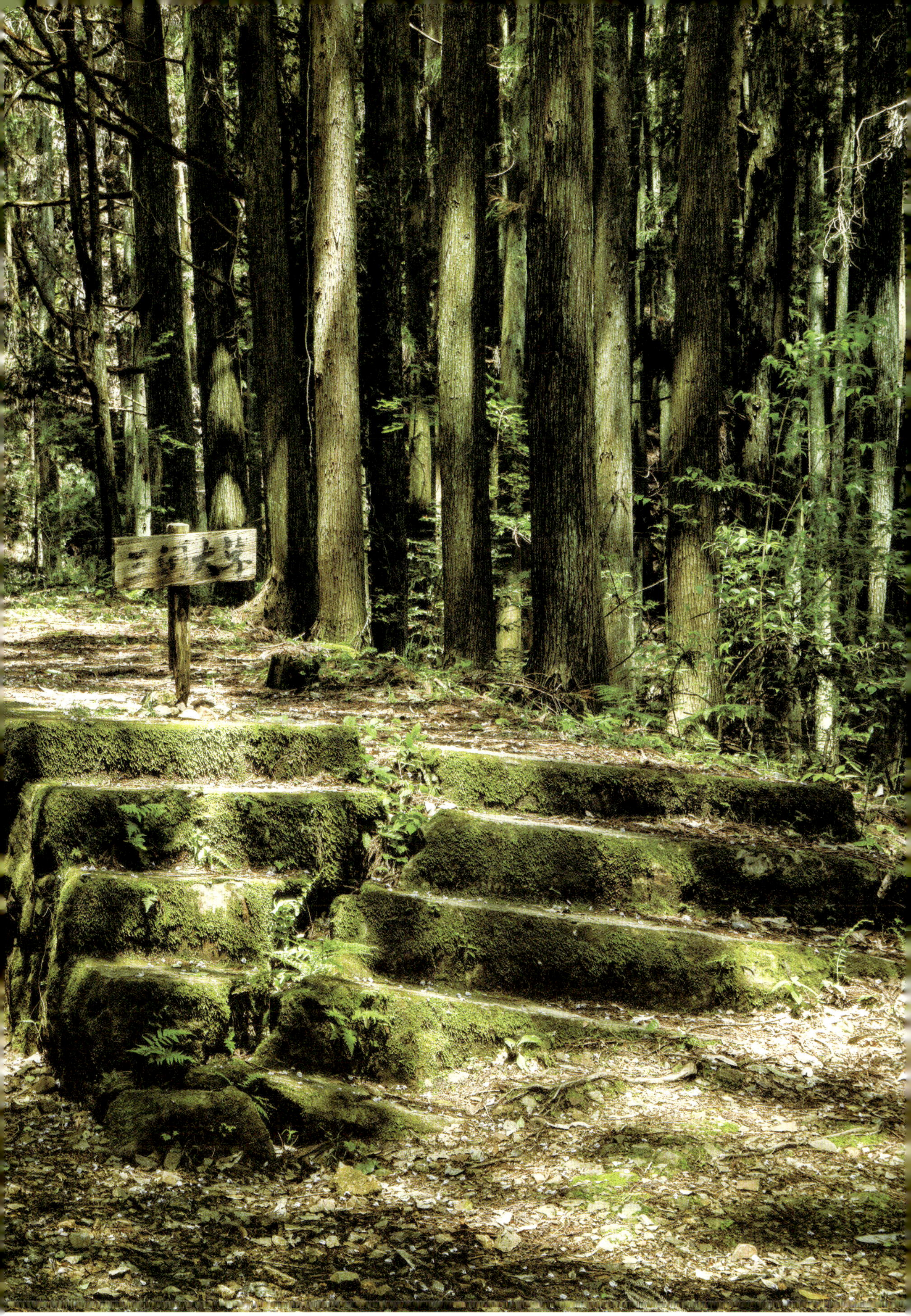

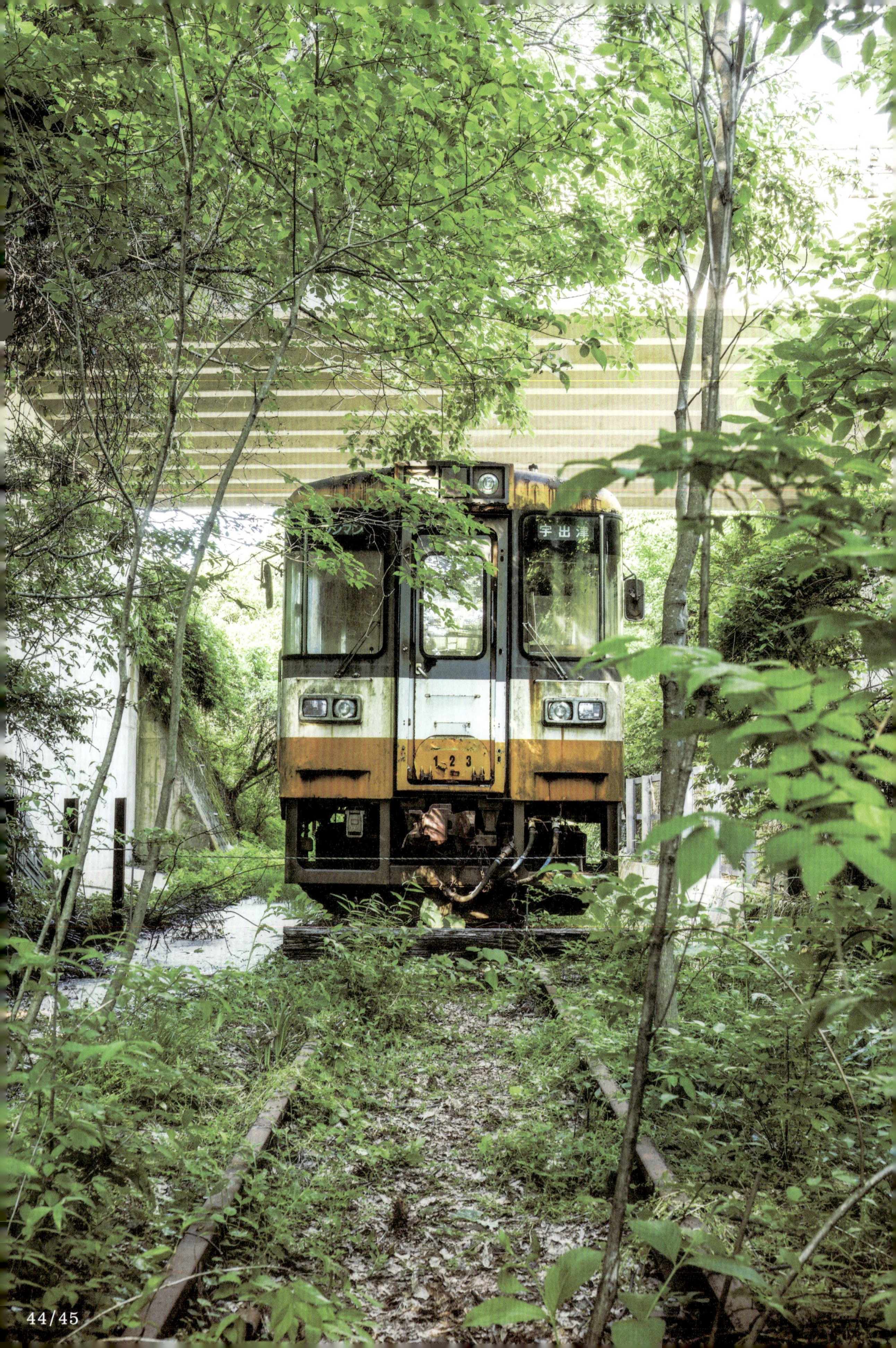
宇出津
123

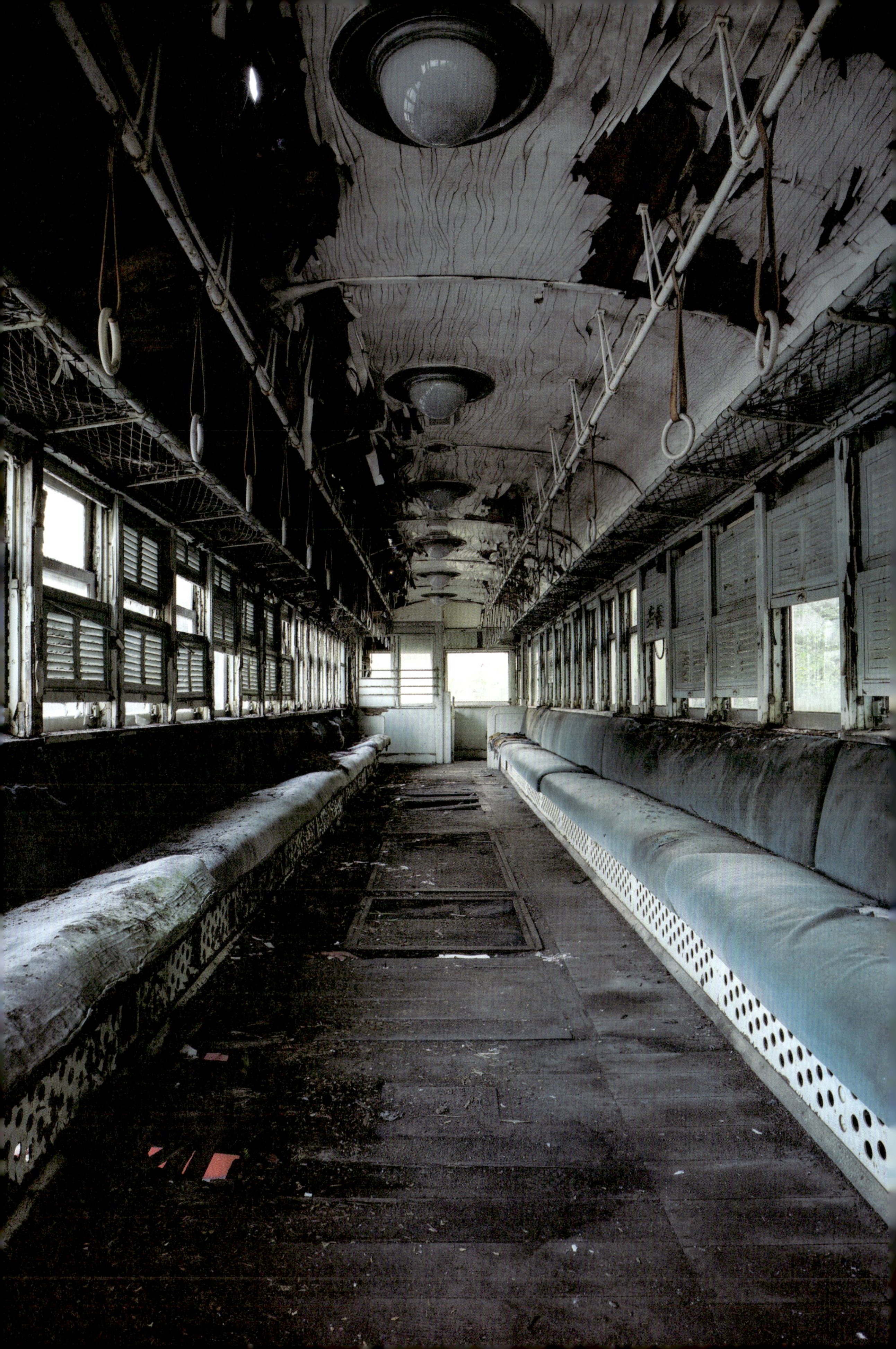

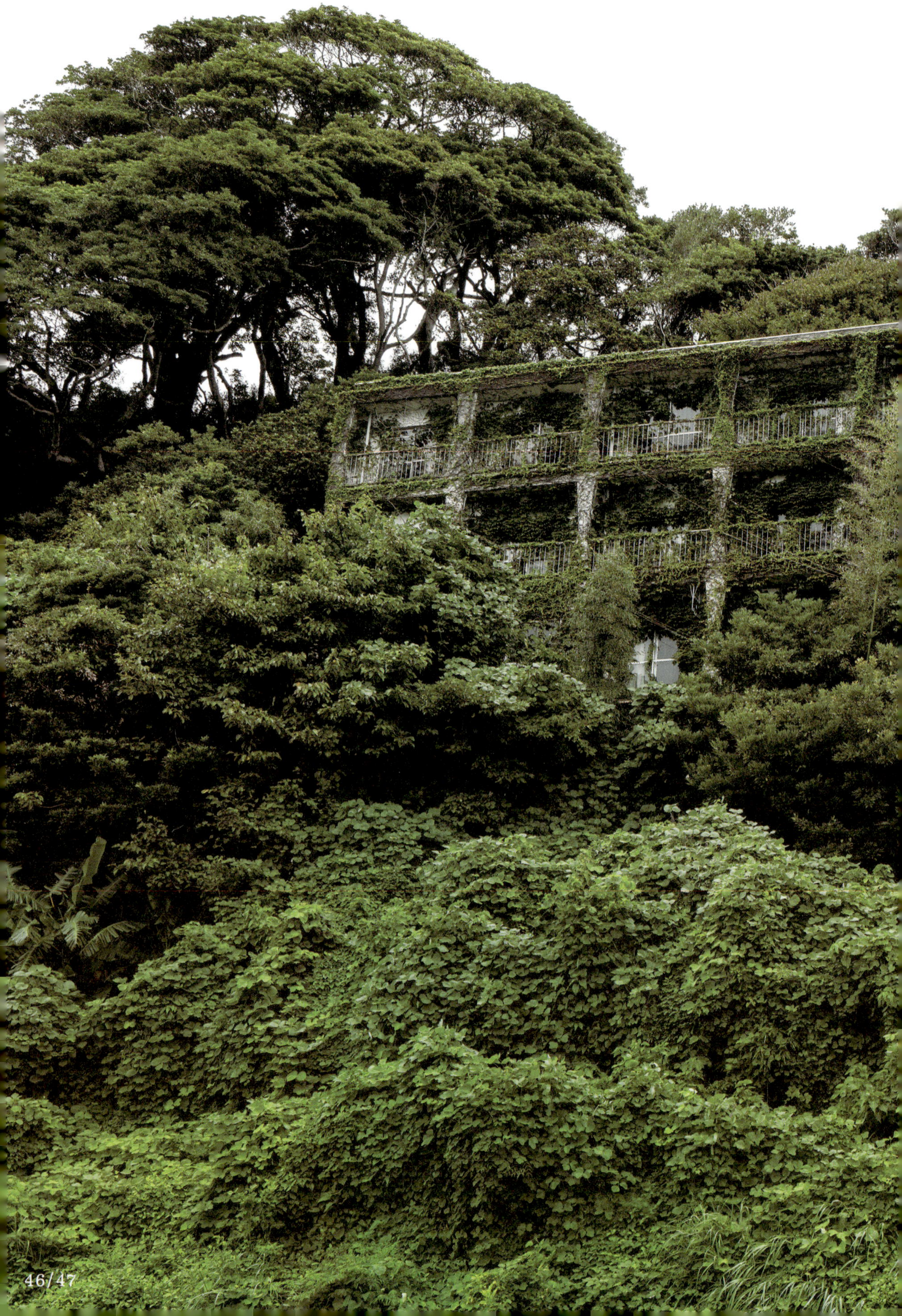

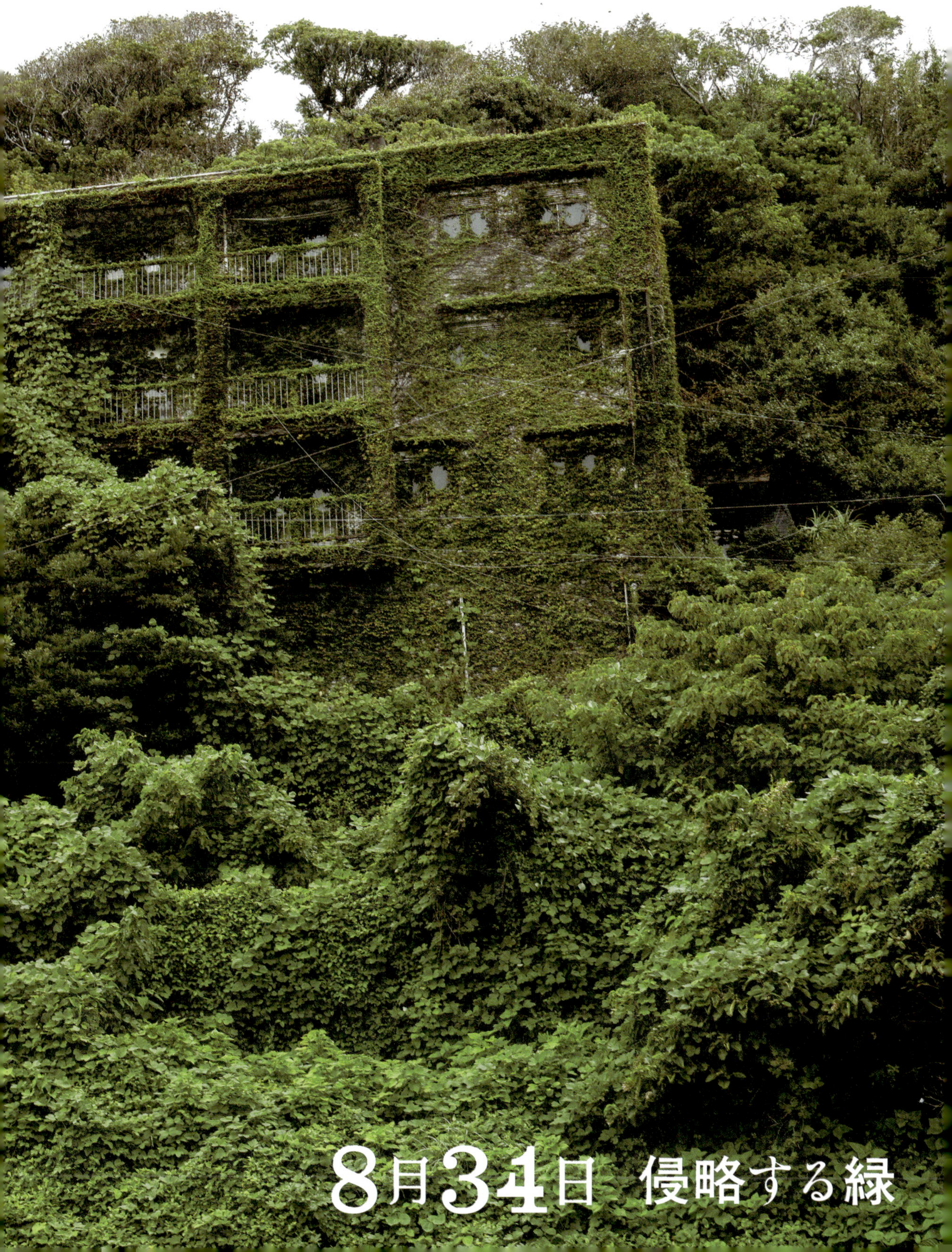
8月31日 侵略する緑

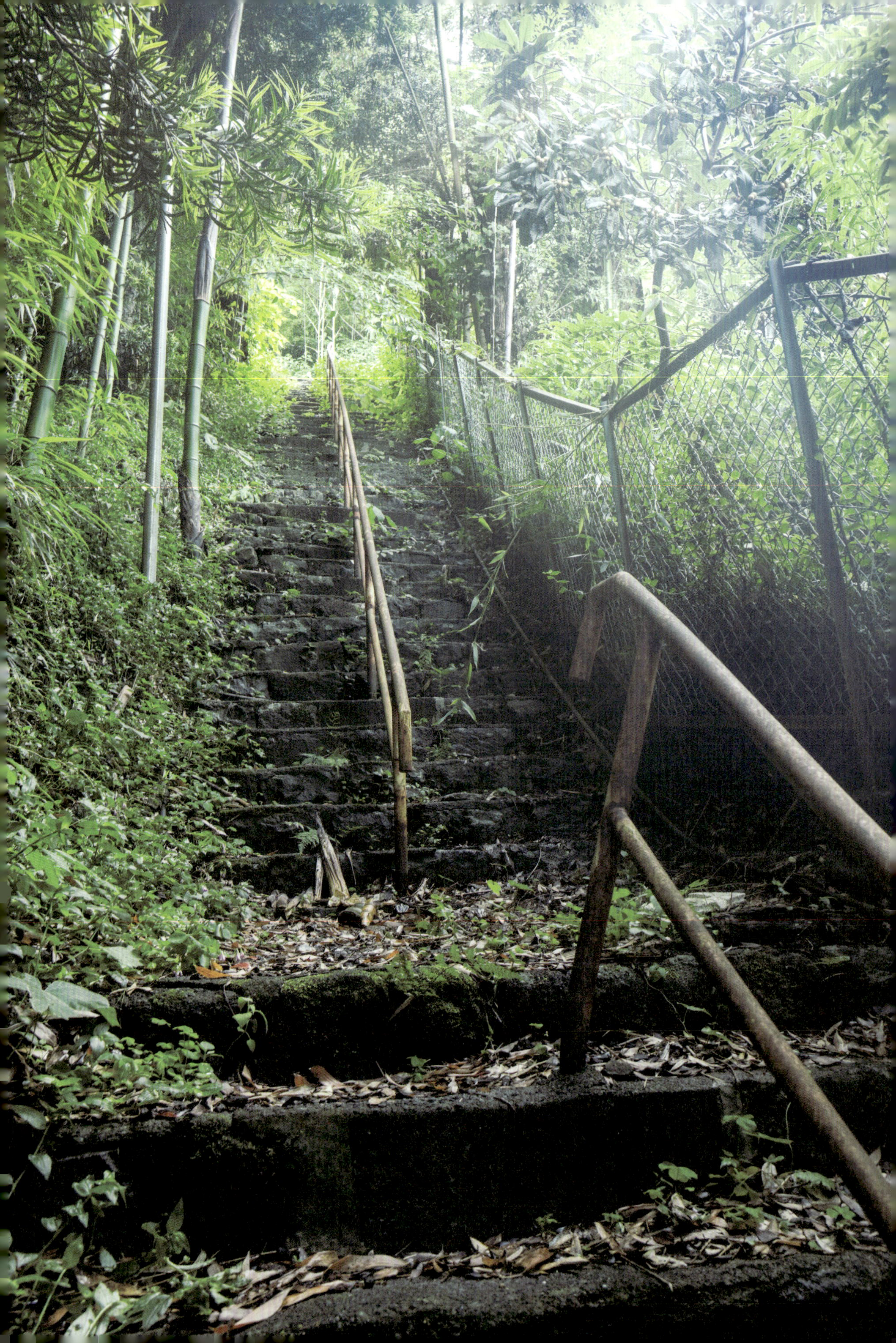

人の気配が微かに残る
町のような場所にたどり着いた。

かつてどこかで見たような既視感に満ちたその町並みは、
あらゆるものが静かに植物と同化して、
息を潜めているようだった。

普段なら気に留めることもないような風景が、
今日はなぜか心にひっかかる。
それに重なるように、
忘れていたはずの記憶が
目の前を流れていく。

今ここがどこかなのか、さっぱりわからない。
けれど僕は、理由もなくあてのない旅を楽しんでいた。
まるで、迷うことそのものを楽しむように。

まだ歩ける。まだ先がある気がした。
もっと遠くへ行ってみたくなった。

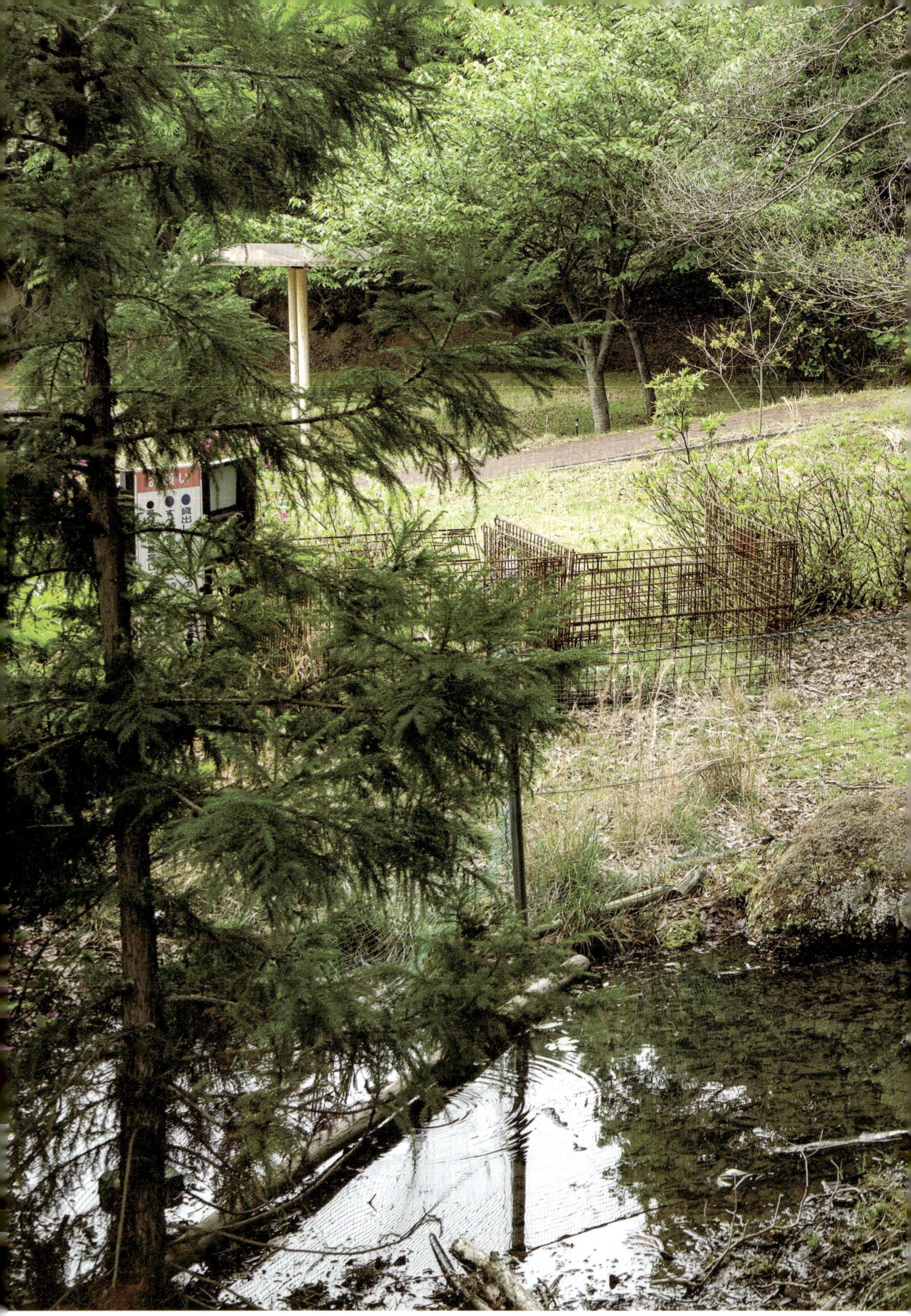

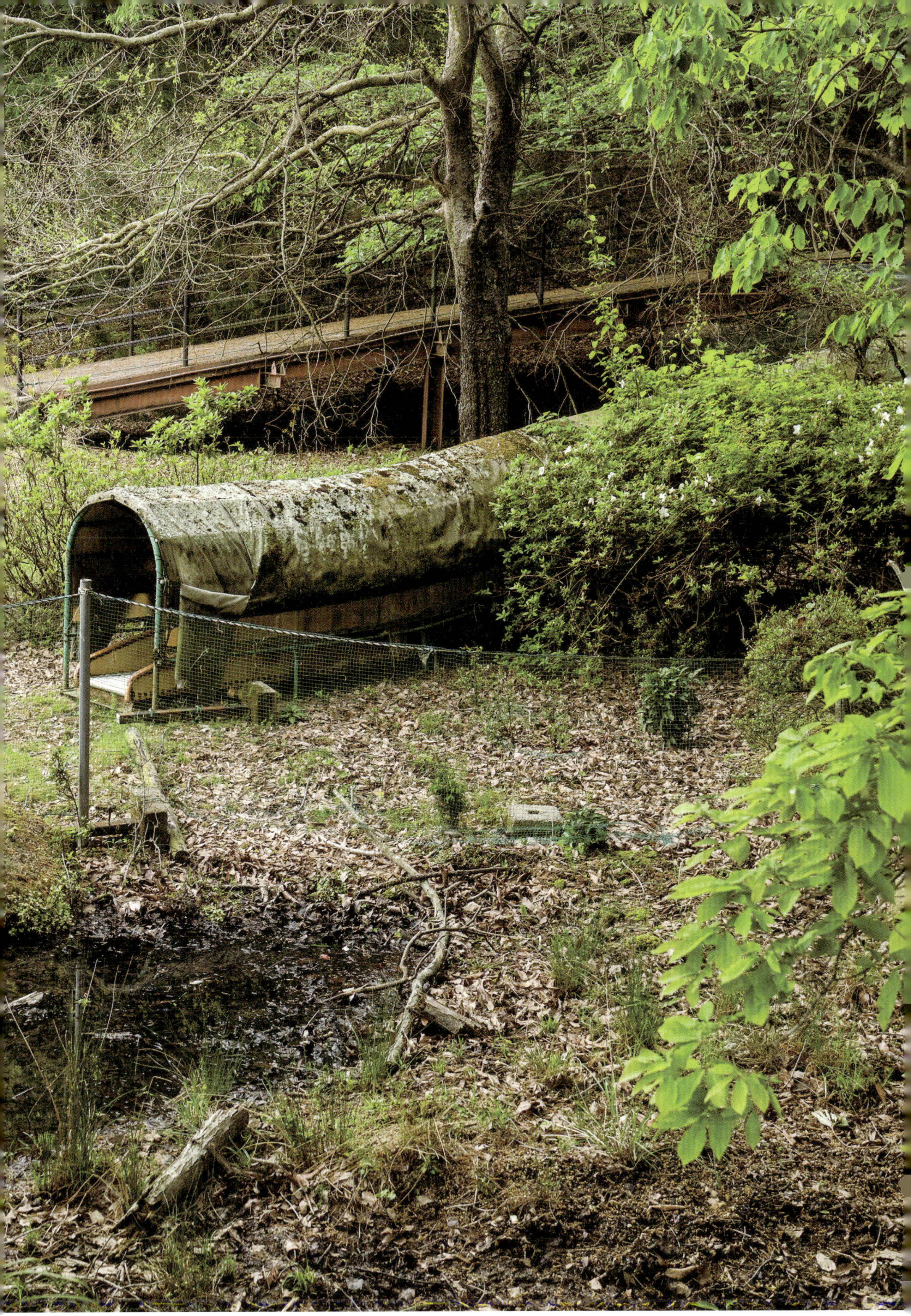

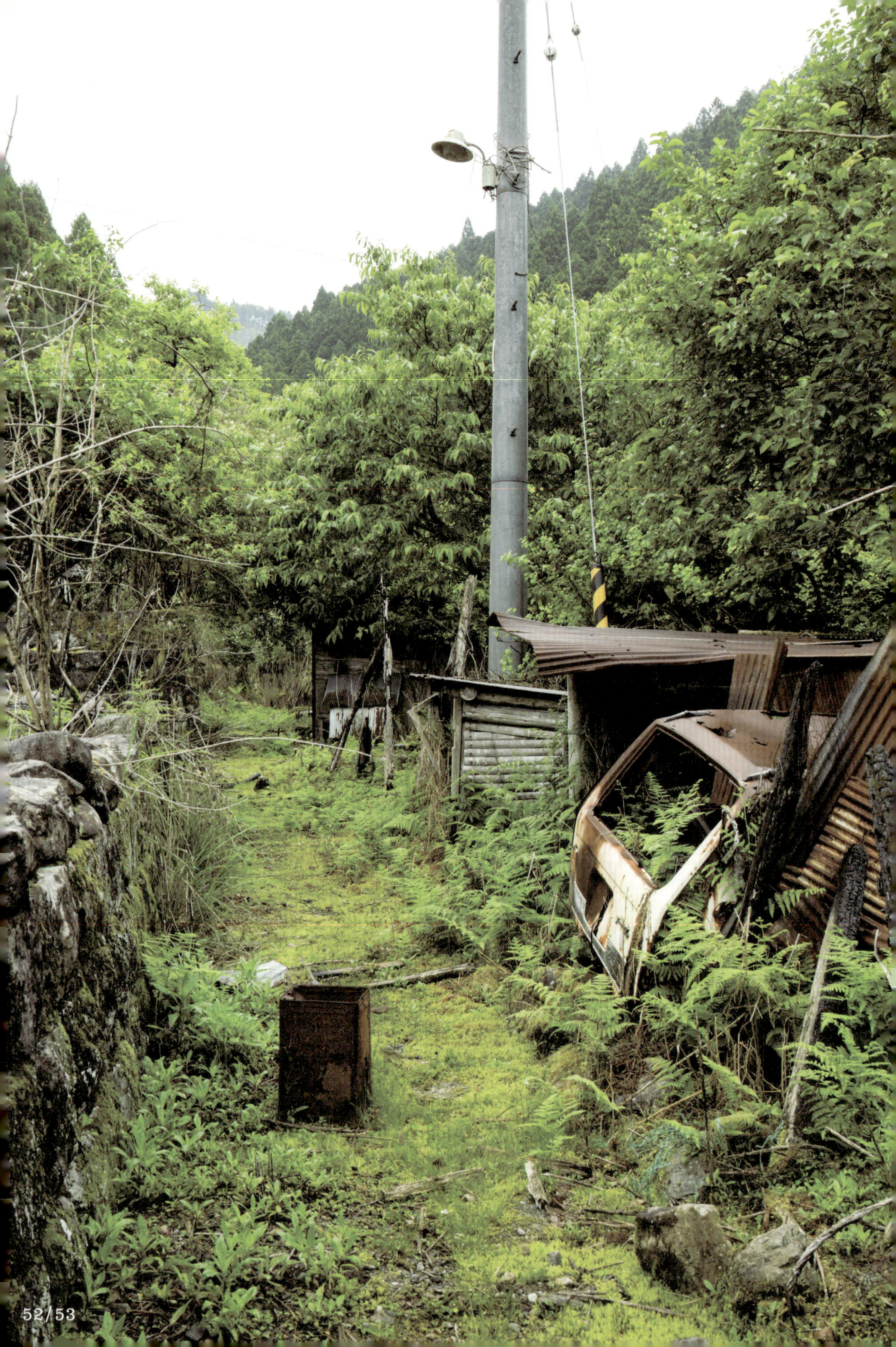

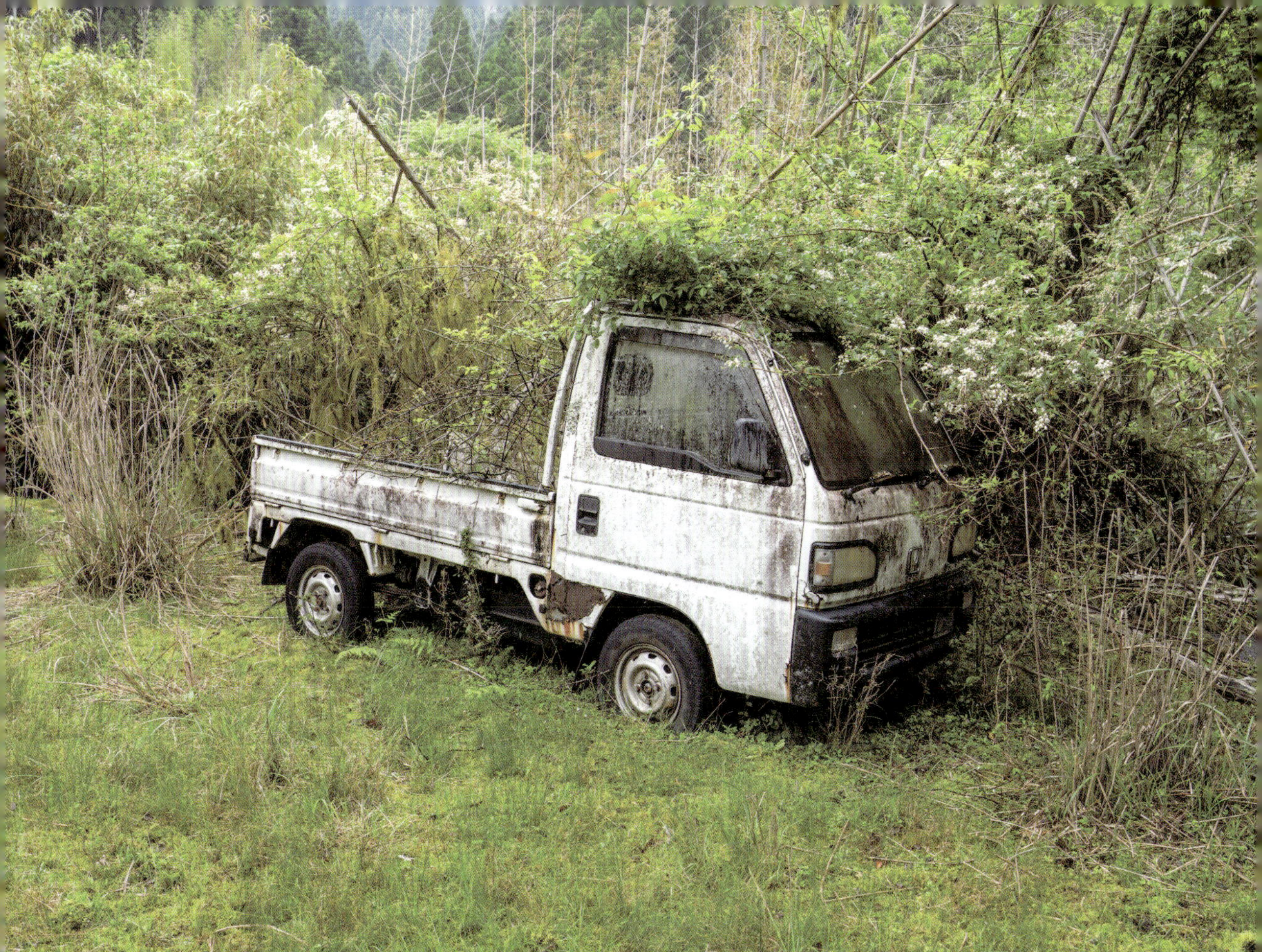

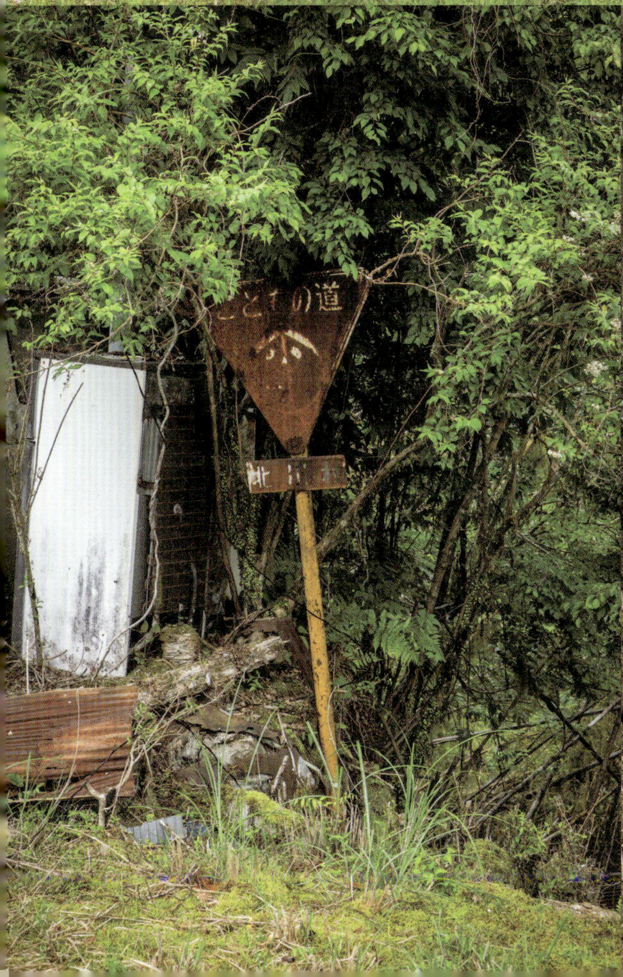

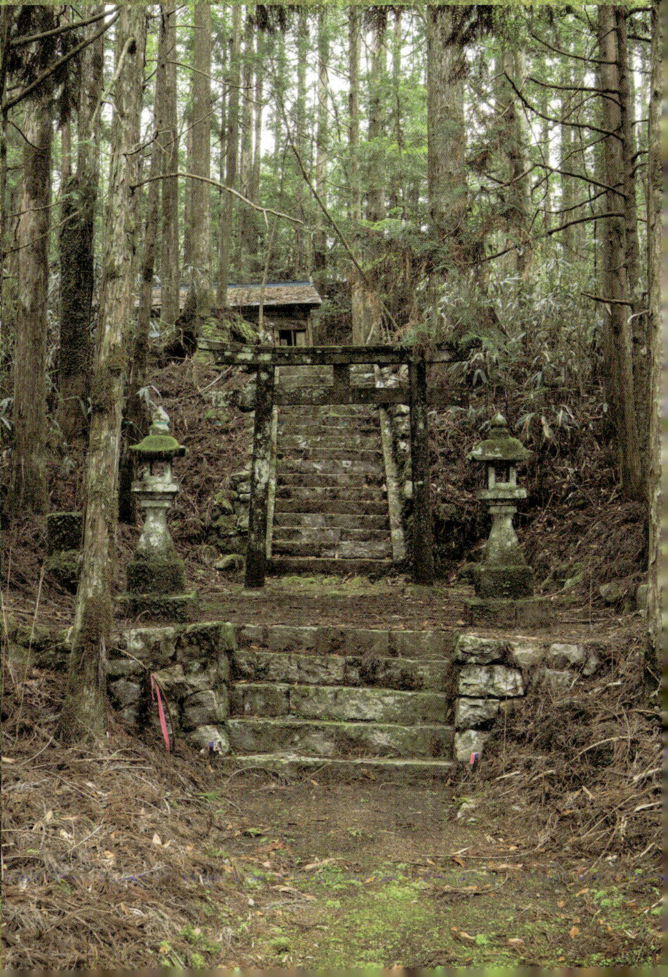

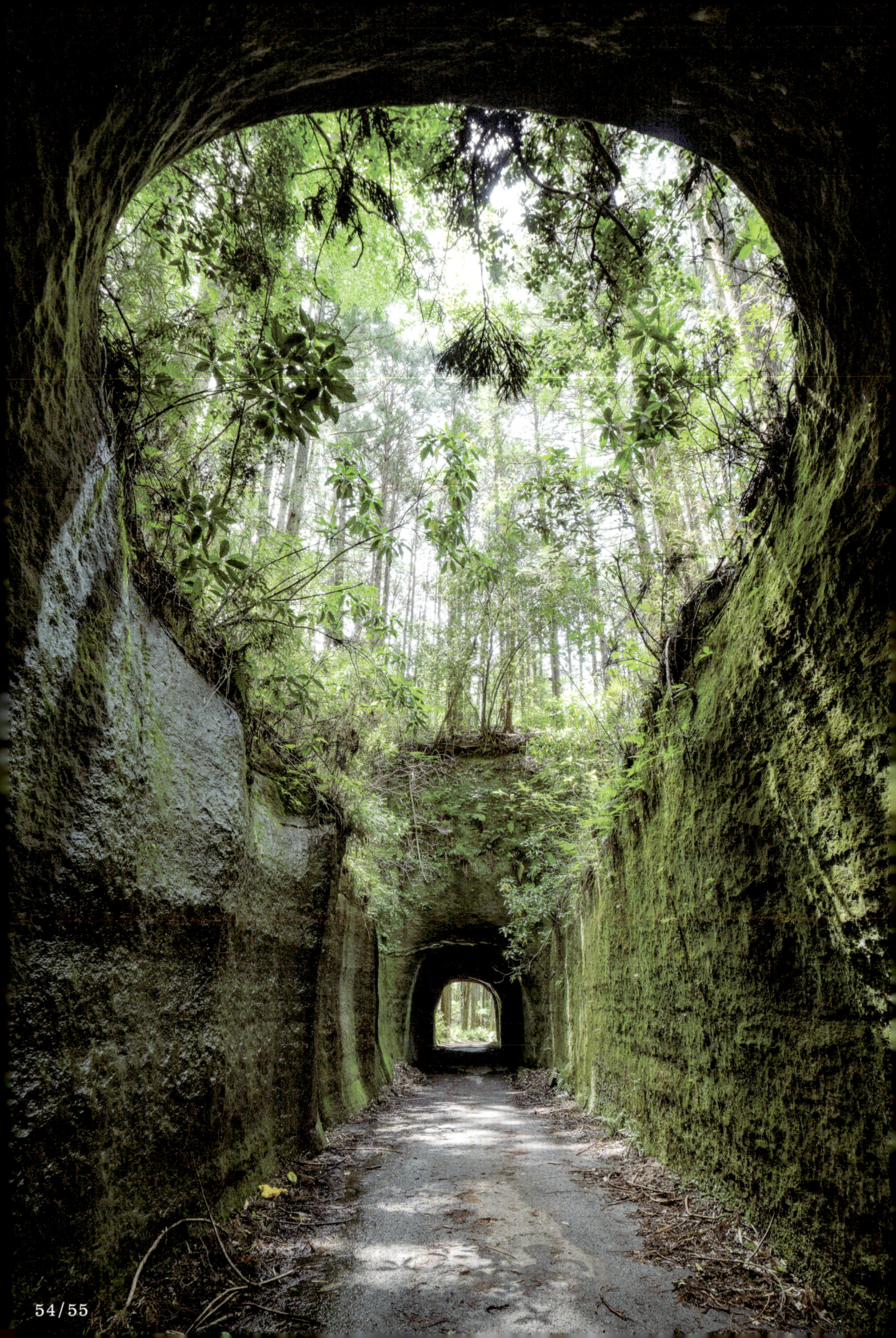

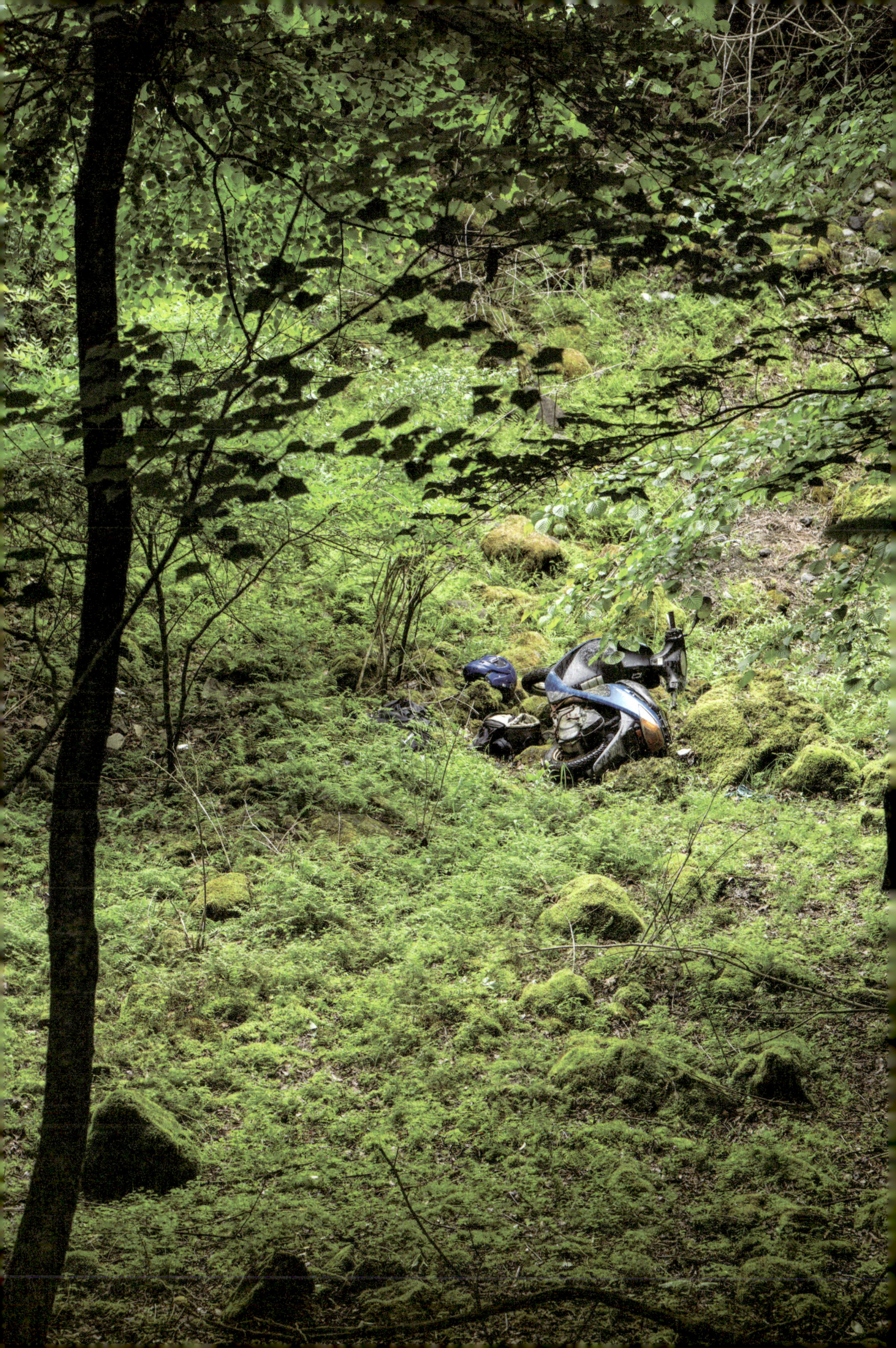

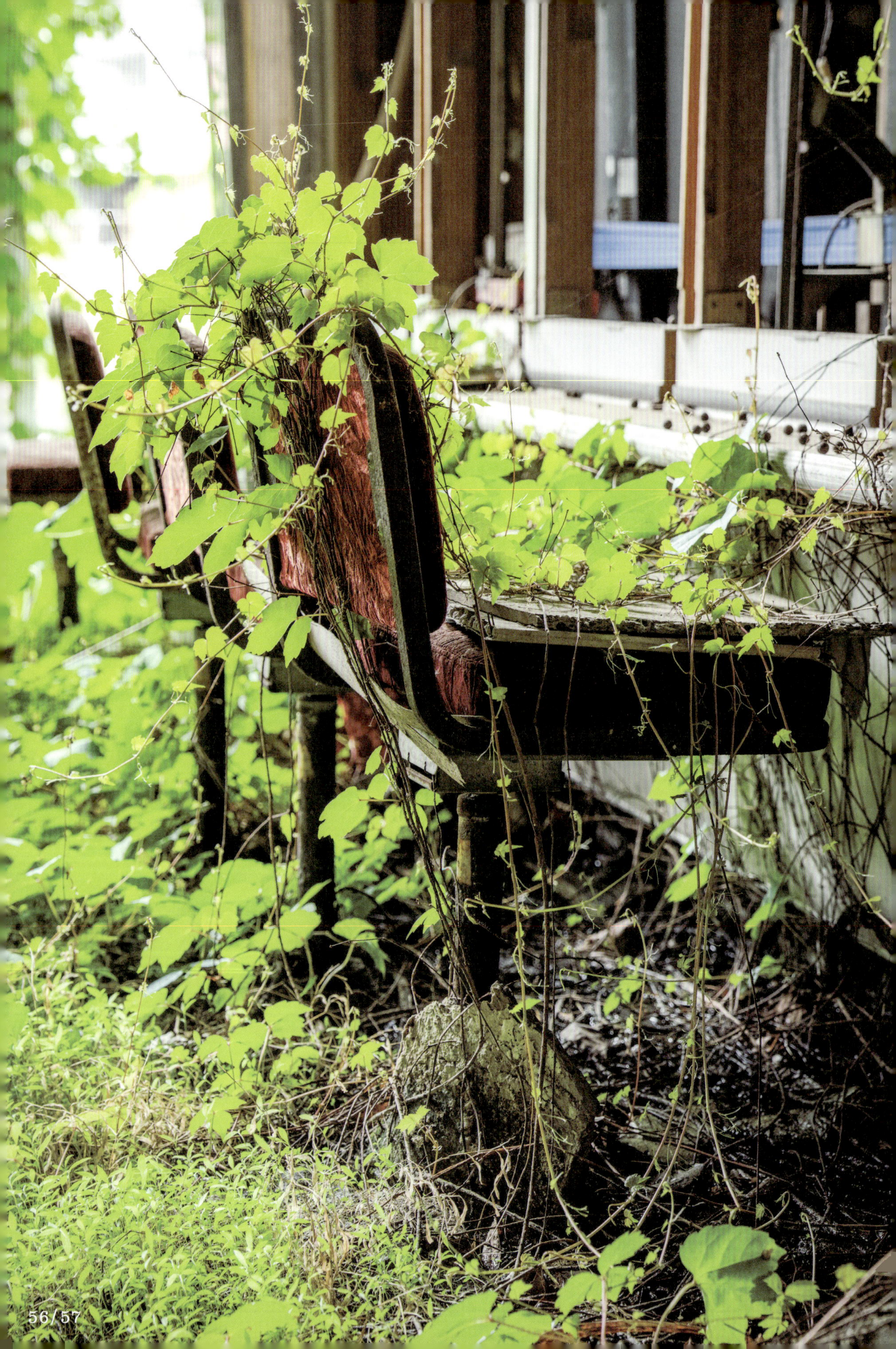

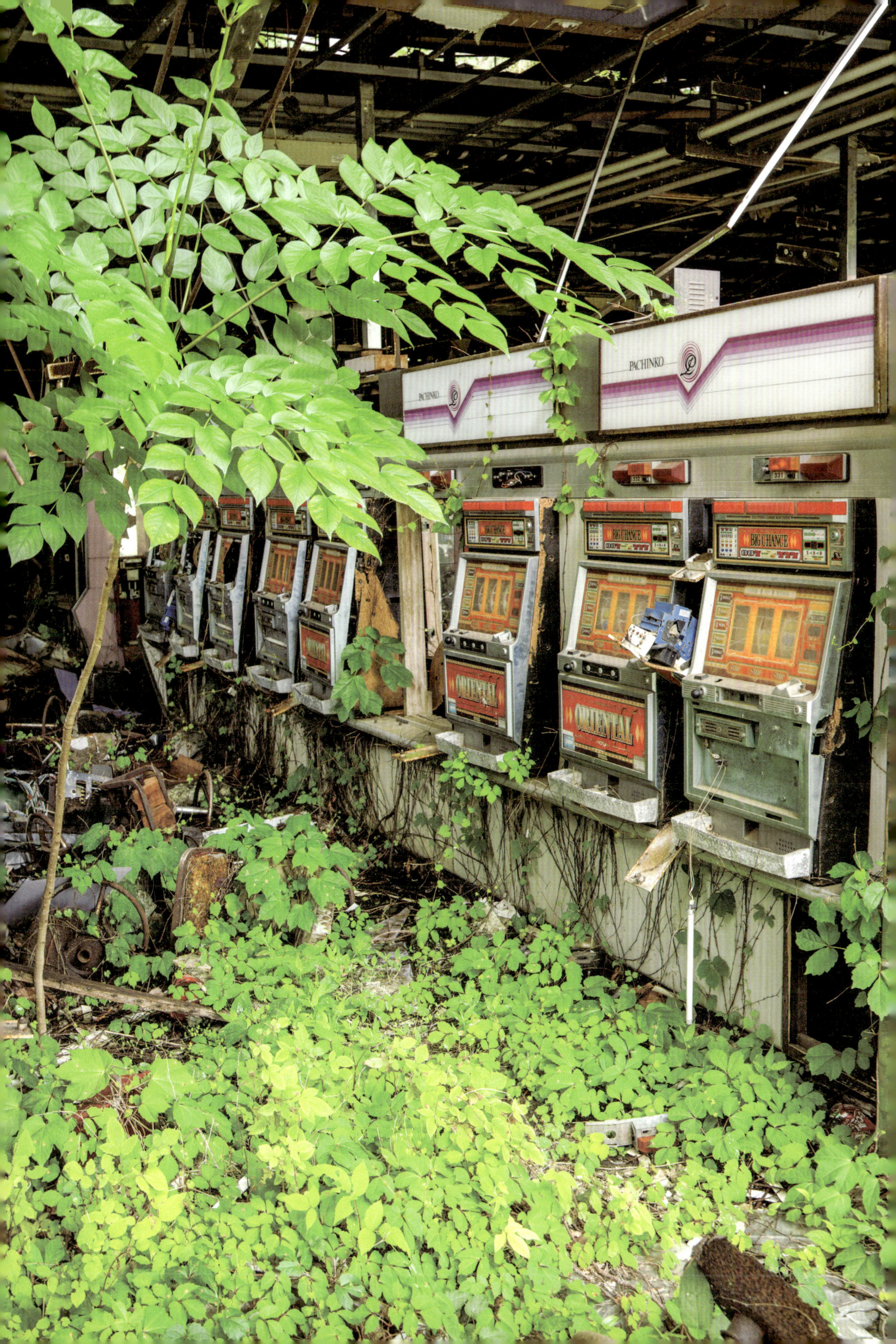
PACHINKO
PACHINKO
BIG CHANCE
BIG CHANCE
ORIENTAL
ORIENTAL
ORIENTAL

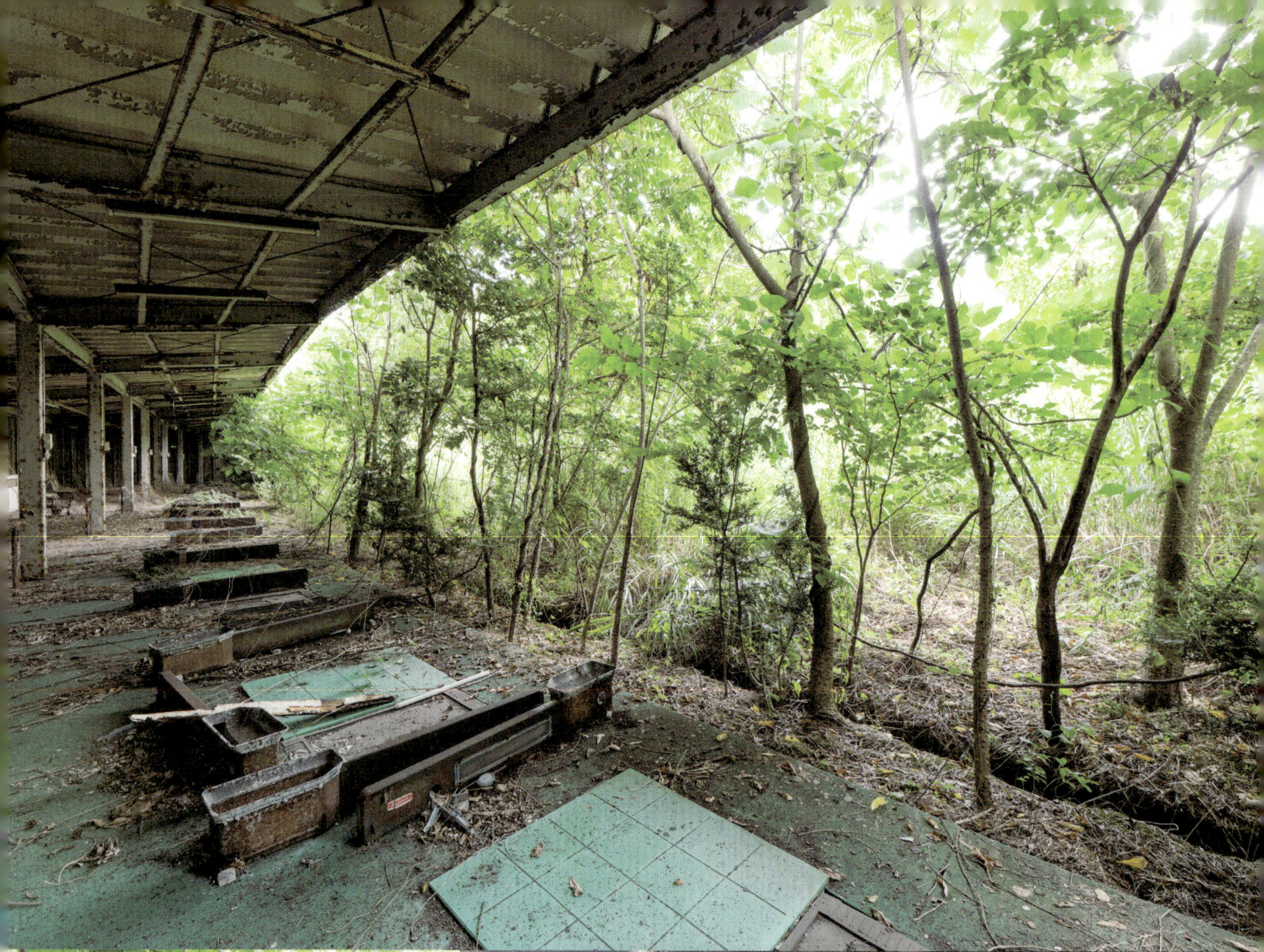

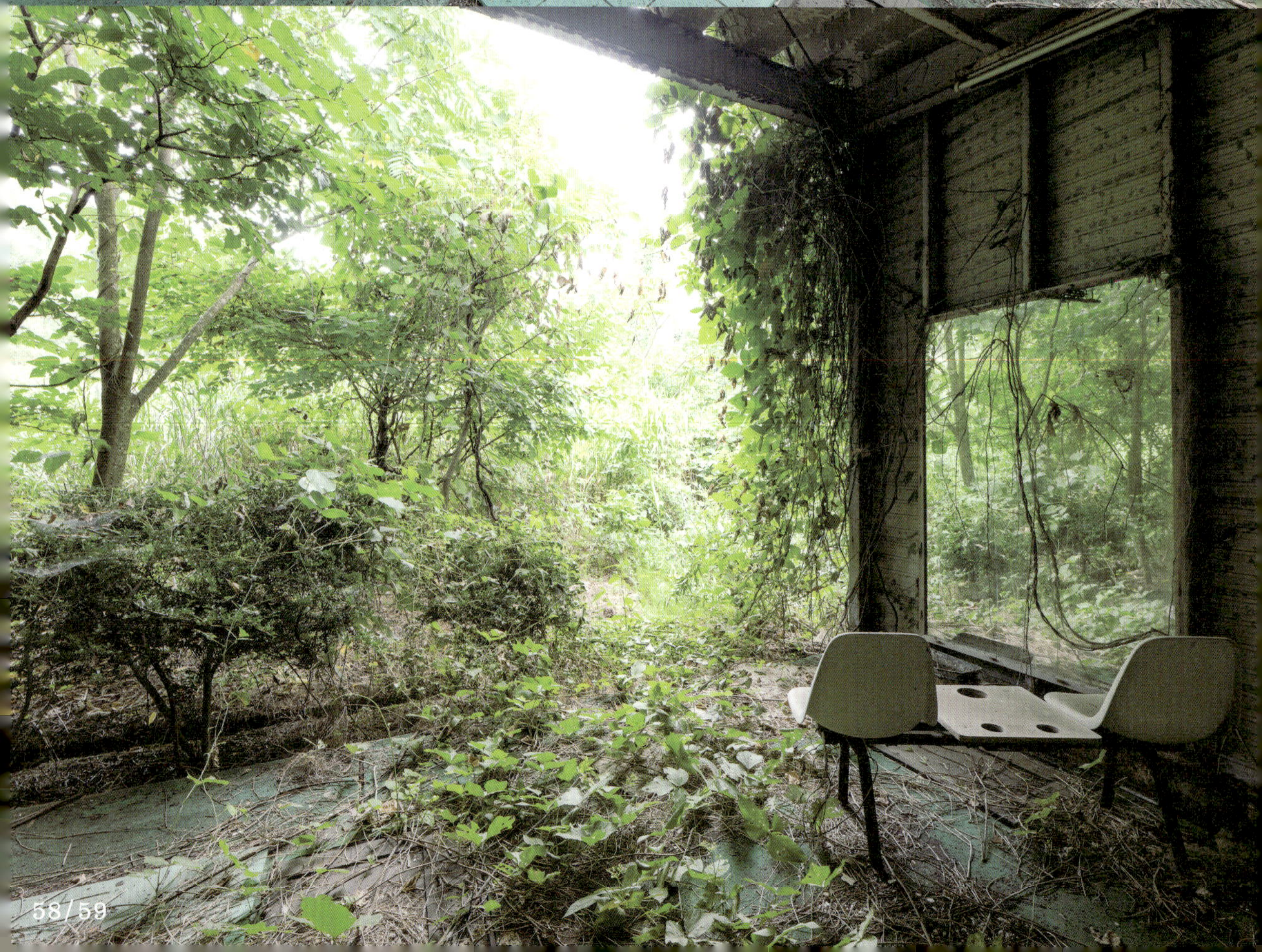

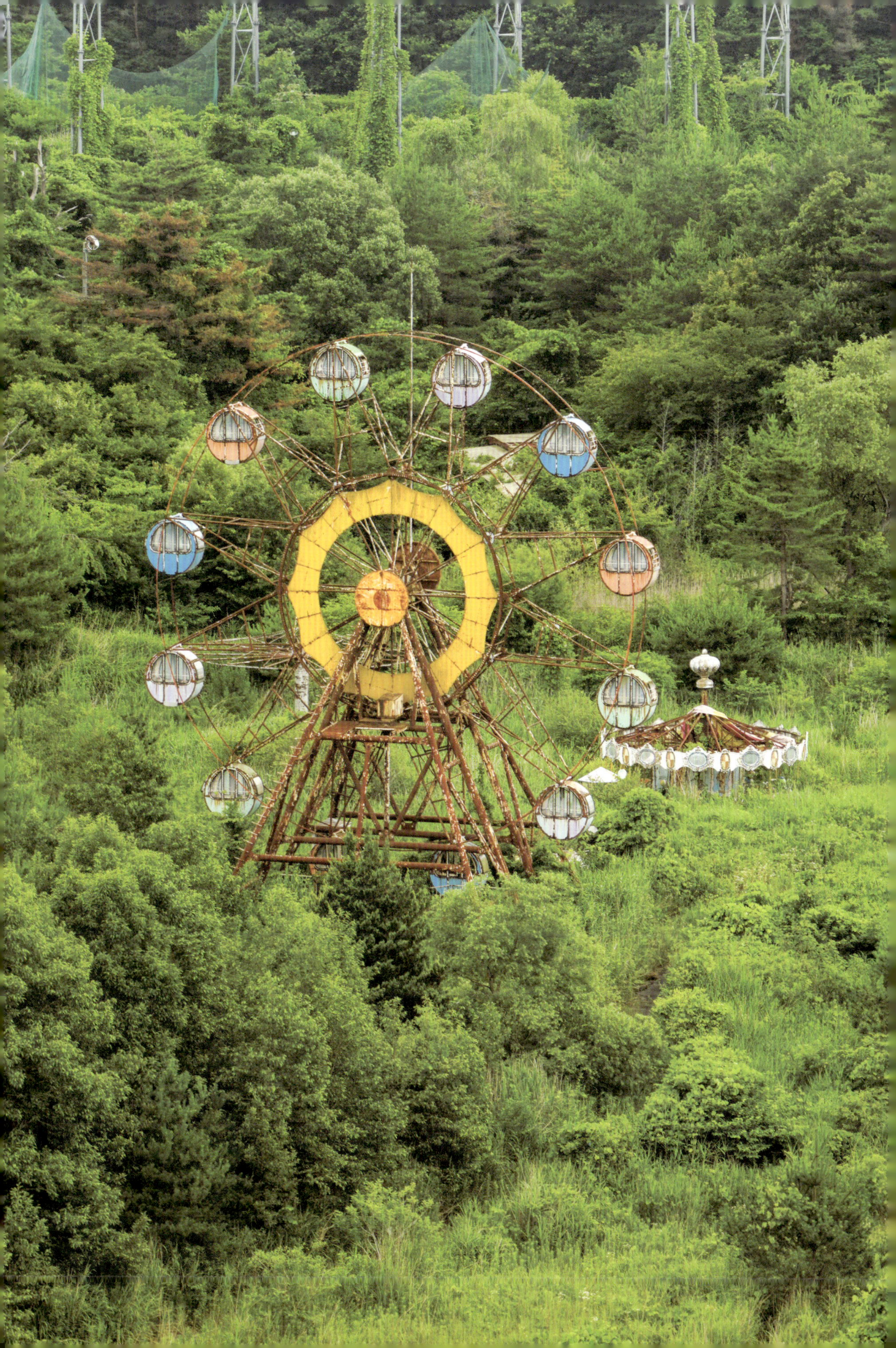

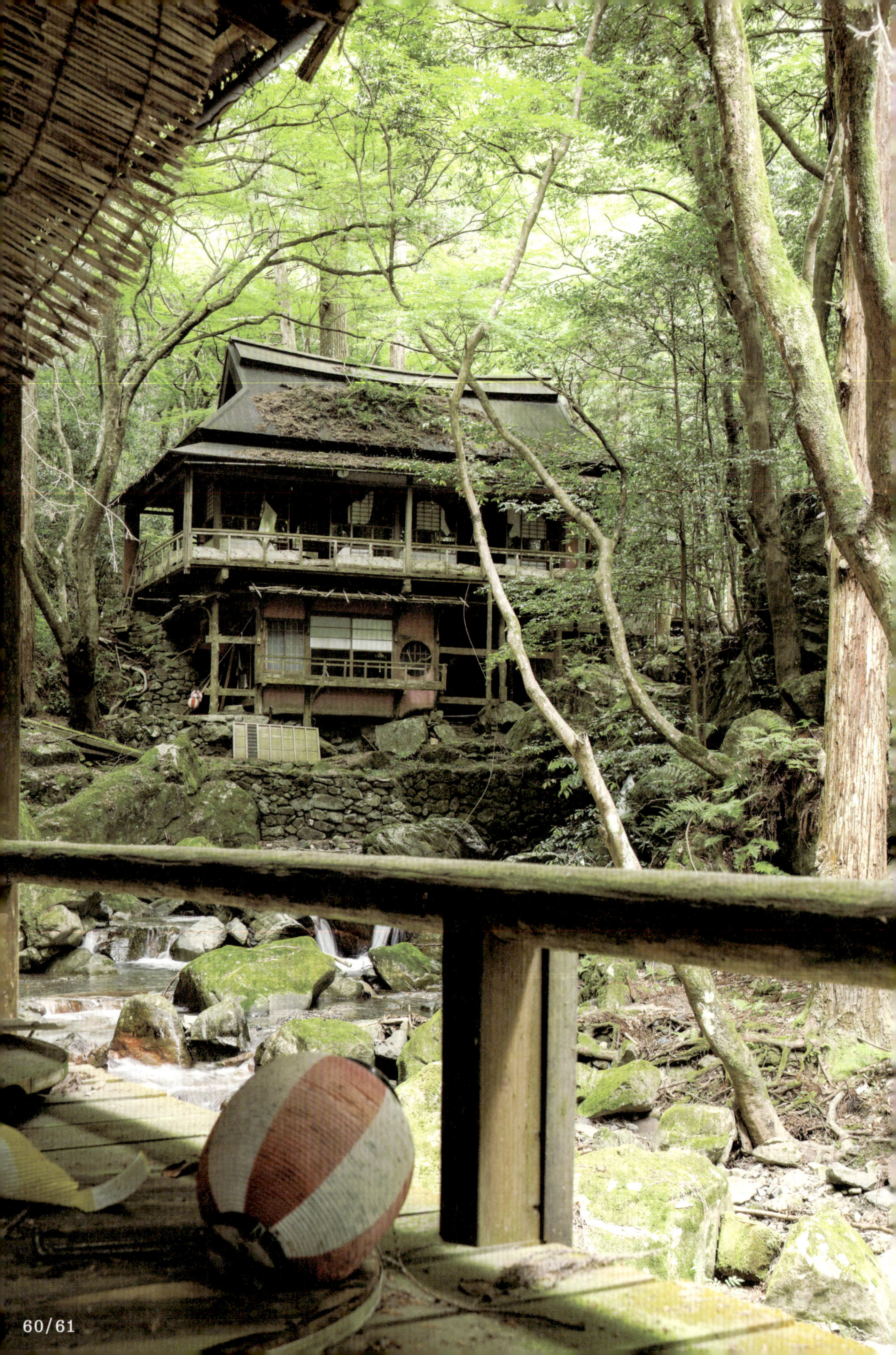

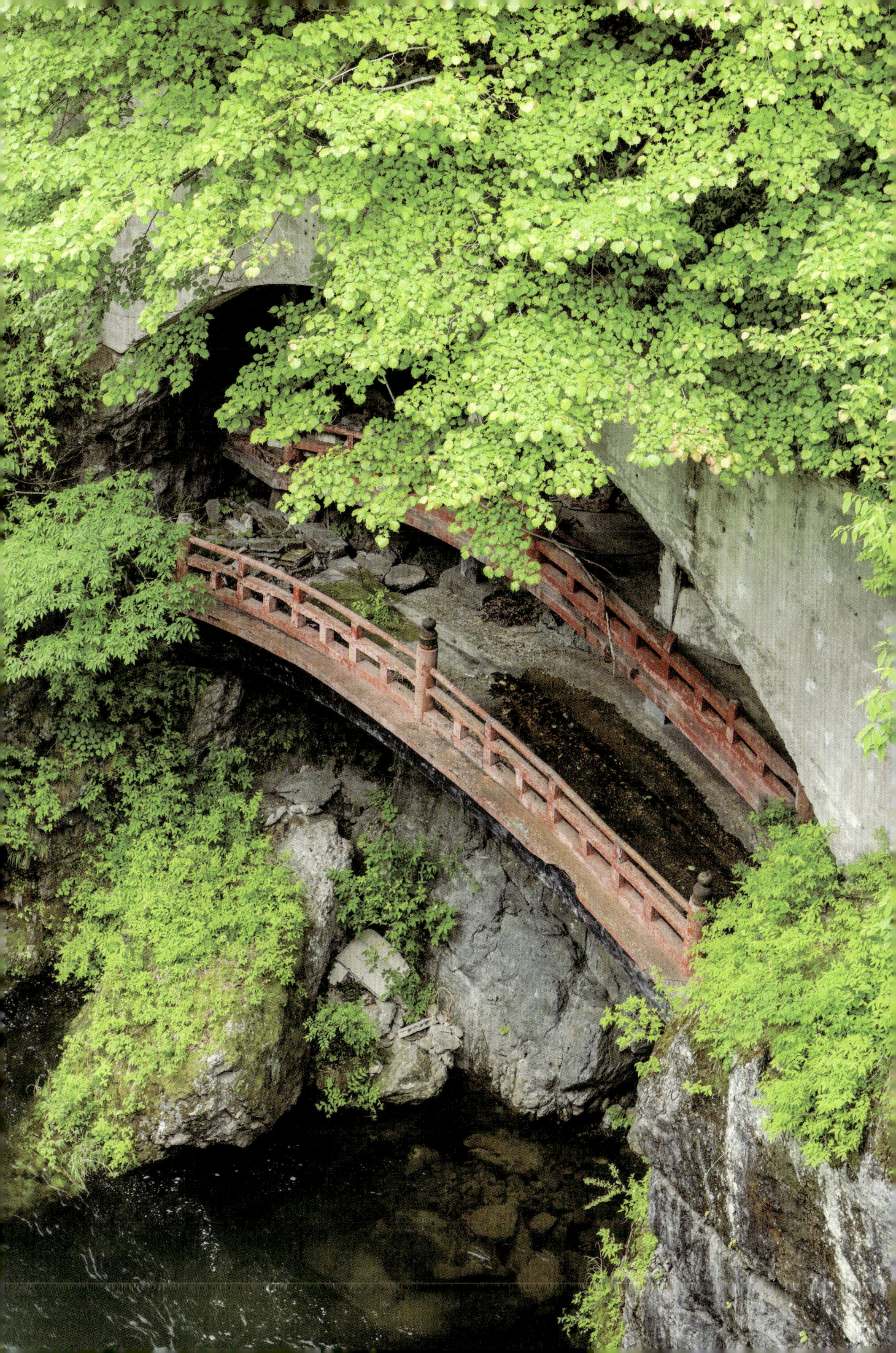

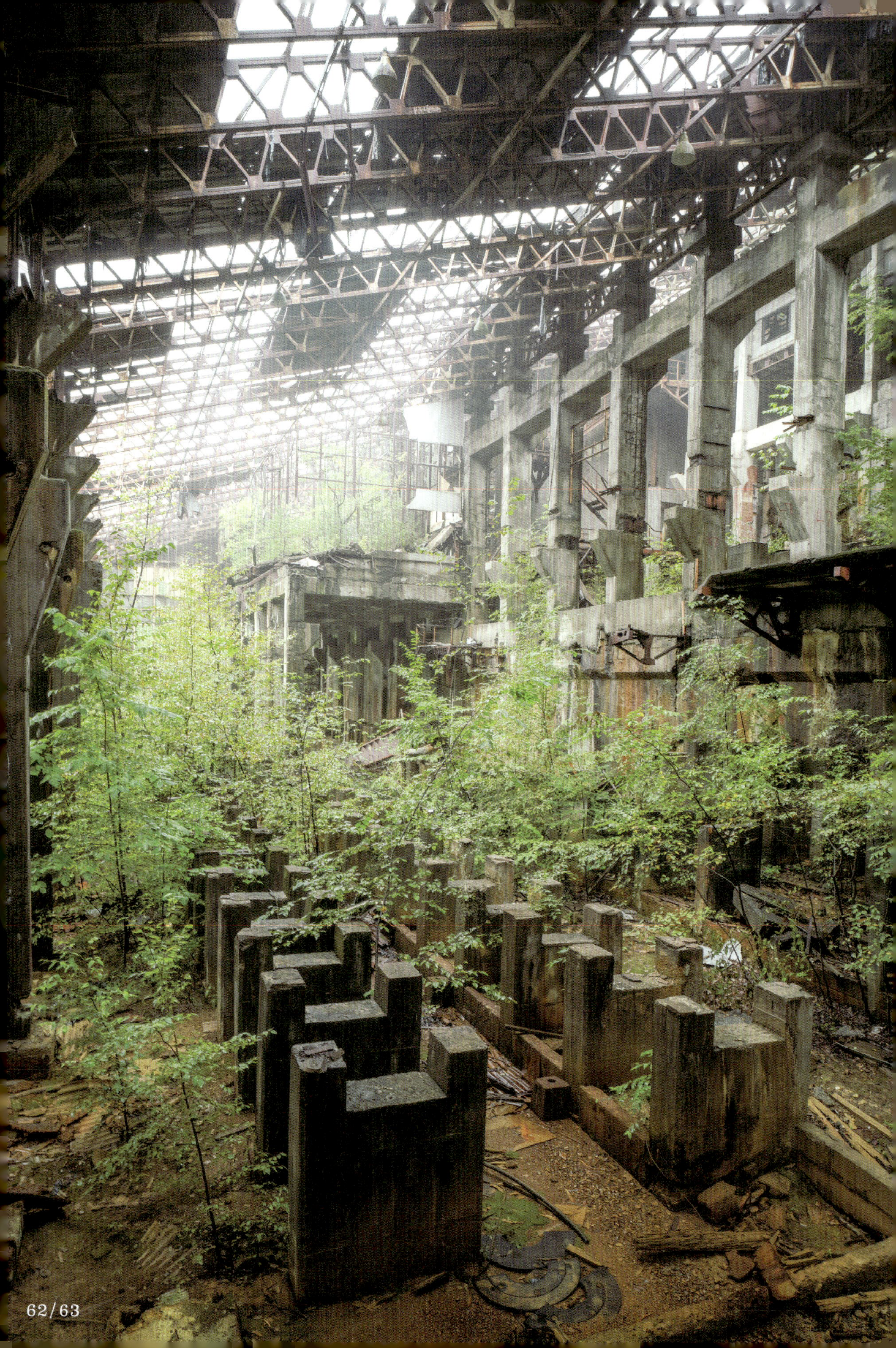

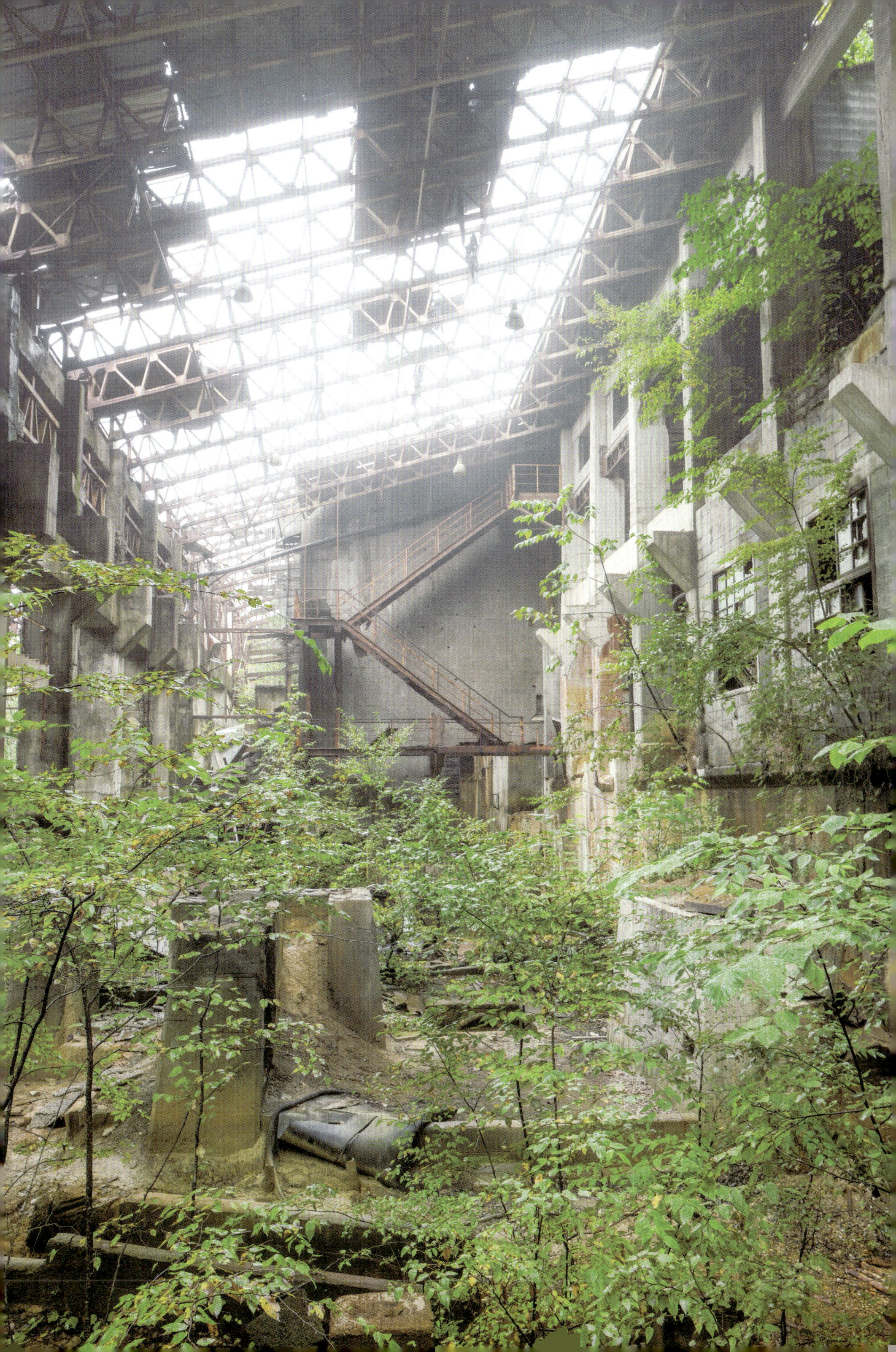

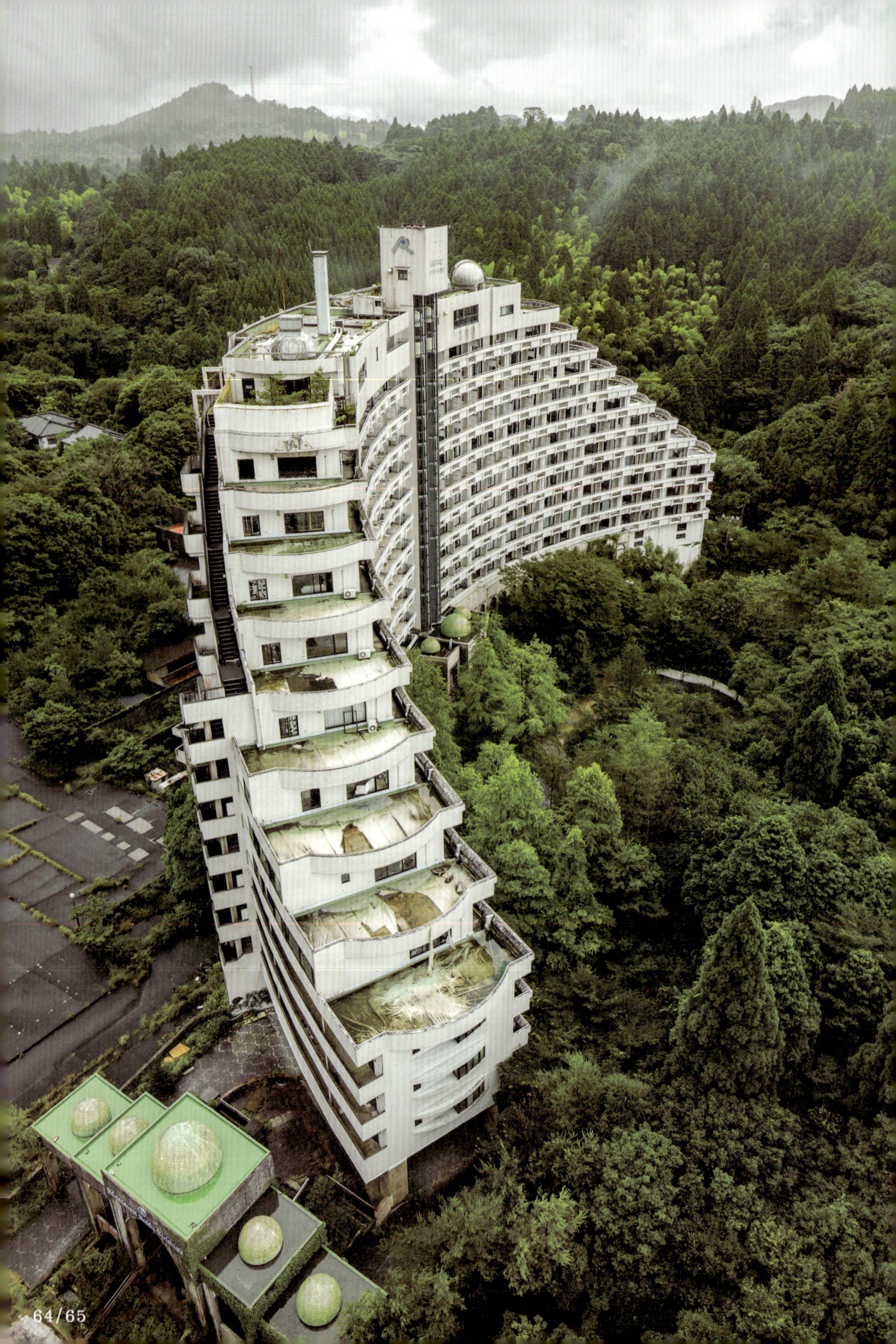

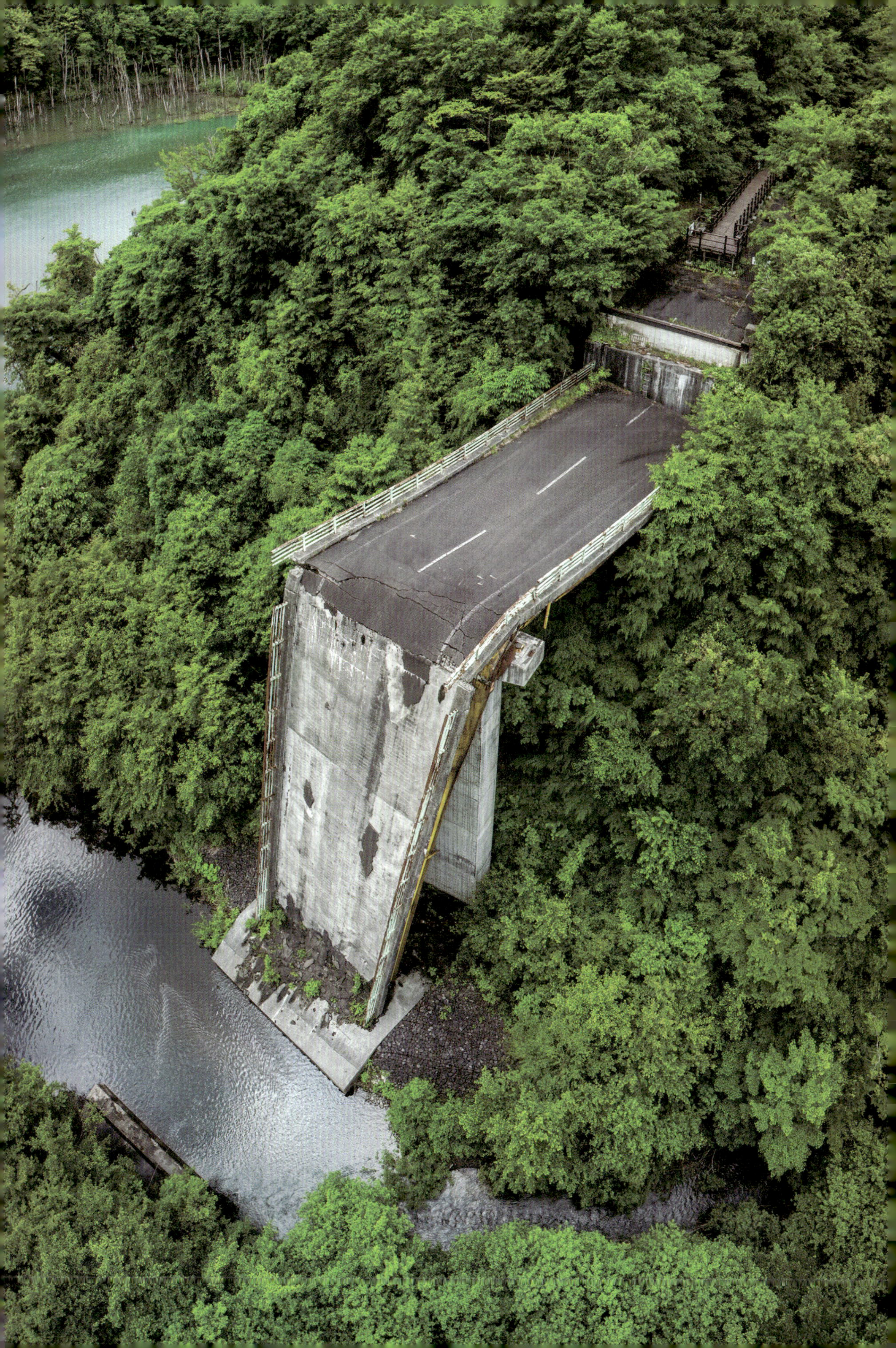

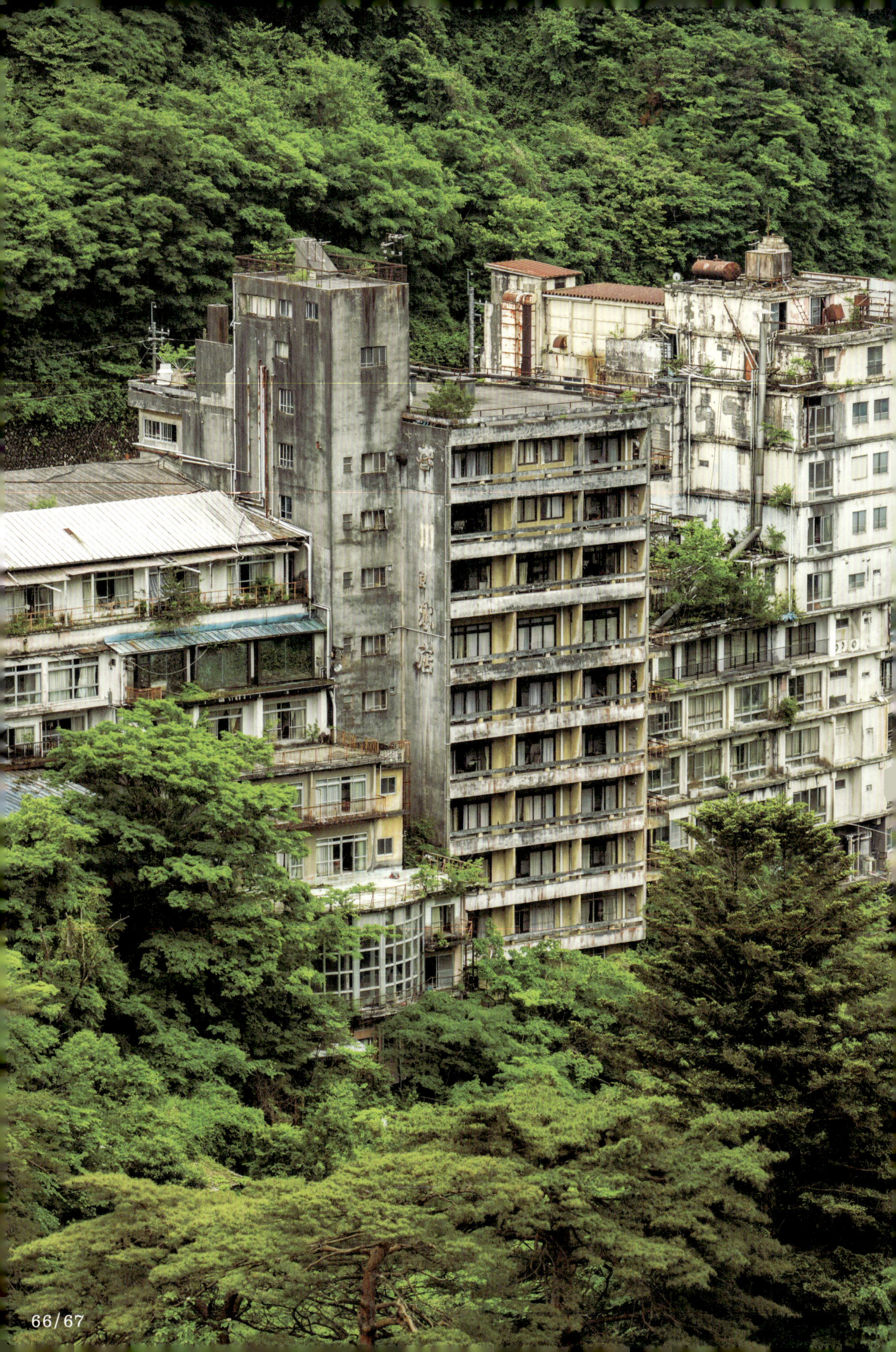

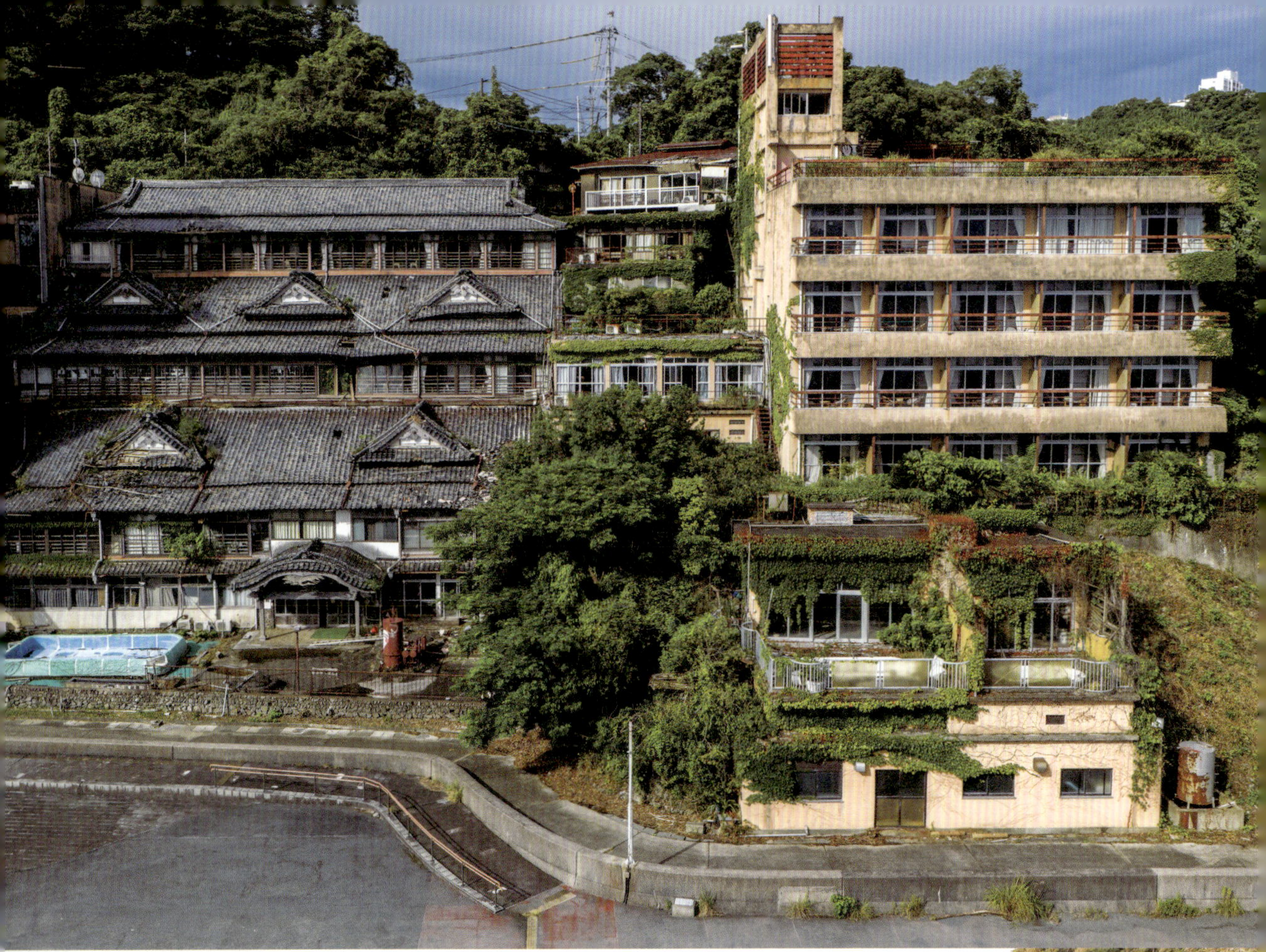

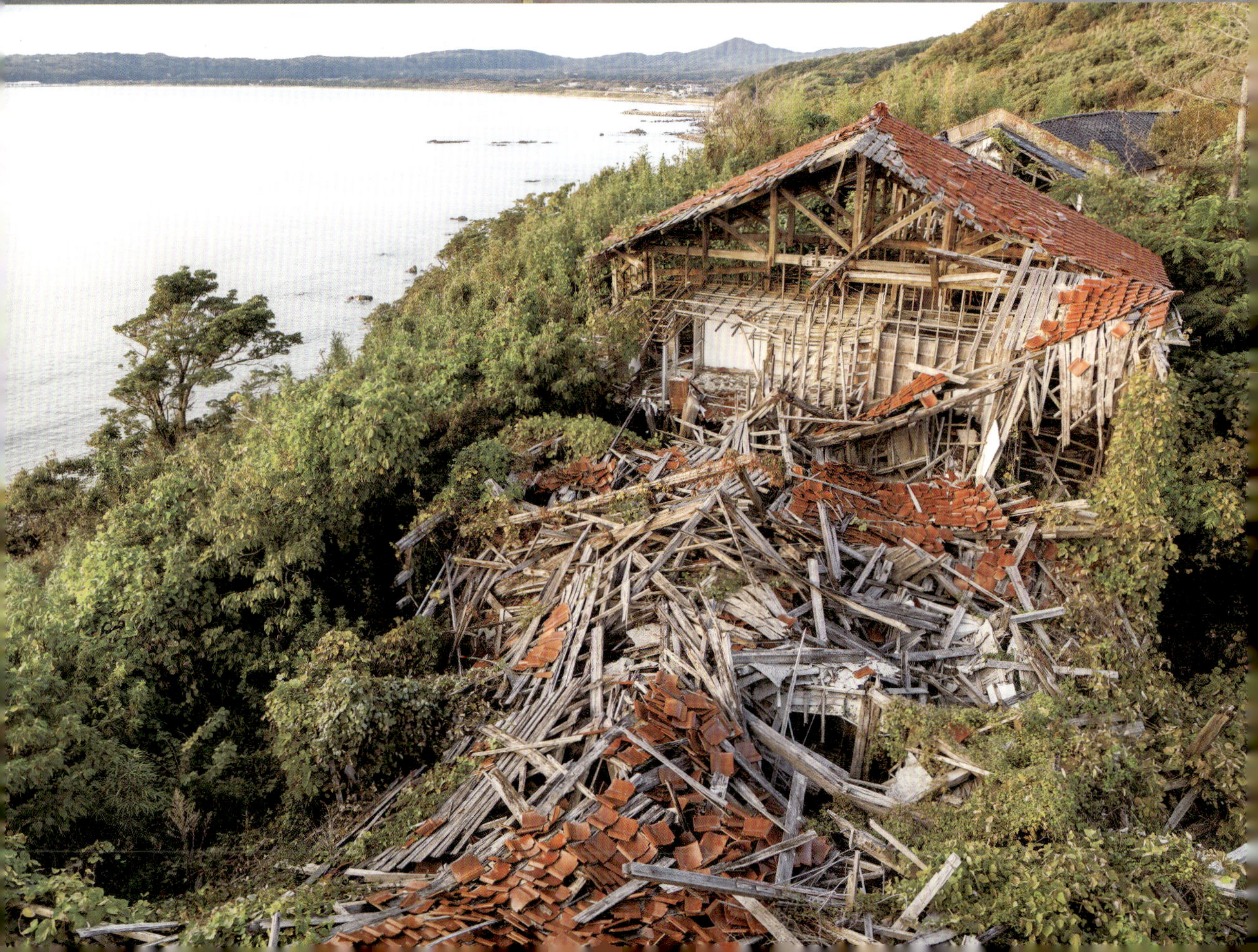

子供の頃、夏休みになると決まって遊びに行く森があった。
川のせせらぎが聴こえる、秘密基地のような場所だ。

森に入ると、途端に虫がわんさか寄ってきた。
それでも、誰かが虫があまりいない良い場所をみつけてくれて、
いつしか決まってそこに集まっていた。

今となっては、
とても過ごしやすいとは言い難い環境だったけど、
僕たちにとっては特別な空間だったのだ。

そこから少し離れたところに、
誰も近寄らない場所があった。

「絶対に行ってはいけないよ」

そう教えられていた、廃道と古いトンネルだ。

蒸し蒸しとした外の空気とは対照的に、
冷たい風が流れていた。
離れた場所でも感じるその風は、
息が詰まりそうなほど
乾いていたのをよく覚えている。

それが妙に怖くて、
子供の頃はそういう言いつけを律儀に守っていたのだ。
だから、その先には何があるのか、
いまだに誰も知らない。

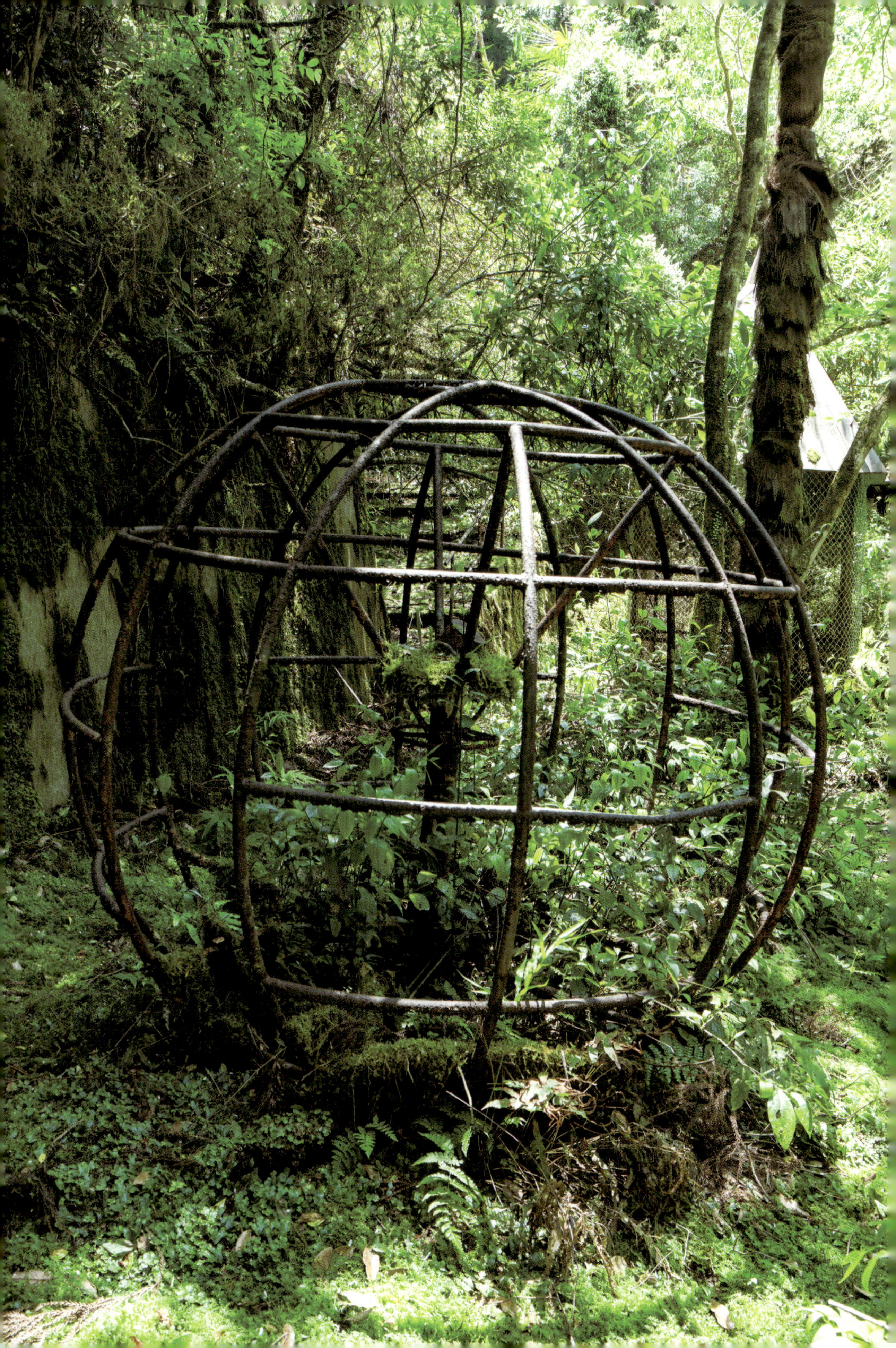

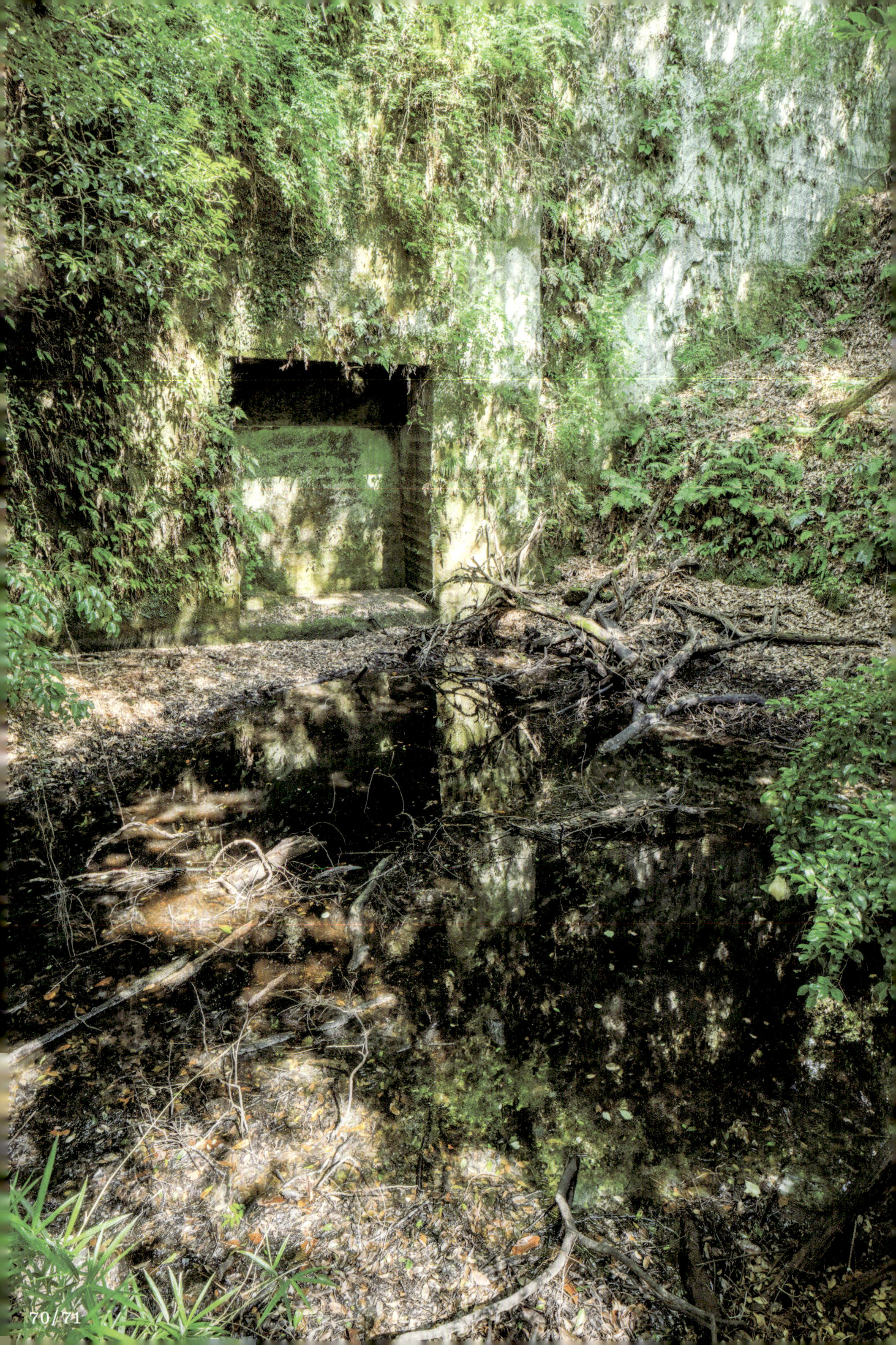

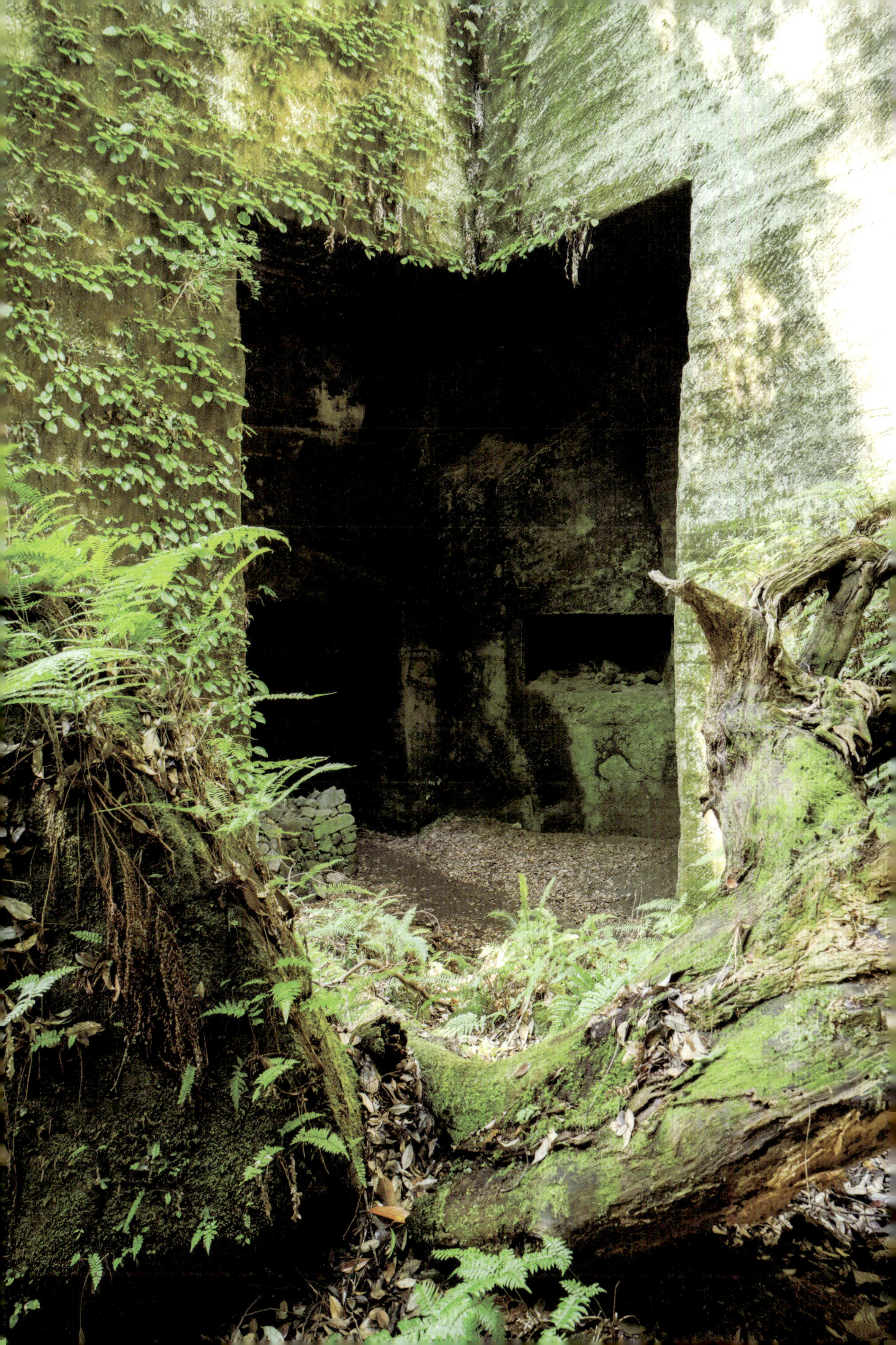

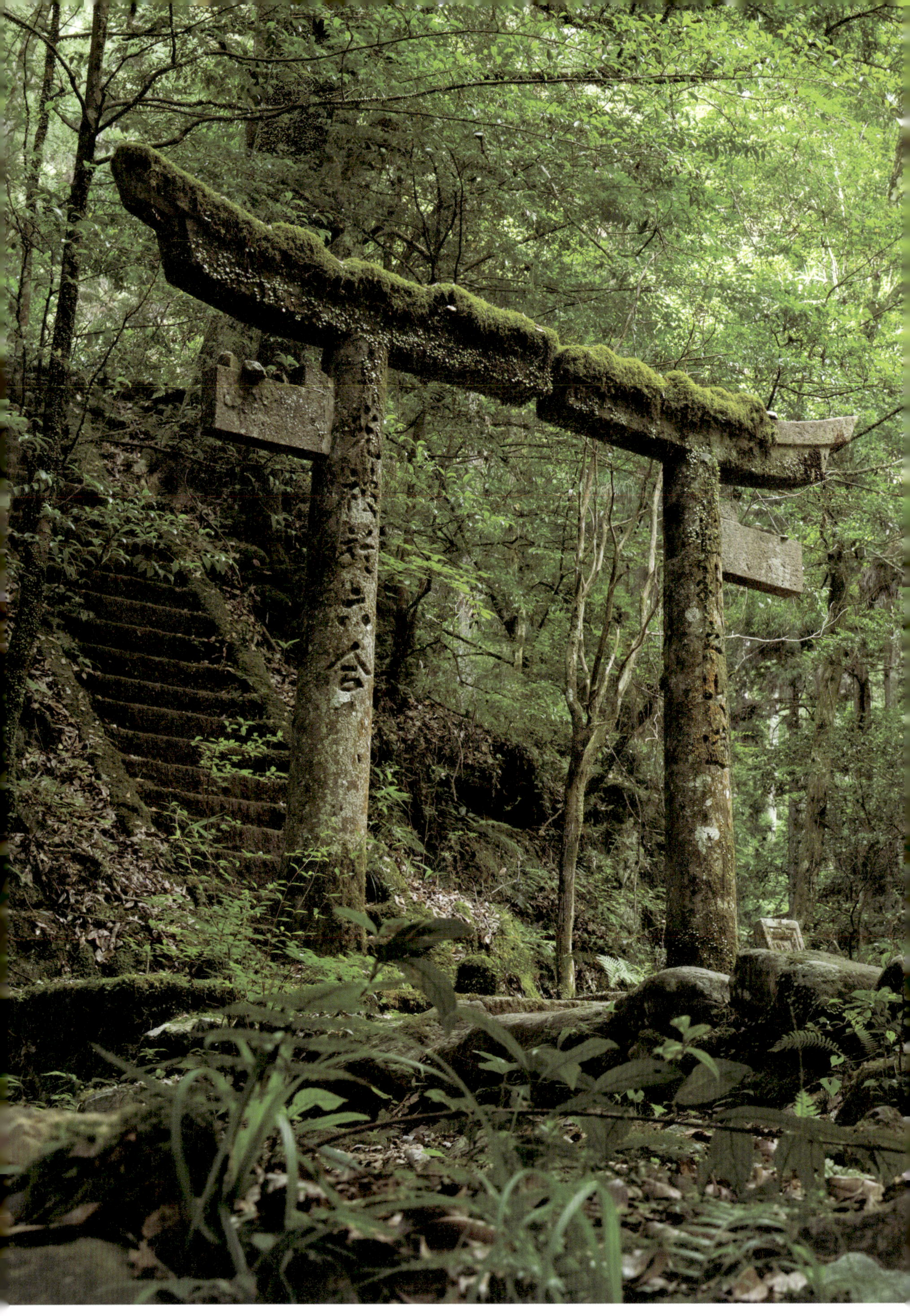

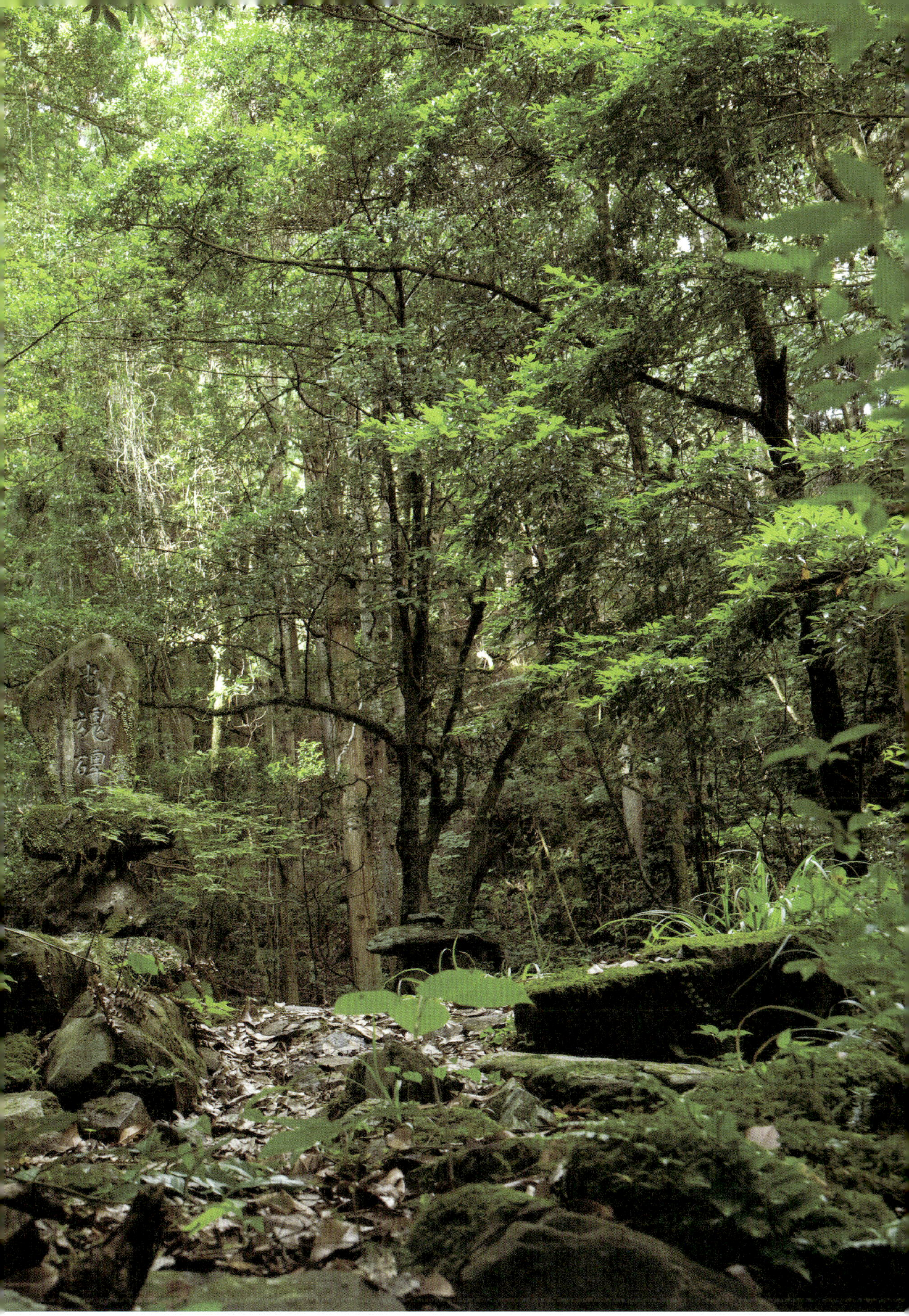
忠魂碑

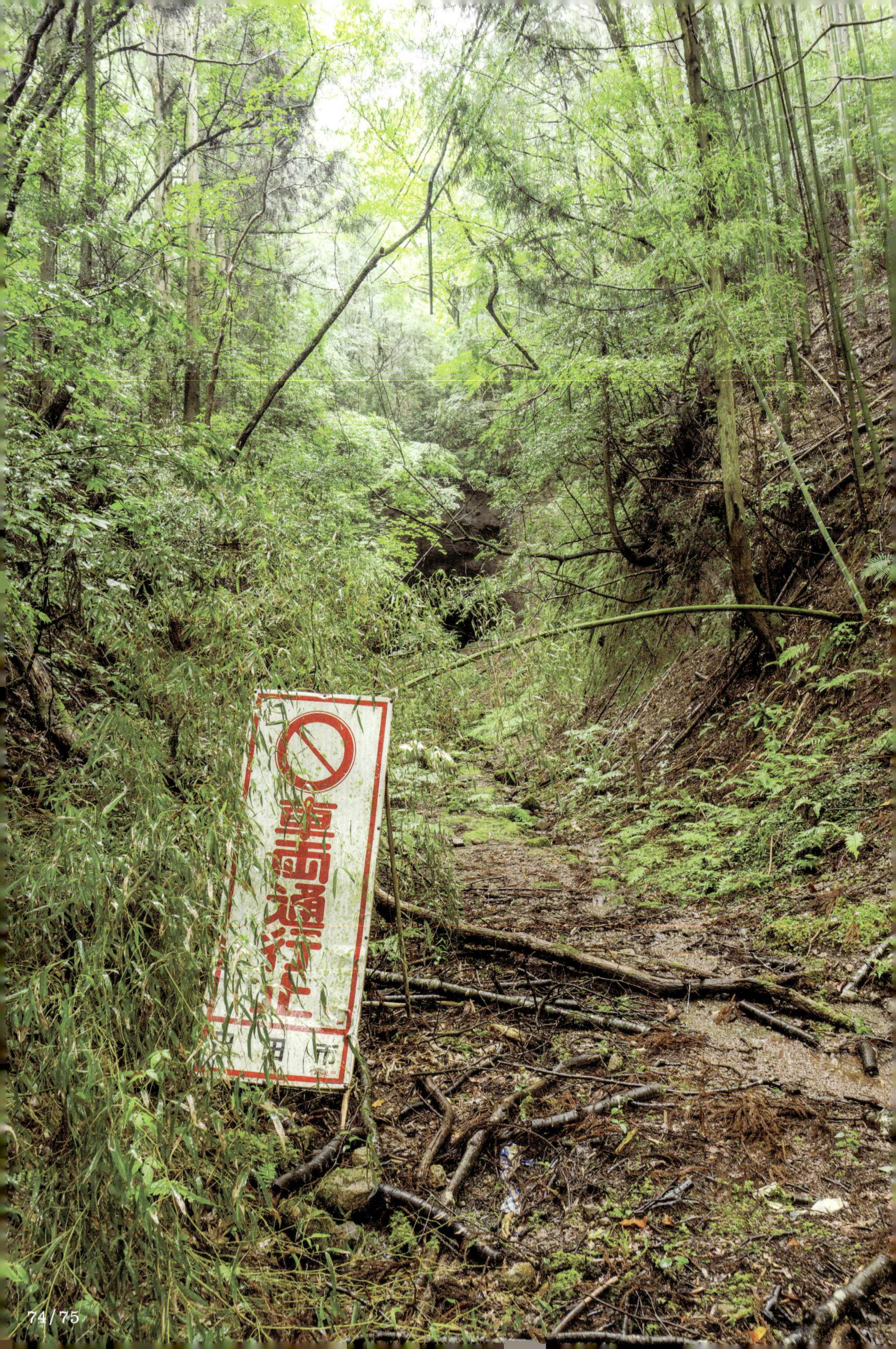
車両通行止

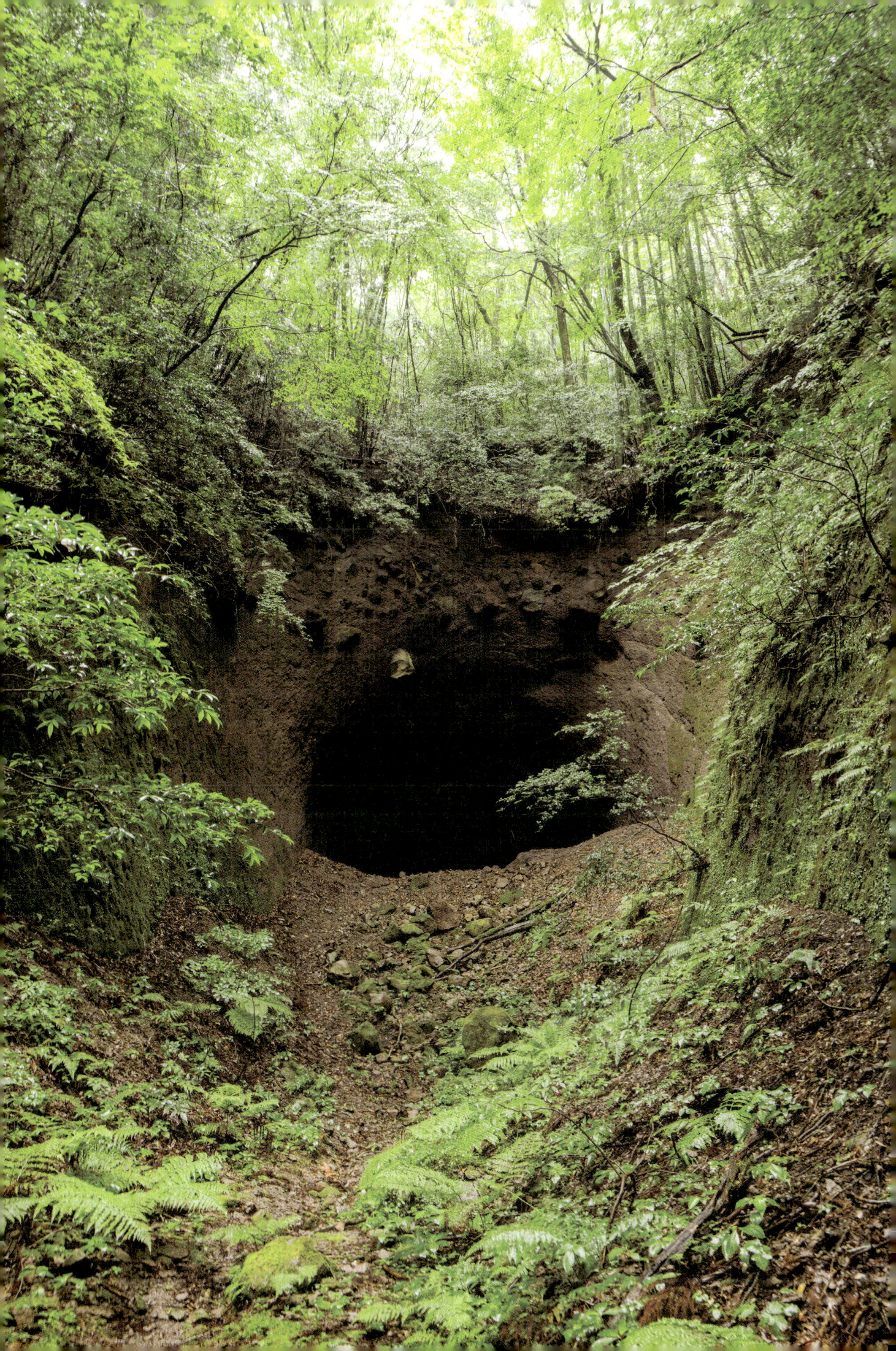

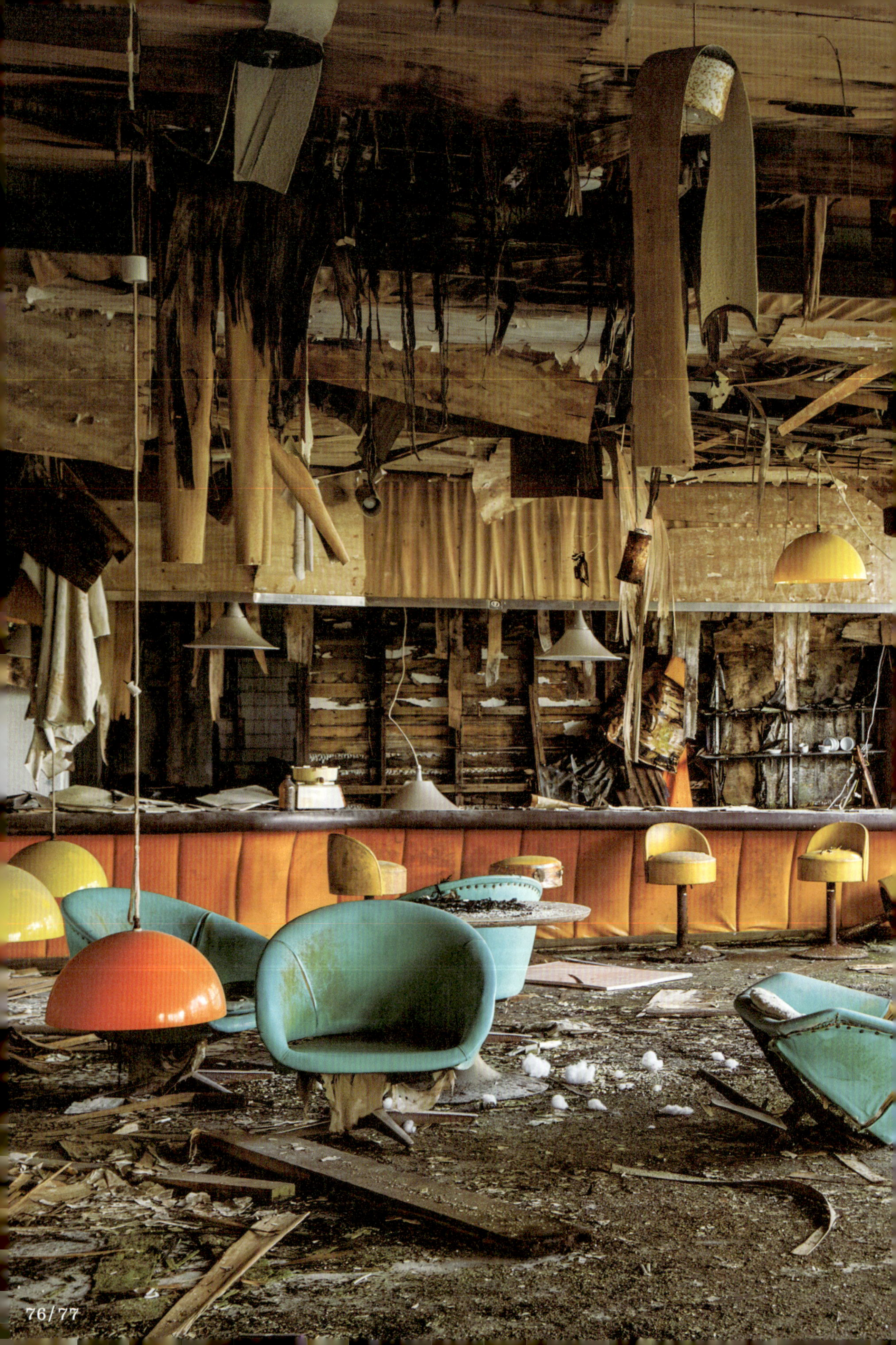

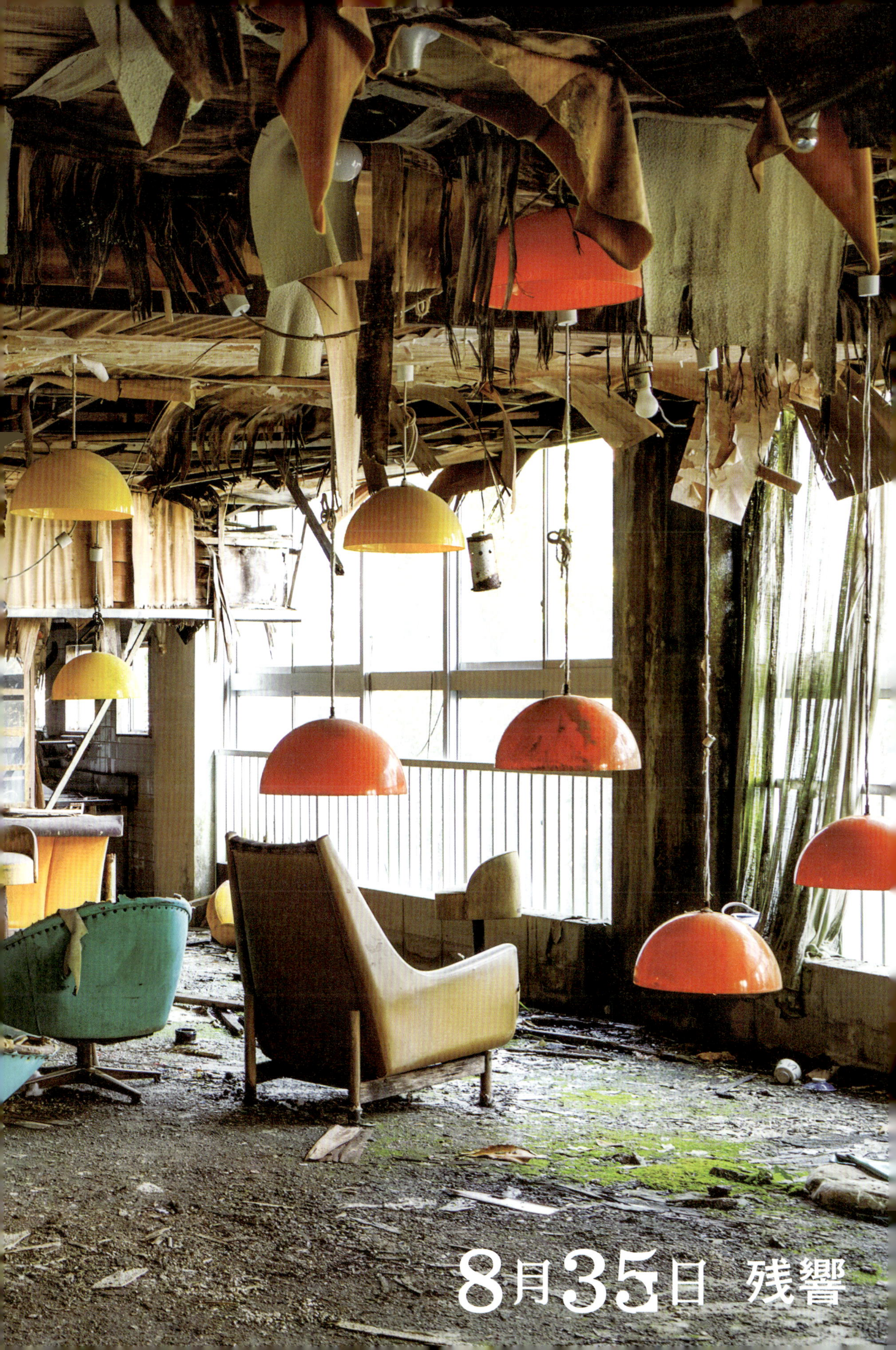

8月35日　残響

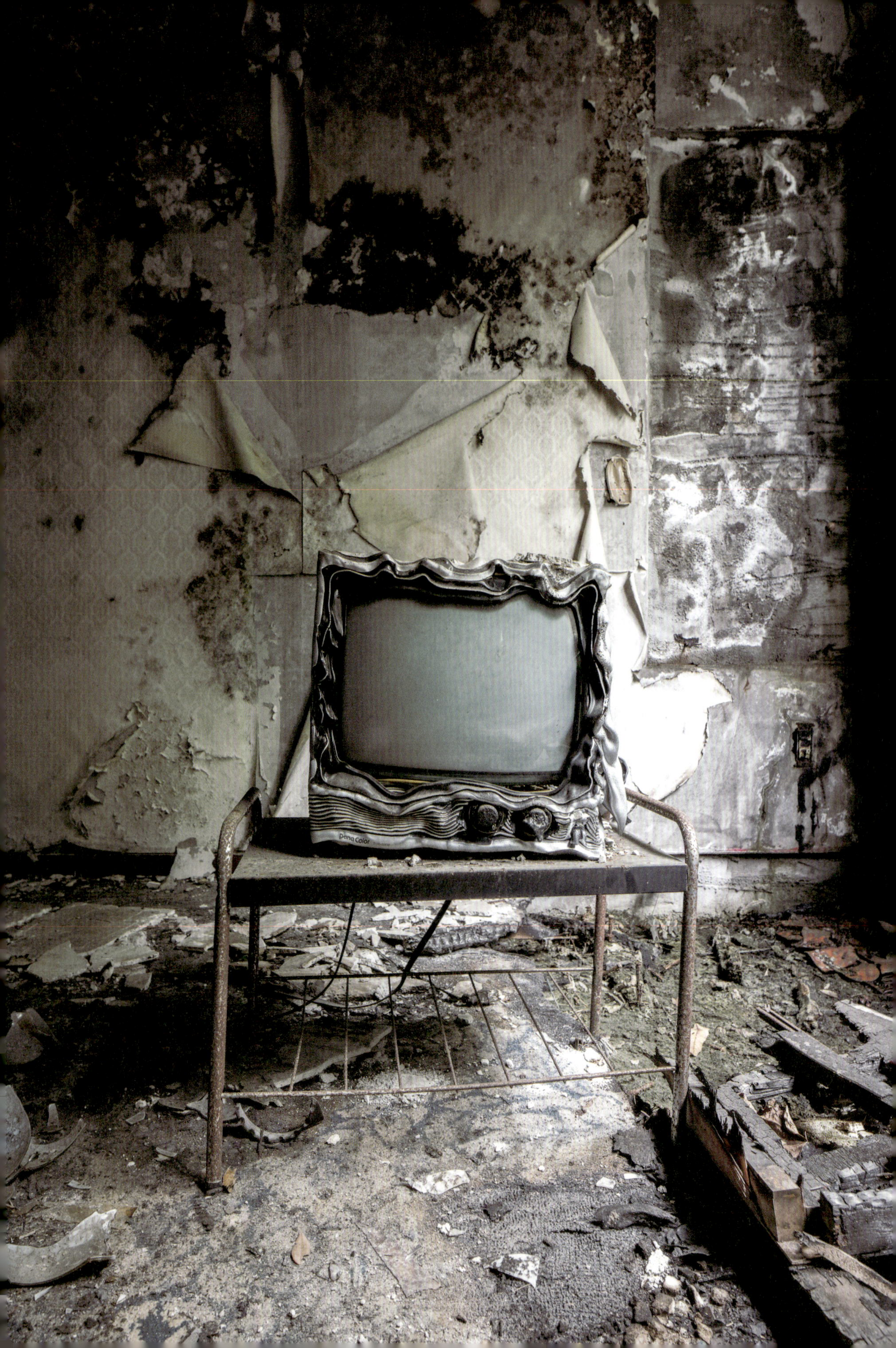
Pana Color

彷徨うように、終わらない夏を歩き続けるうちに、

僕の日付感覚は少しずつ薄れていった。

ついさっきまで誰かがいたような気配。

それなのに、人の姿はどこにもない。

この場所に流れ着いてからいくつもの痕跡を見つけた。

どれも人がいた証のように思えるけど、

なんだか作りもののようにも見えた。

まるで、記憶の空白を埋めるために配置されたような光景。

この空間は、

僕の忘れてしまった過去を譜ク繧肴鋤繧てくれる。

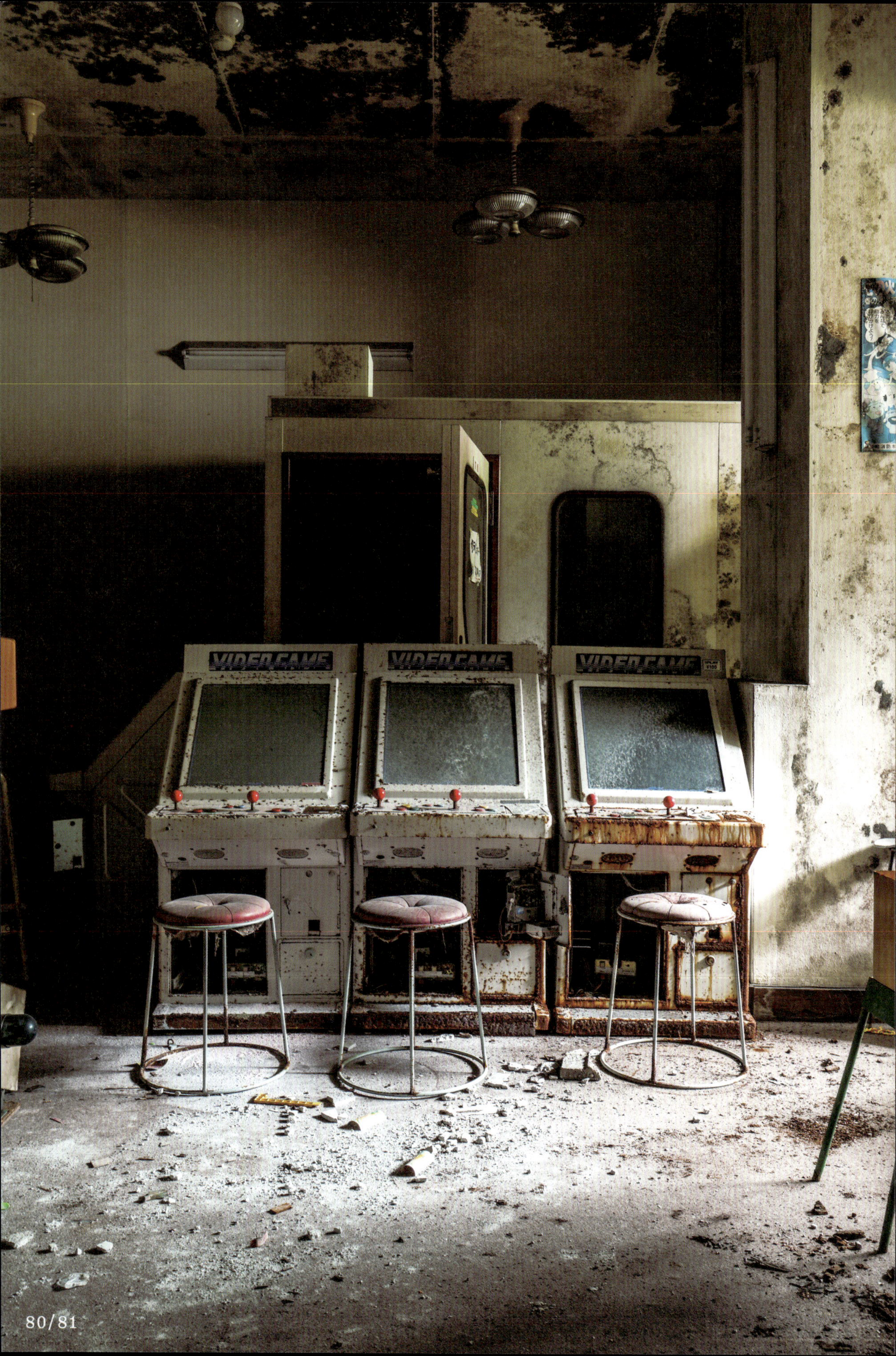
VIDEO GAME
VIDEO GAME
VIDEO GAME

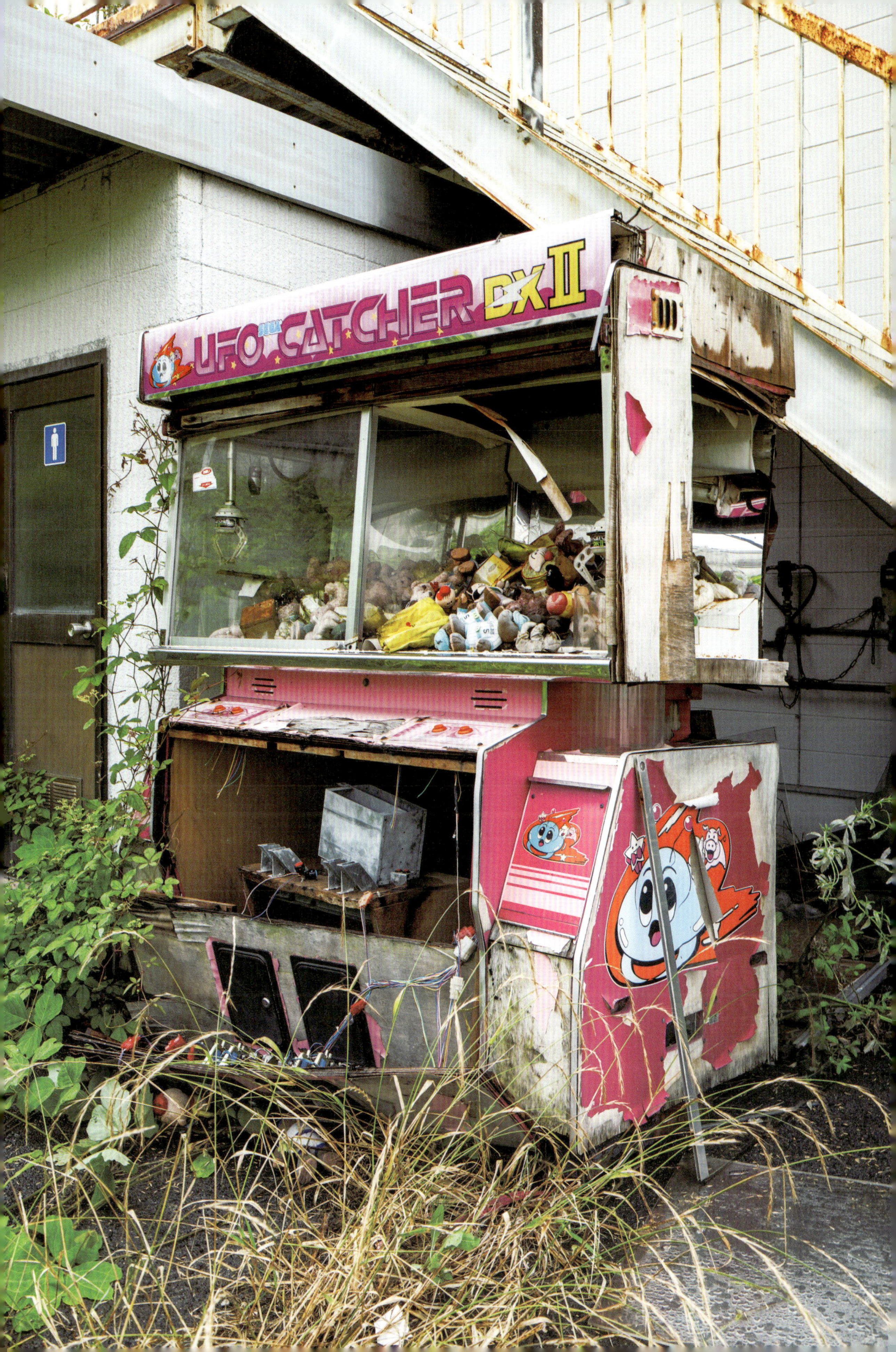
UFO CATCHER DX II

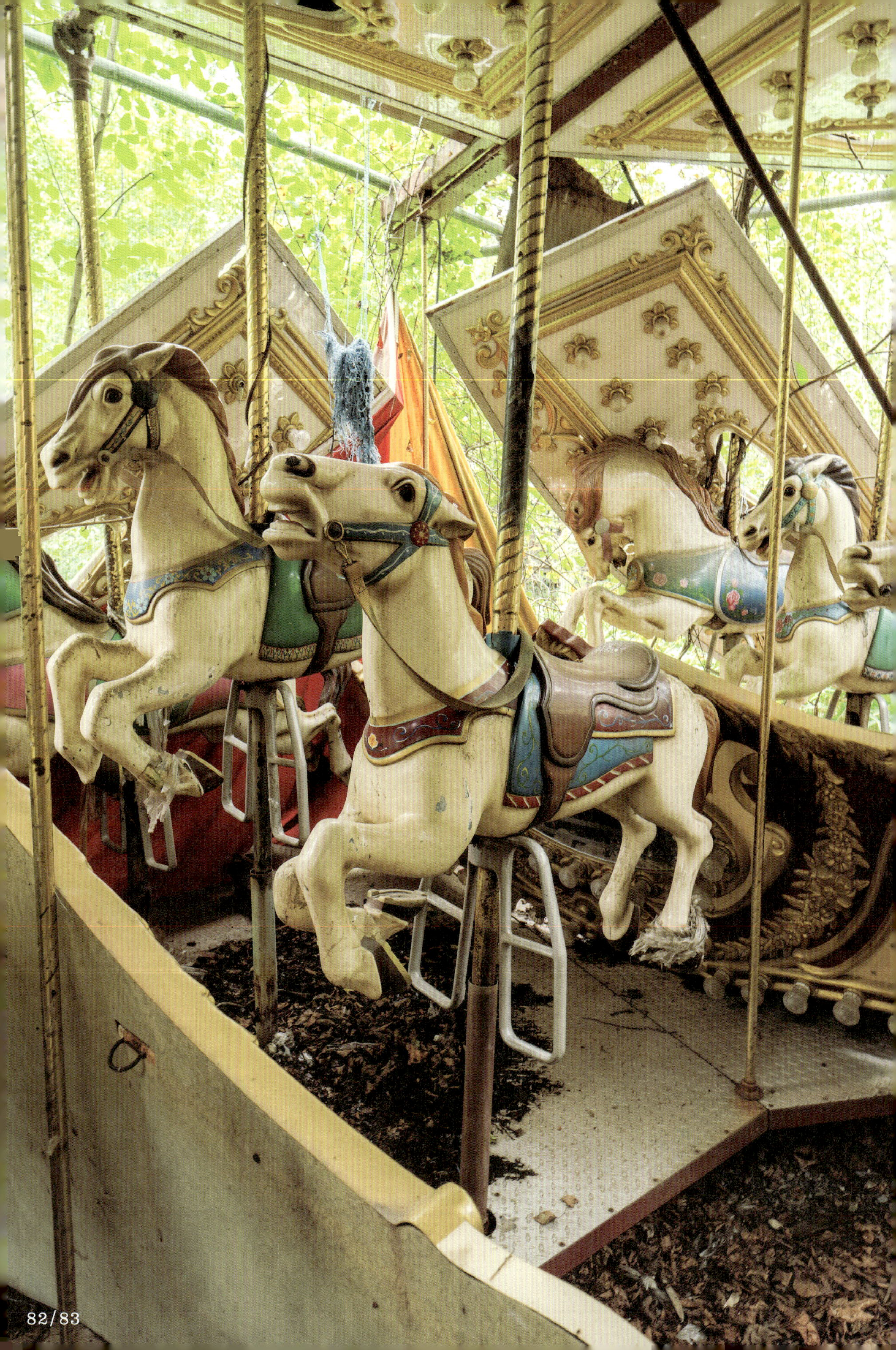

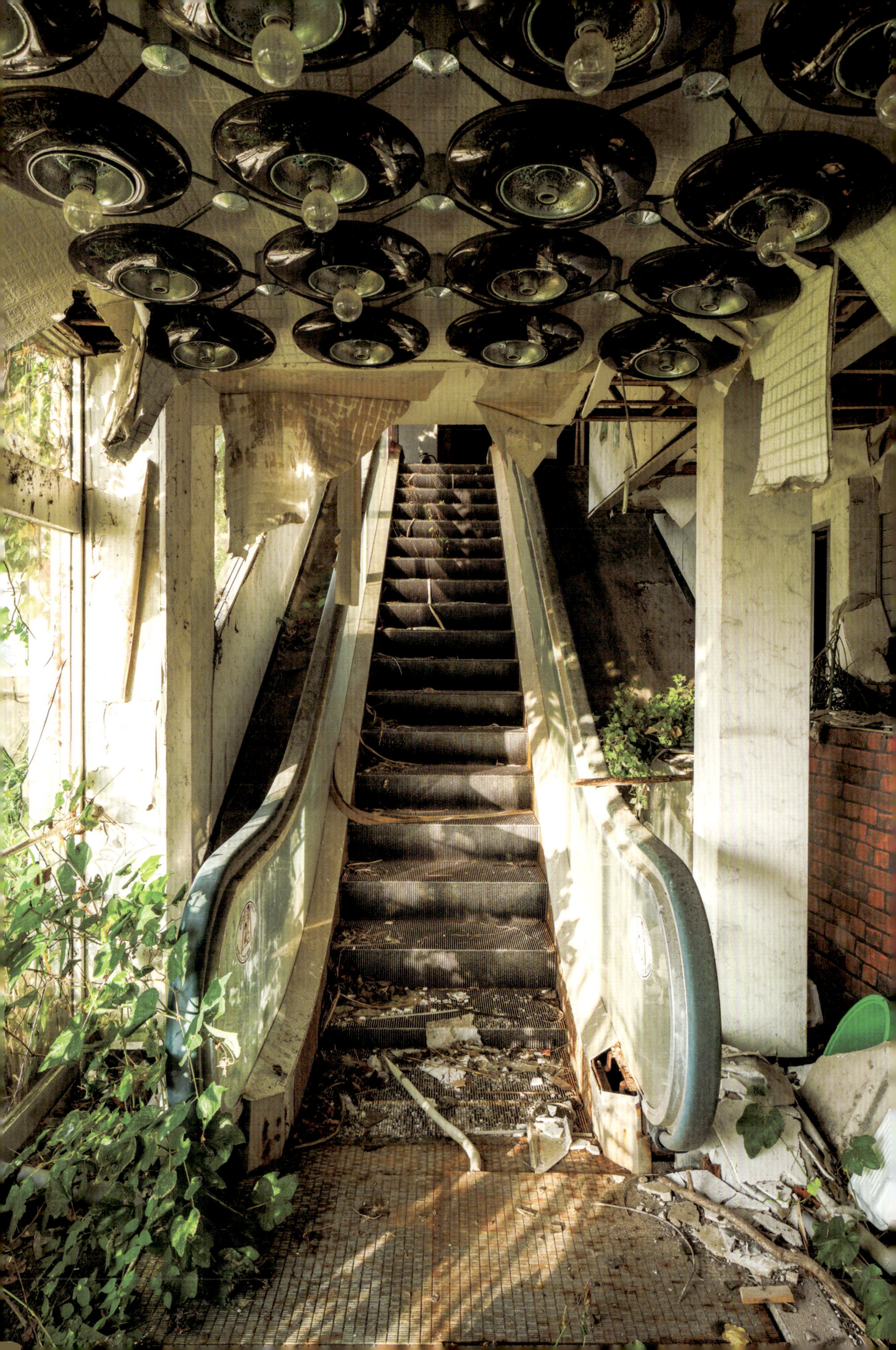

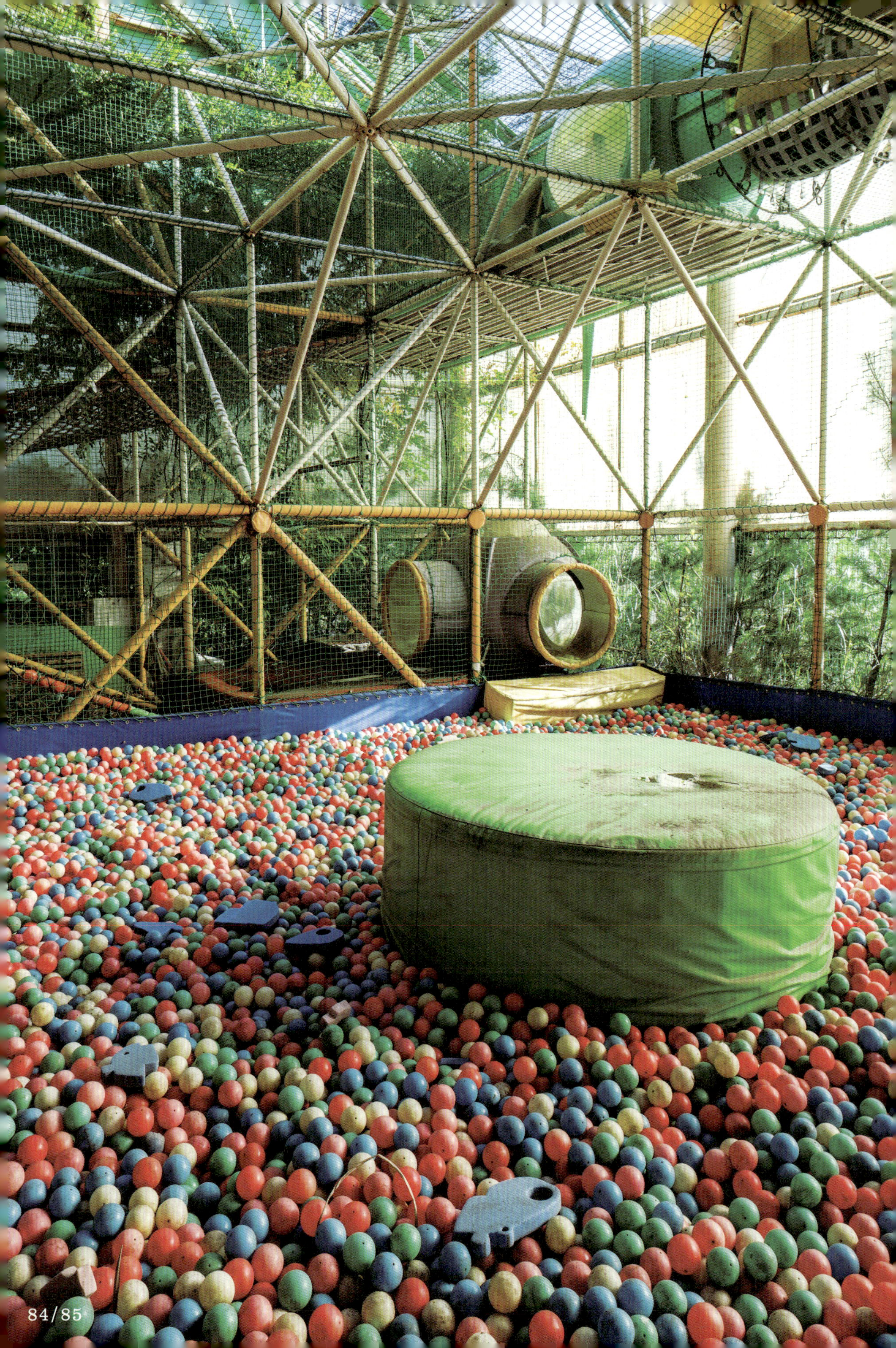

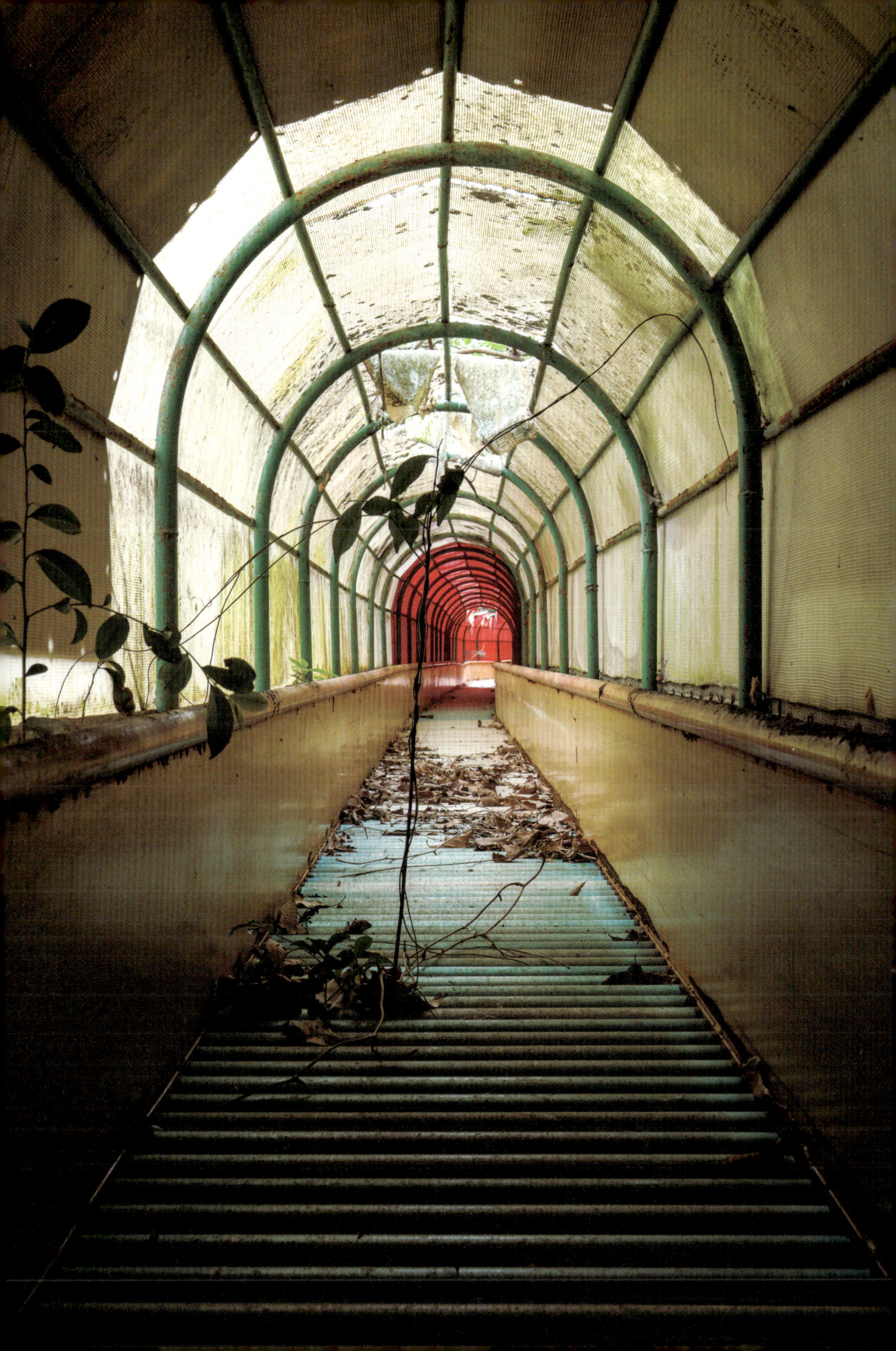

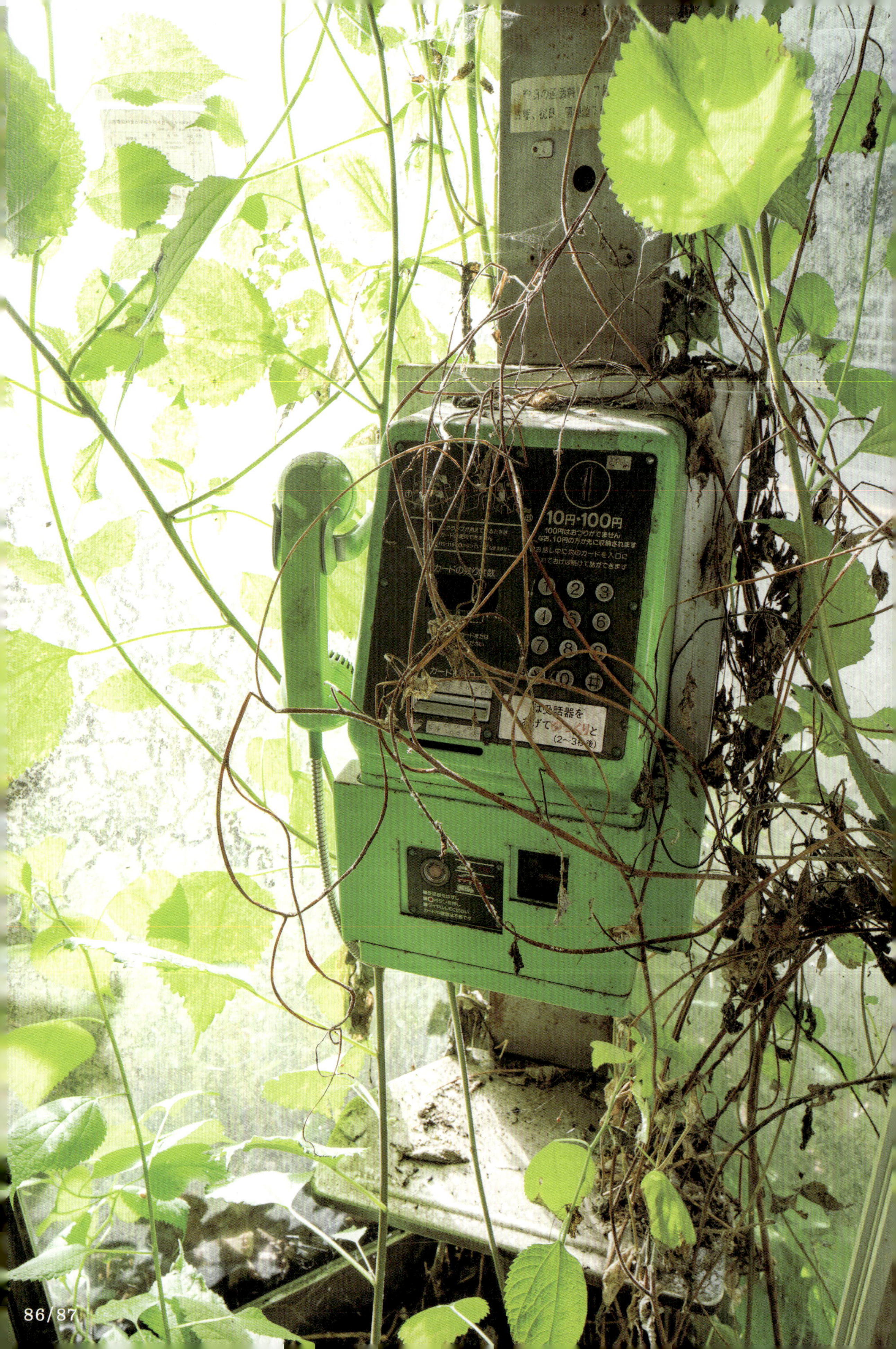

10円·100円
100円はおつりがでません
なお、10円の方が先に収納されます

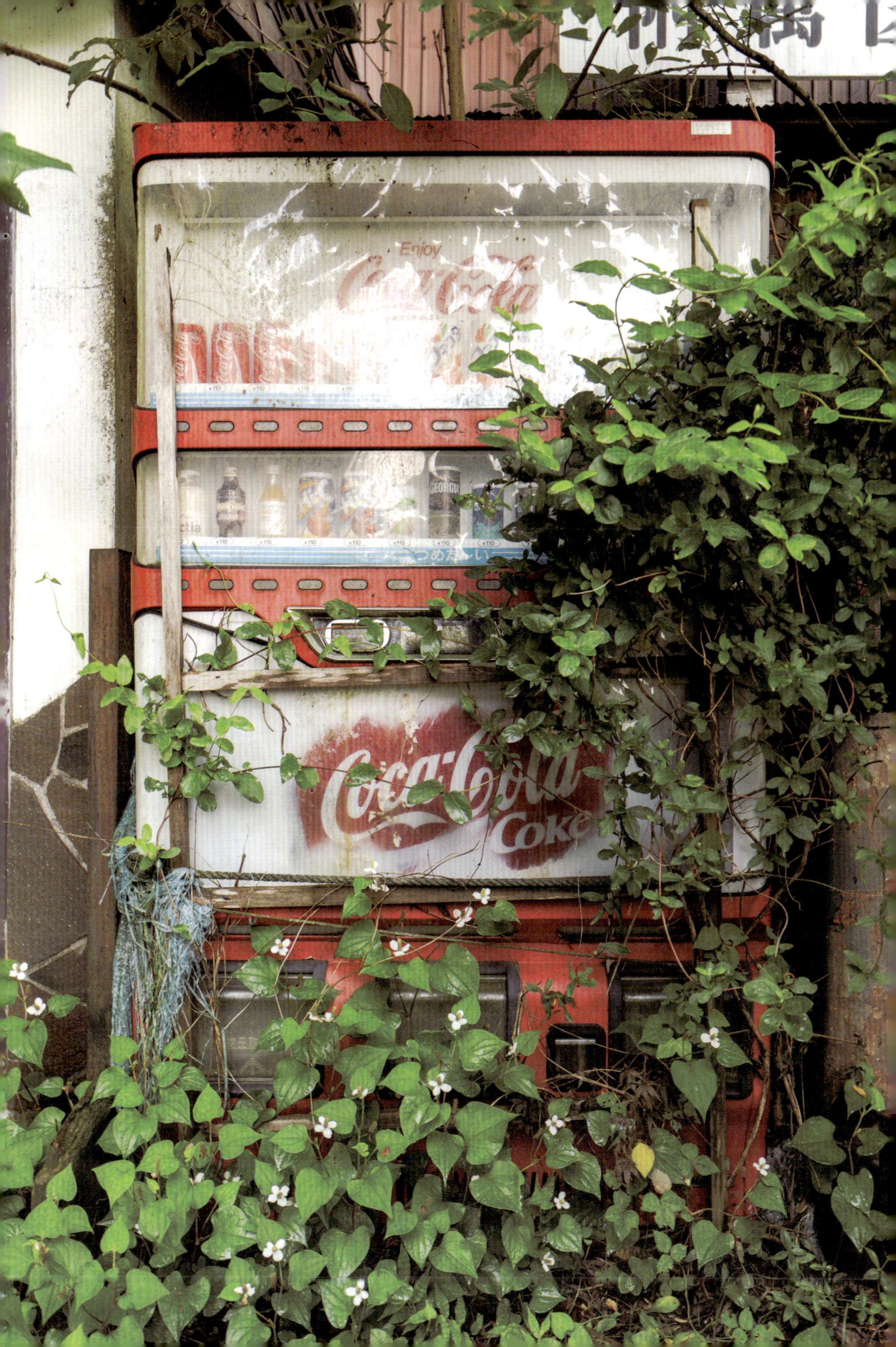
Enjoy
Coca-Cola
Coca-Cola
Coke

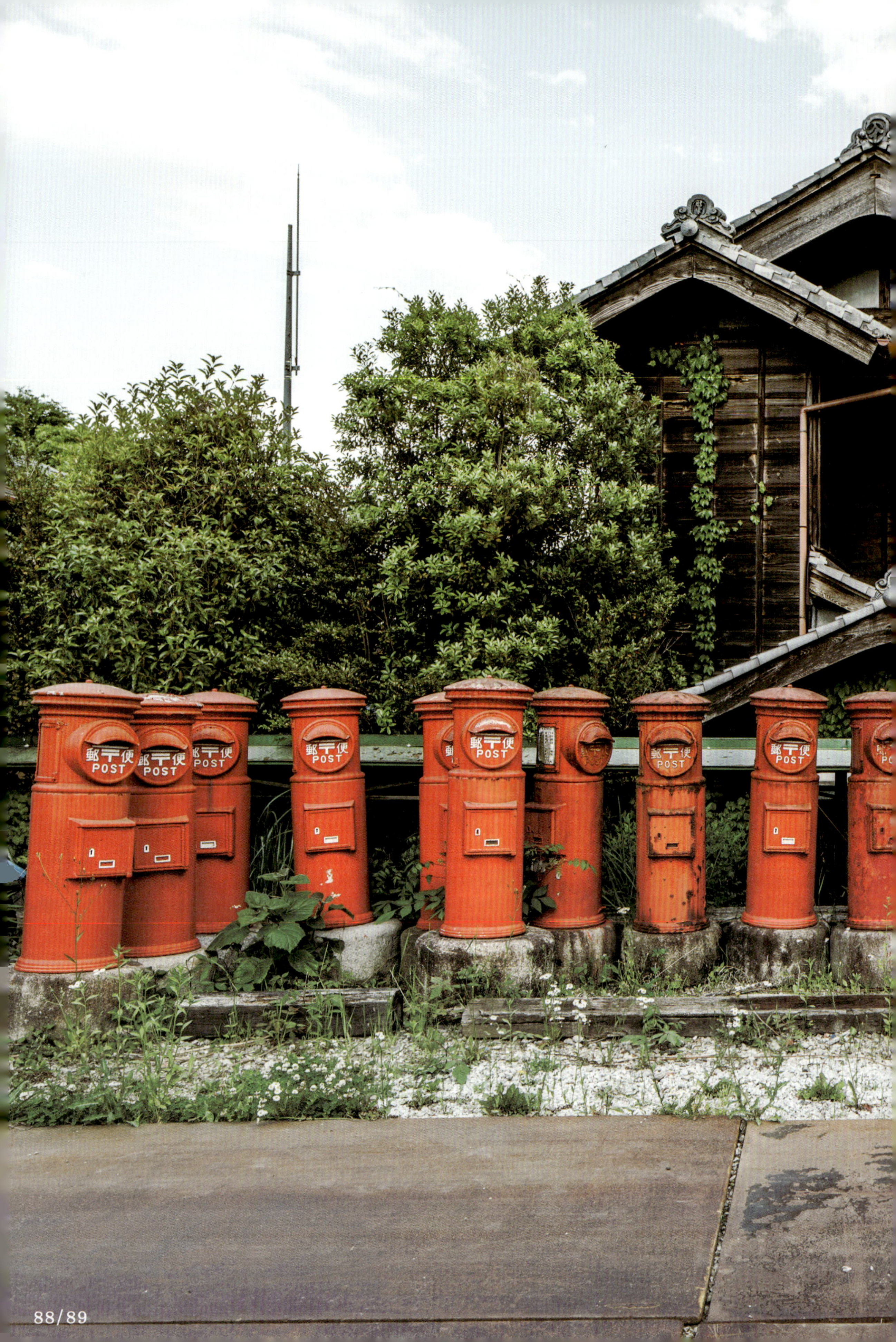
郵〒便
POST

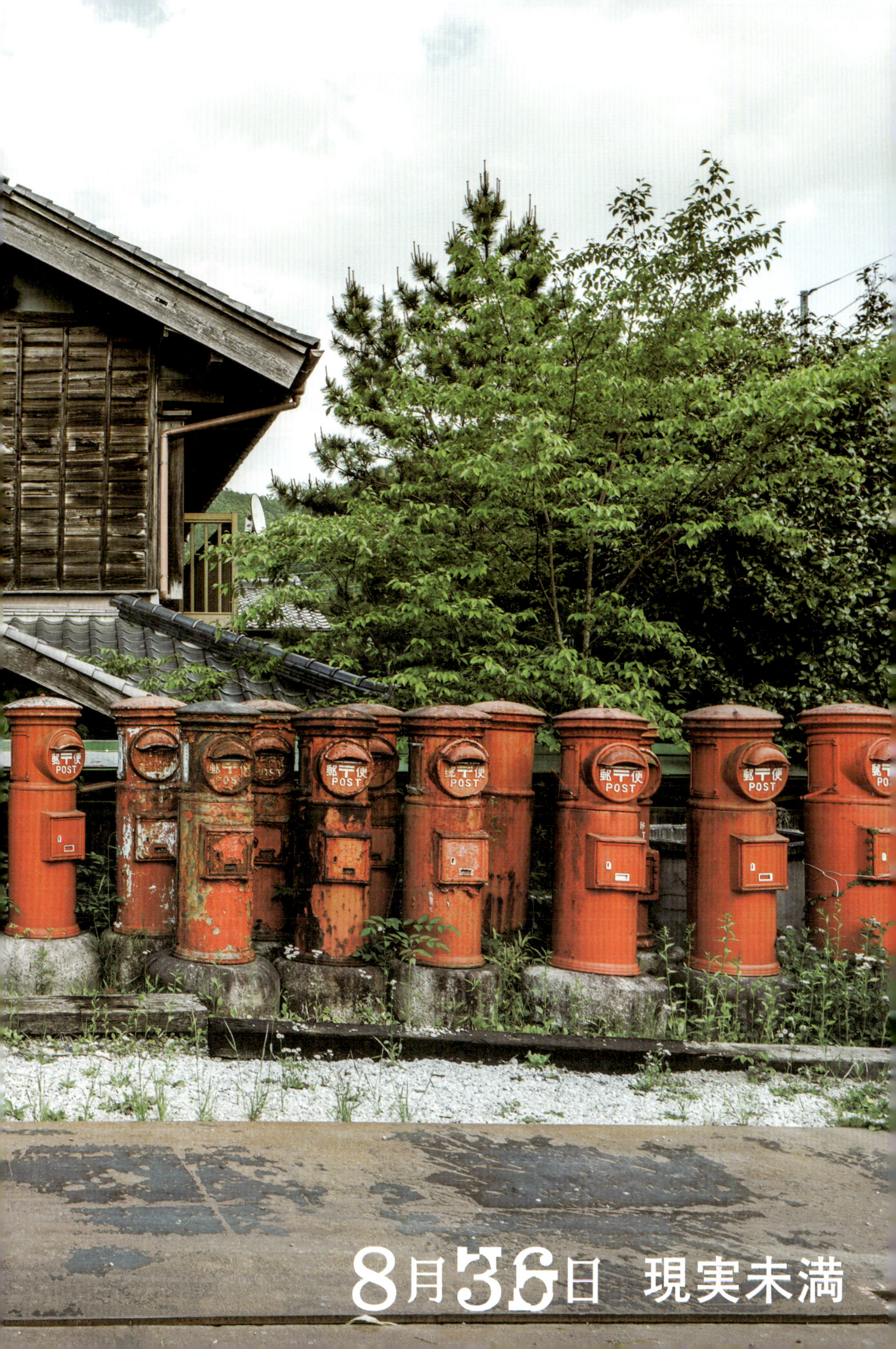

8月36日　現実未満

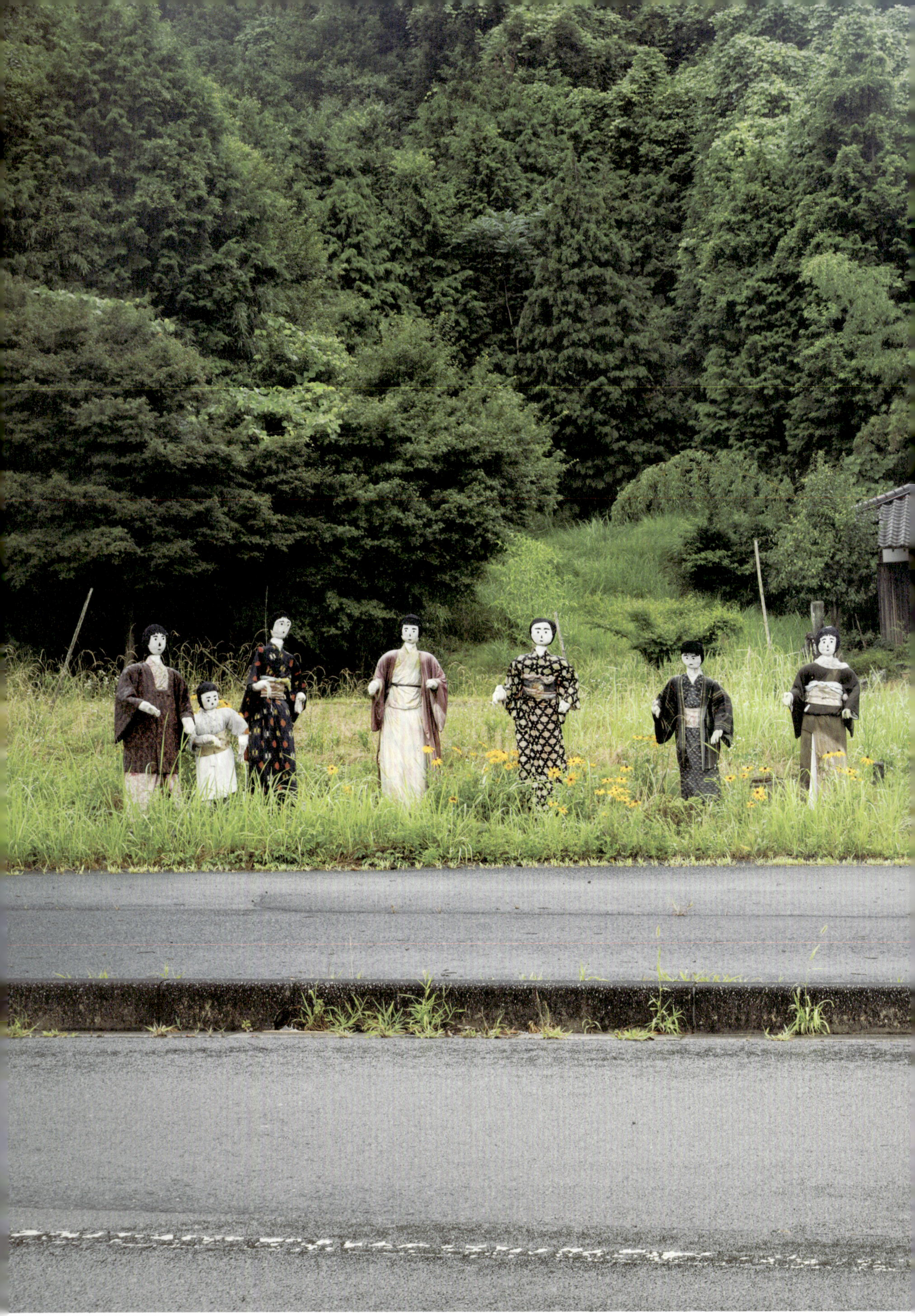

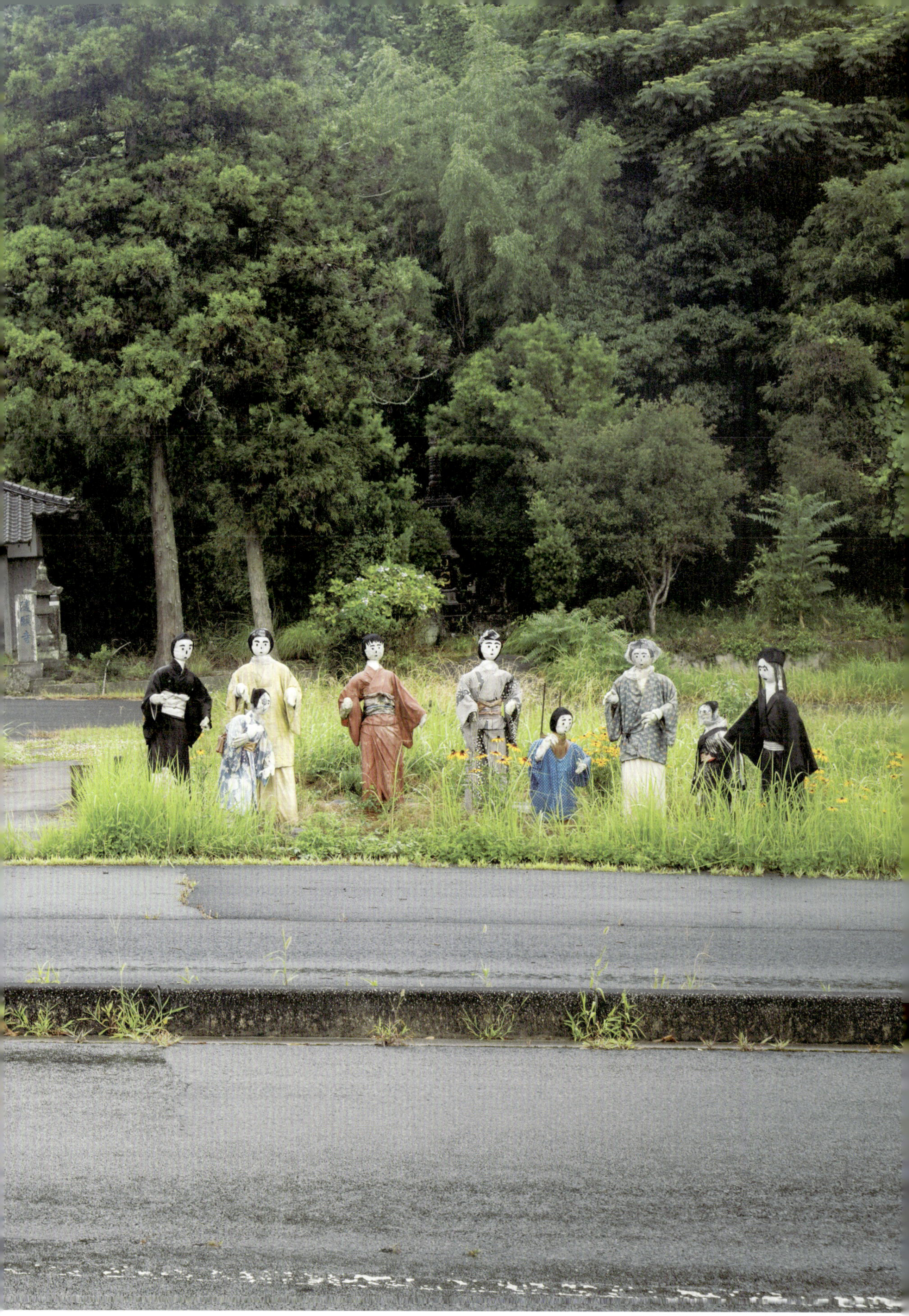

水面にぽっかりと四角い穴が空いていた。

1つしかなかったはずのものが増えていたりする。

最近はこういうことがたびたび起こるようになった。

視線にも慣れた。またアレがいる。

近づいてこないくせに、

遠くから僕の見える範囲の空間を捻じ曲げてる。

これは僕だけがノスタルジックに浸れる、

僕だけの記憶のはずなのに、

現実と現実じゃないことの区別がつかなくなるように

たびたび邪魔をしてくる。

現実じゃないことは、

現実世界の理不尽よりも許しがたい。

一度バグってしまった風景は修正できないらしい。

それは……でも、仕方がないことなのも、

どこかで理解している。

それでも僕は、どこまでも続く青空を追いかけていた。

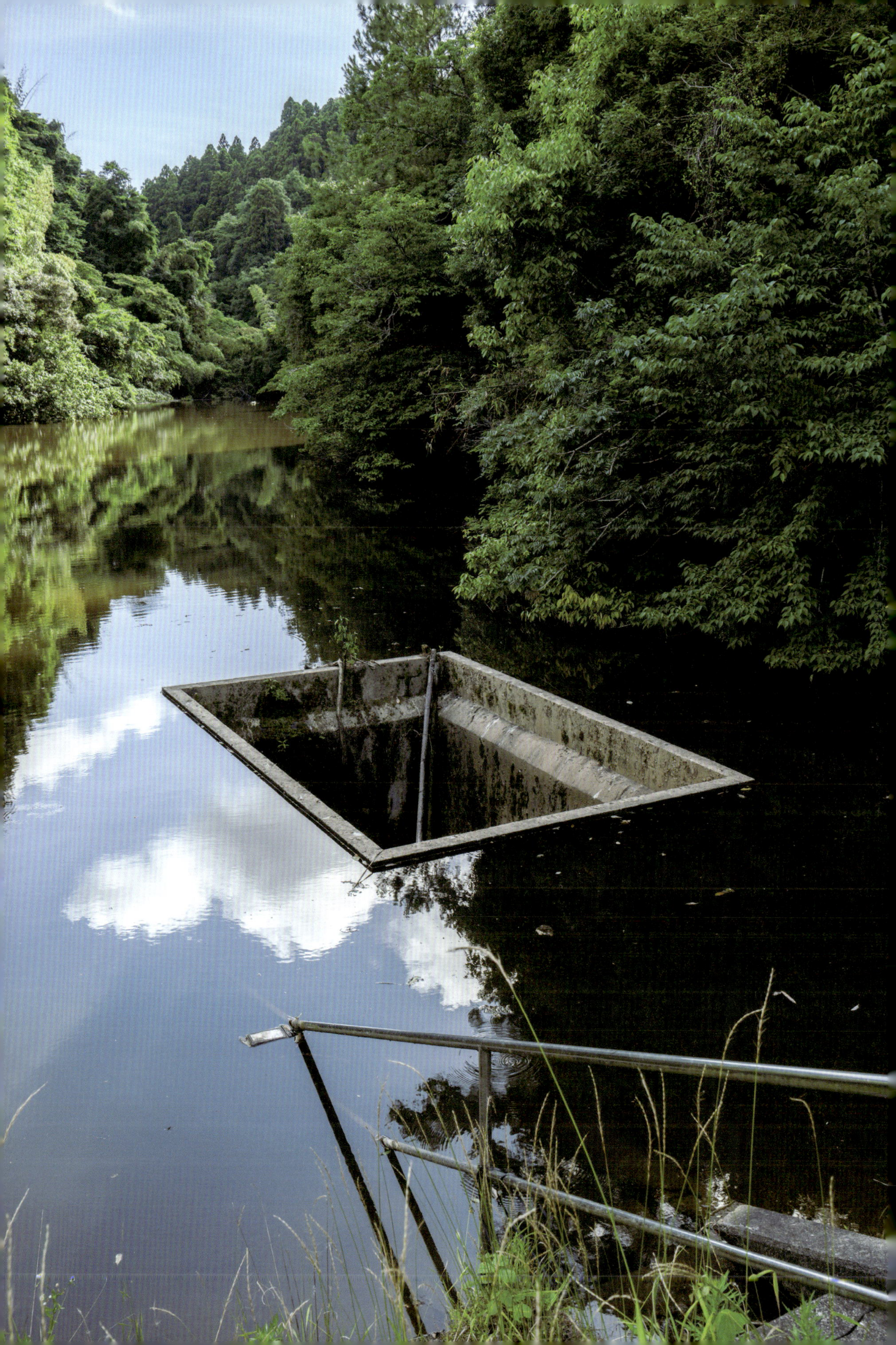

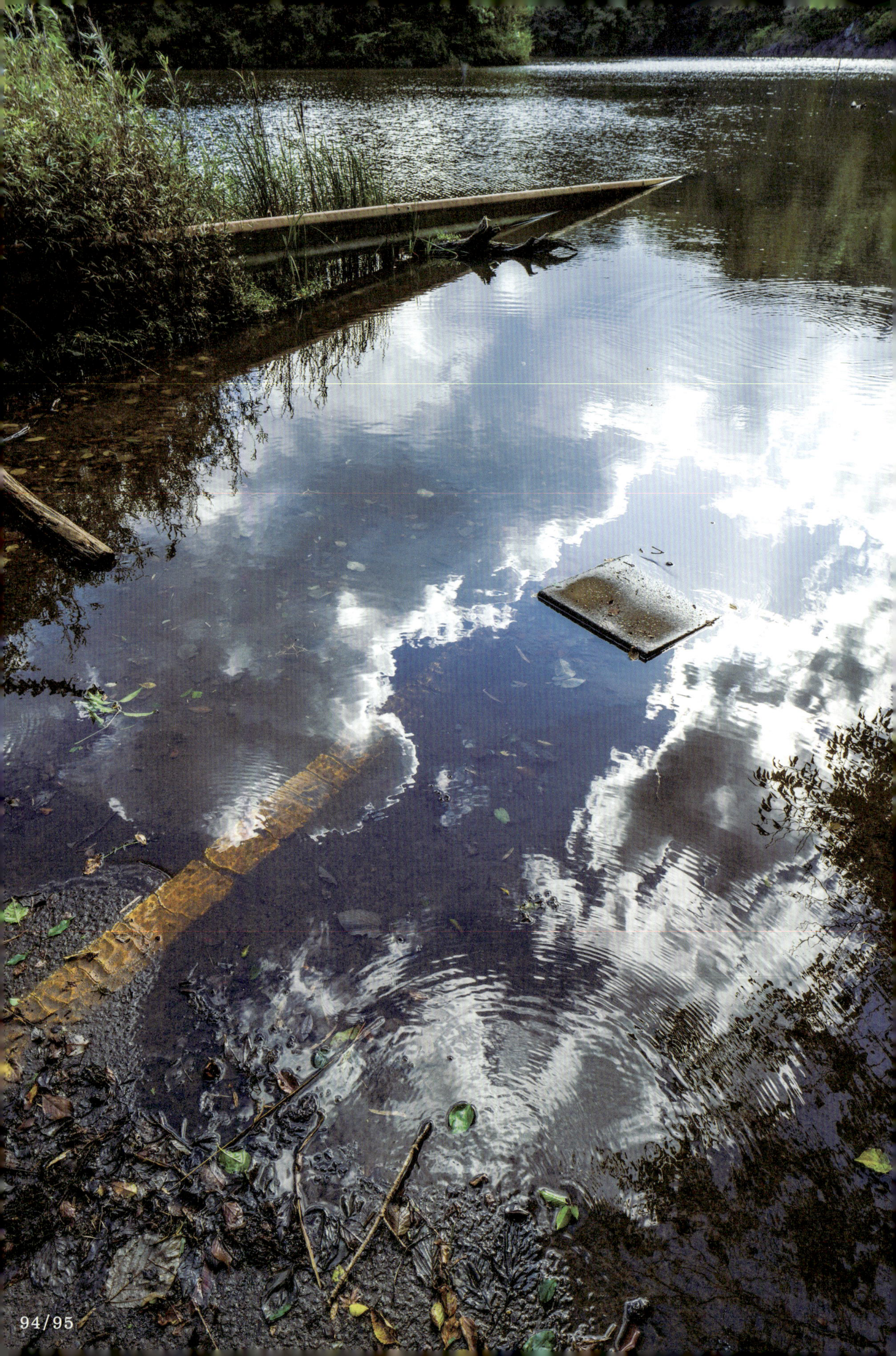

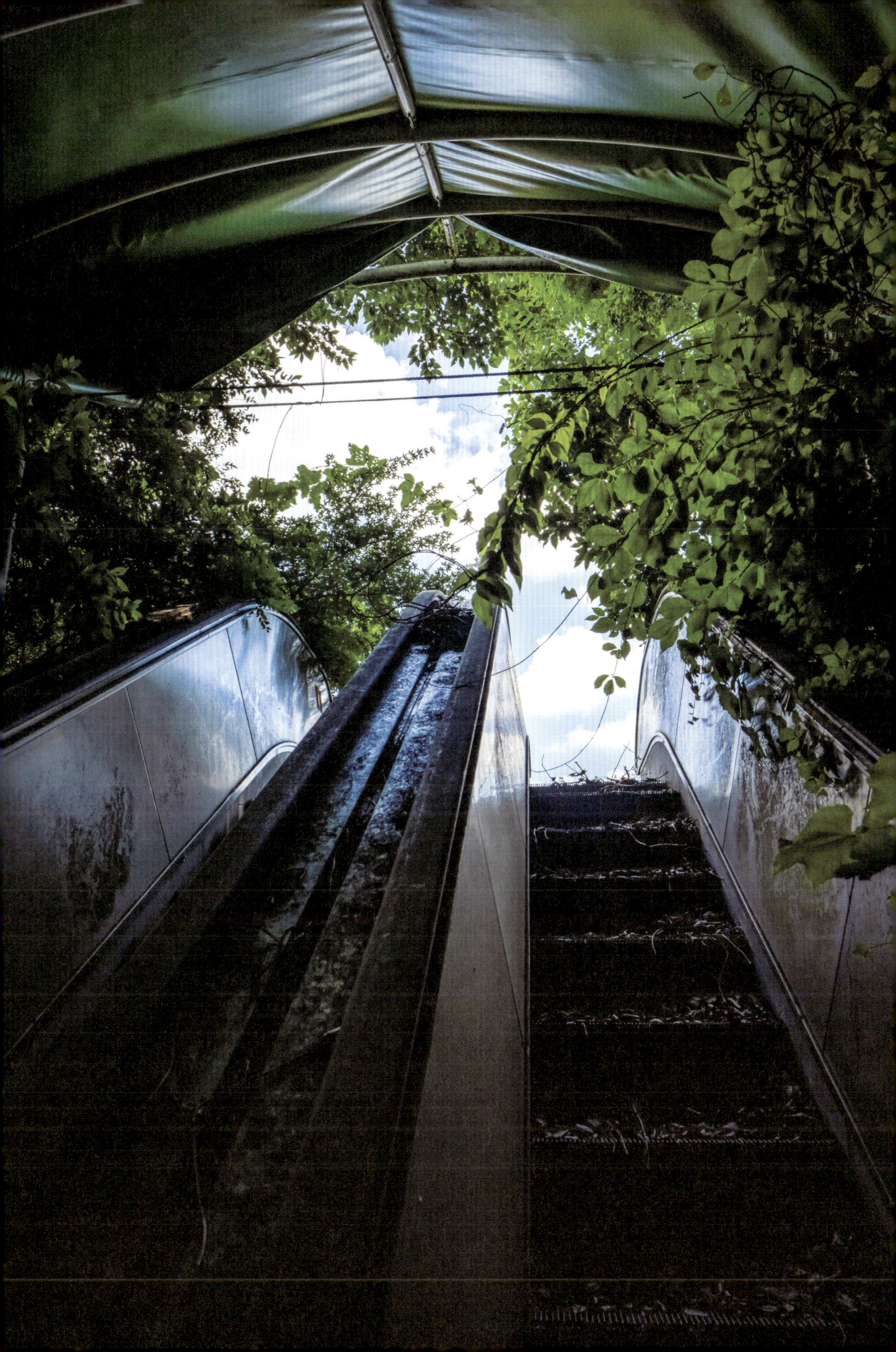

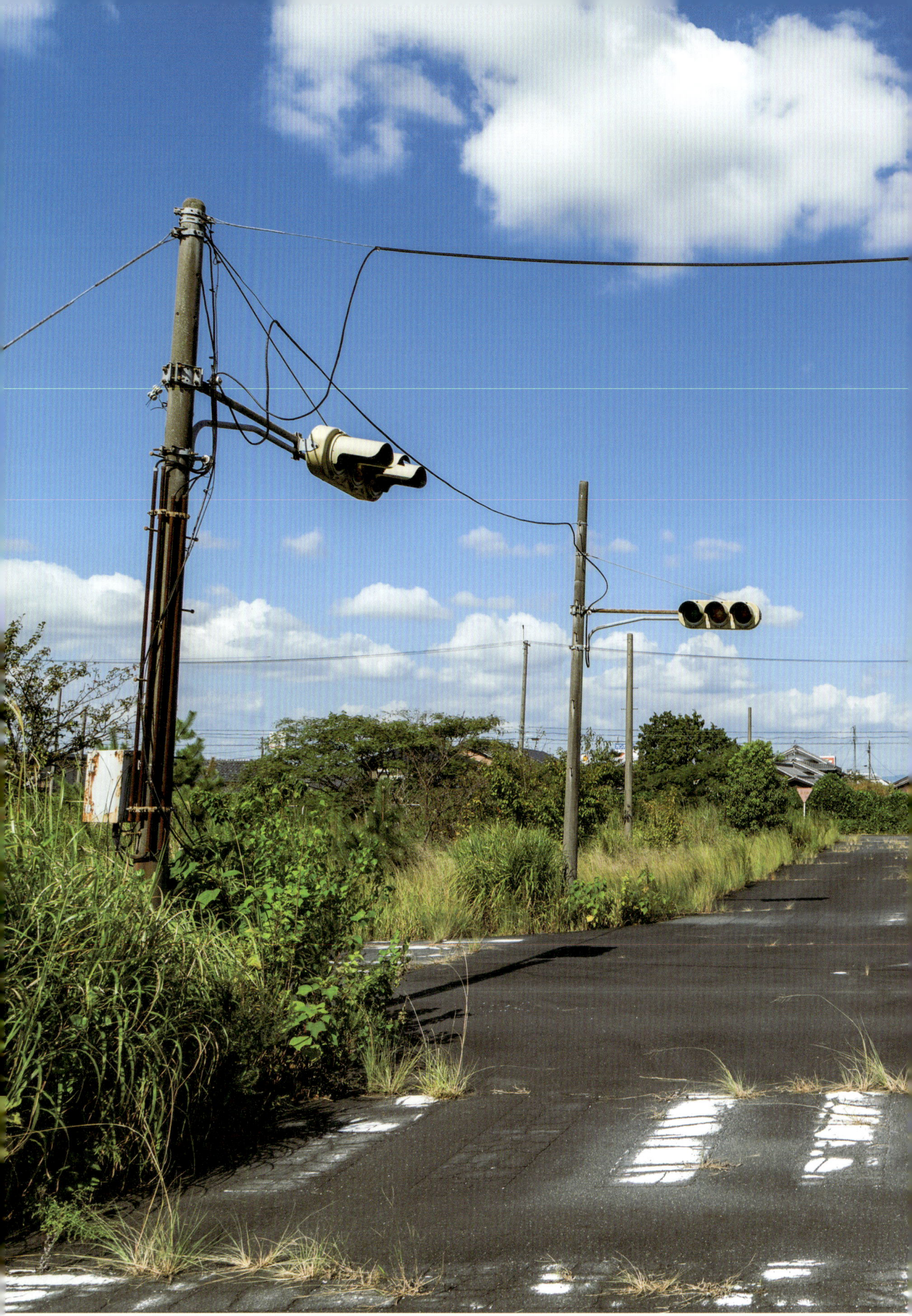

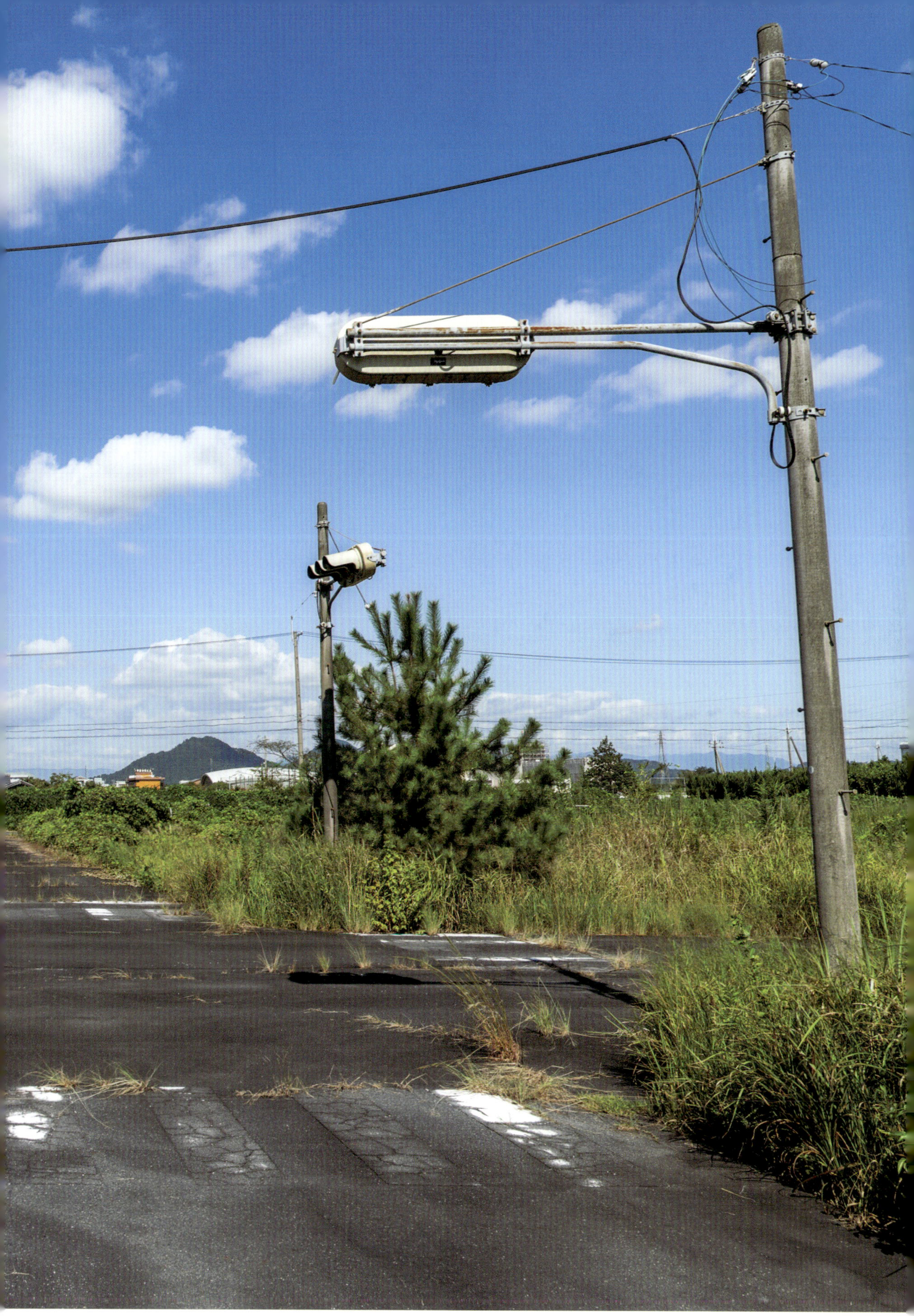

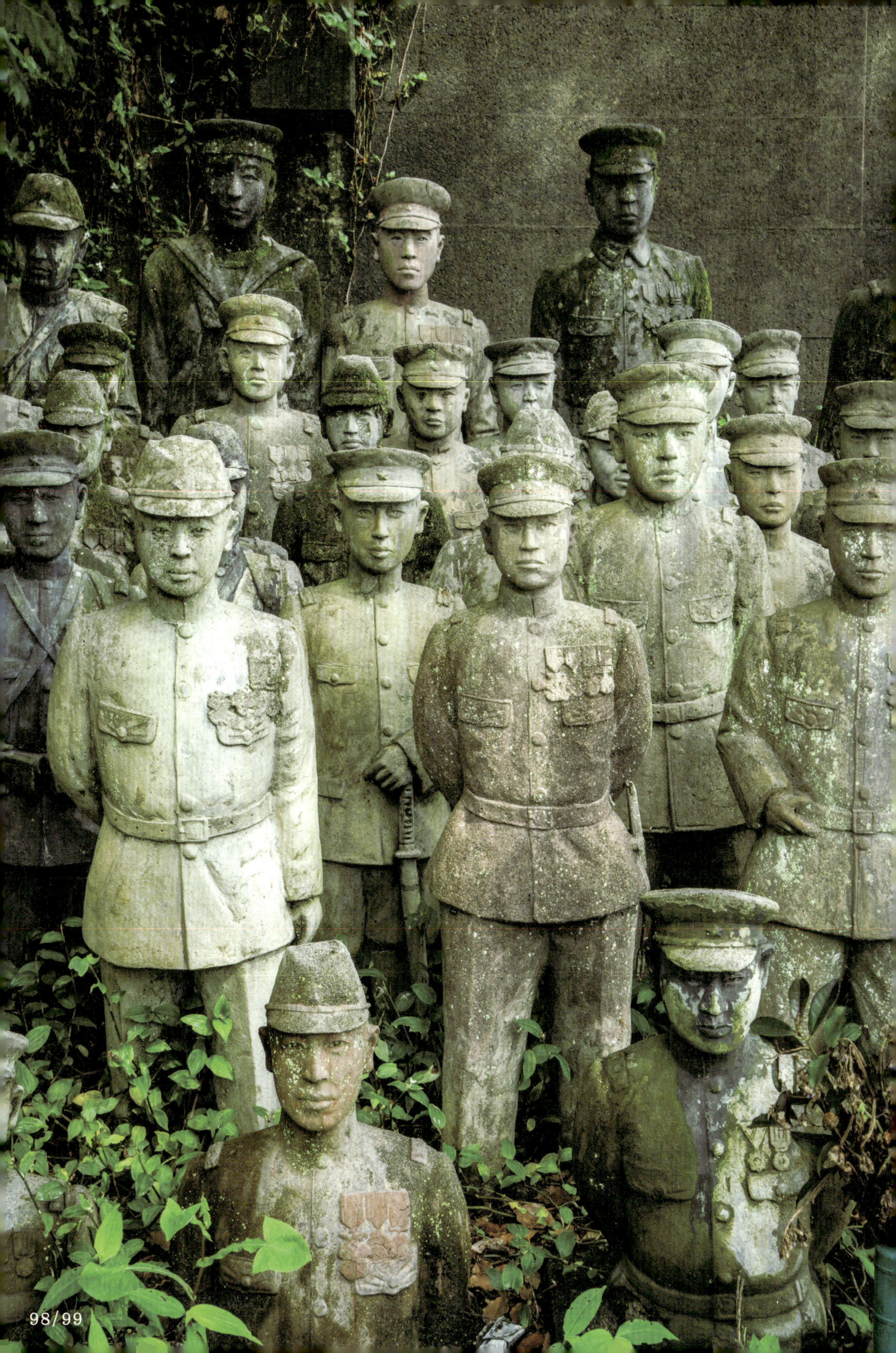

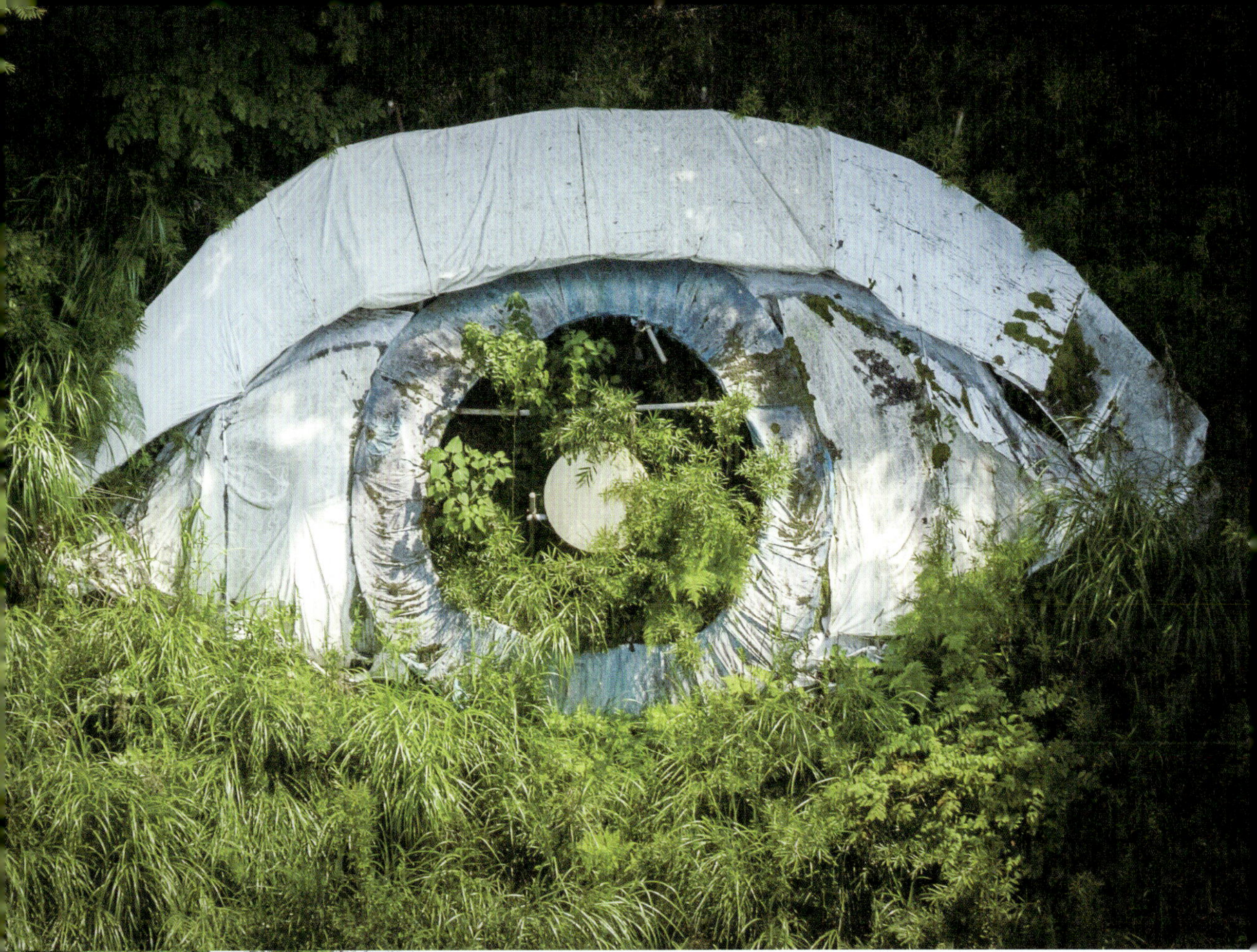

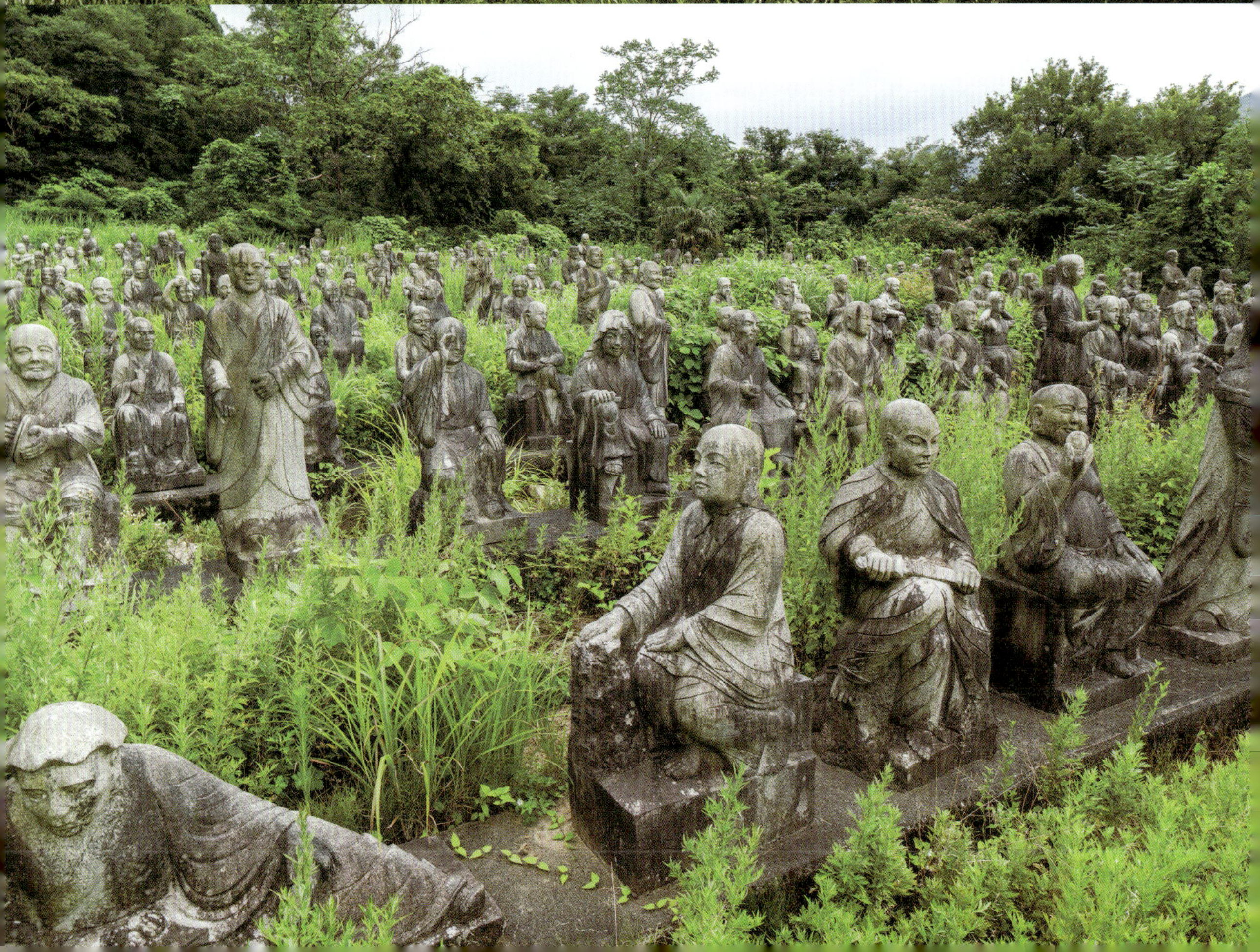

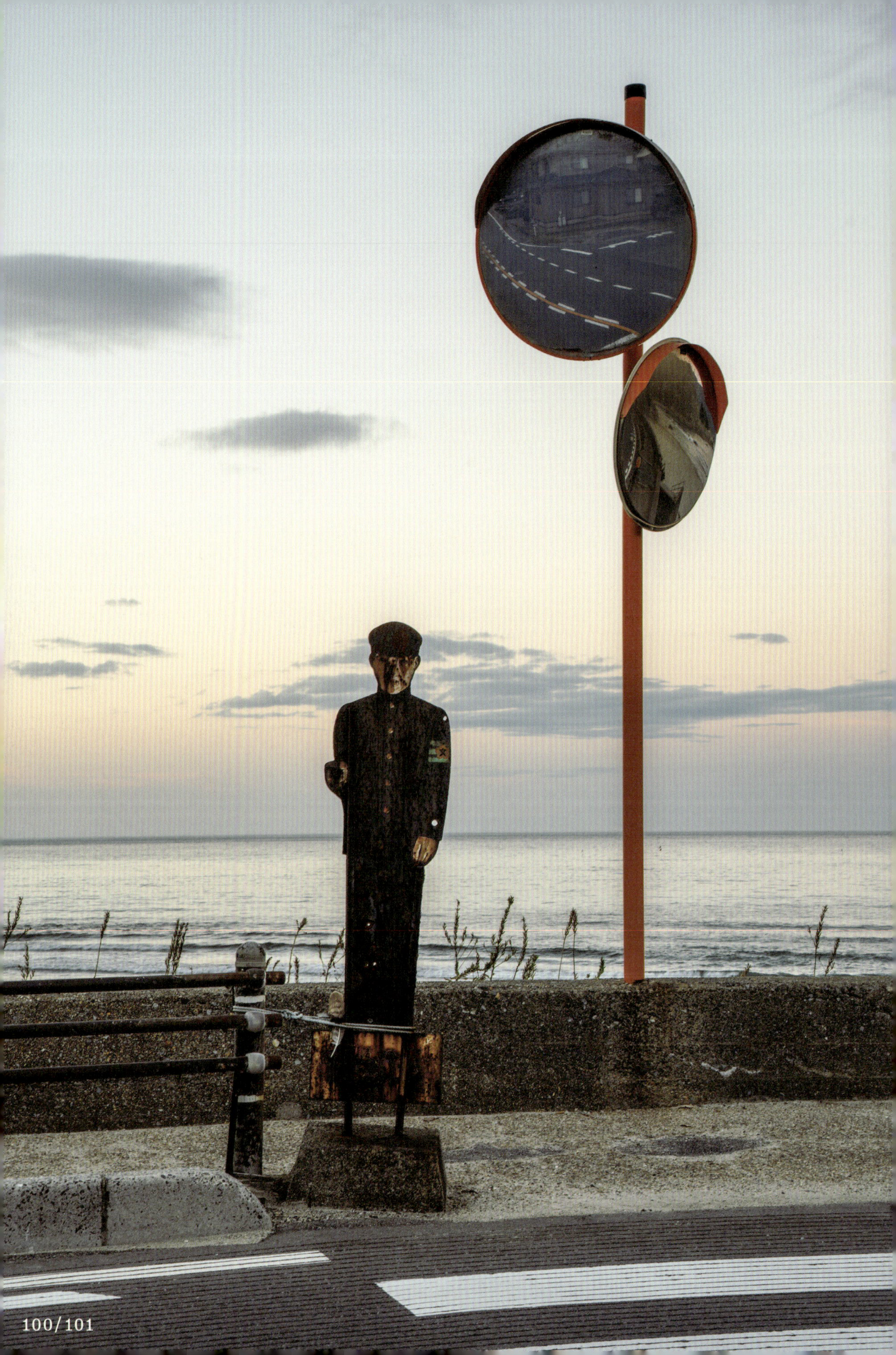

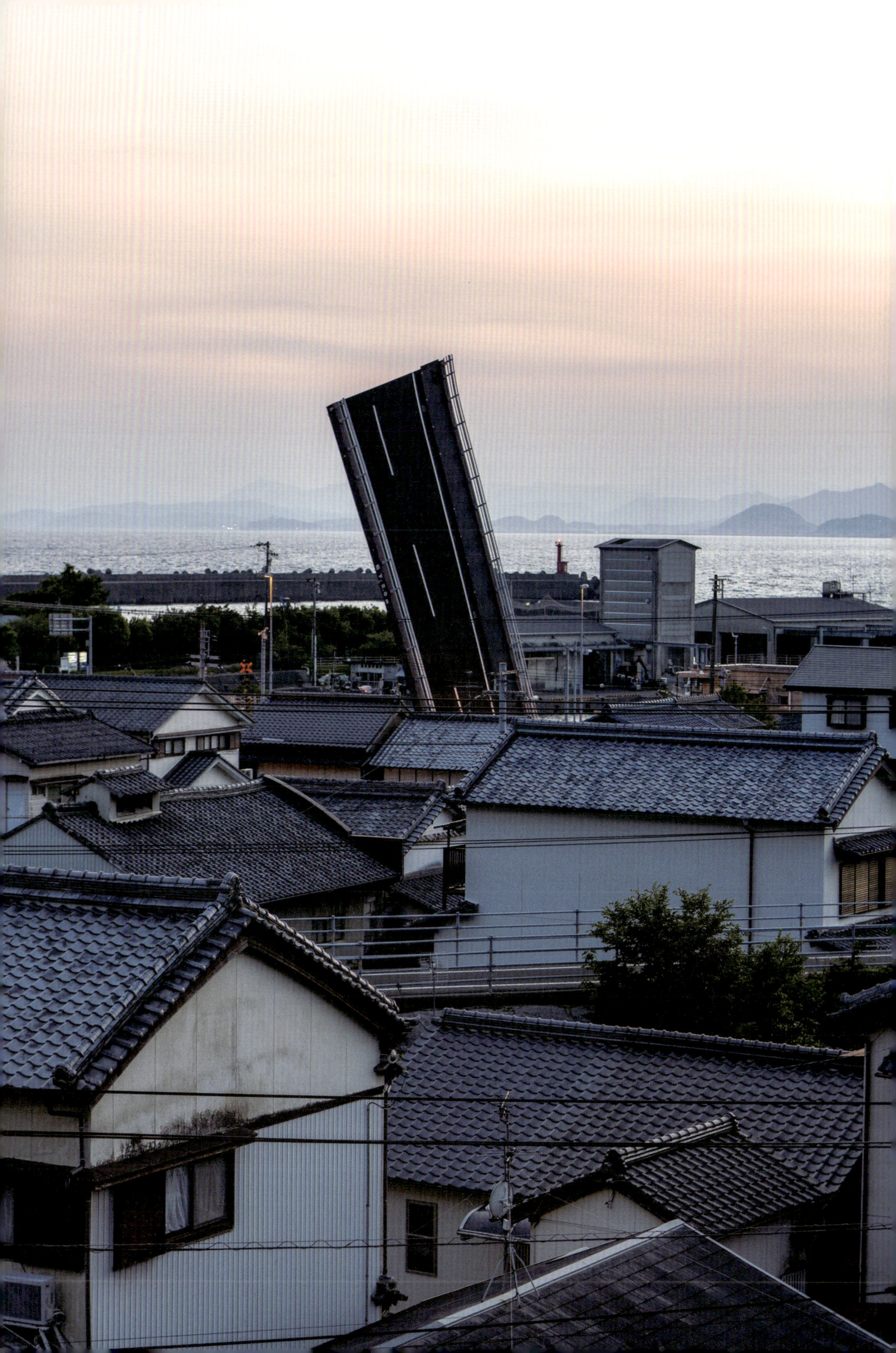

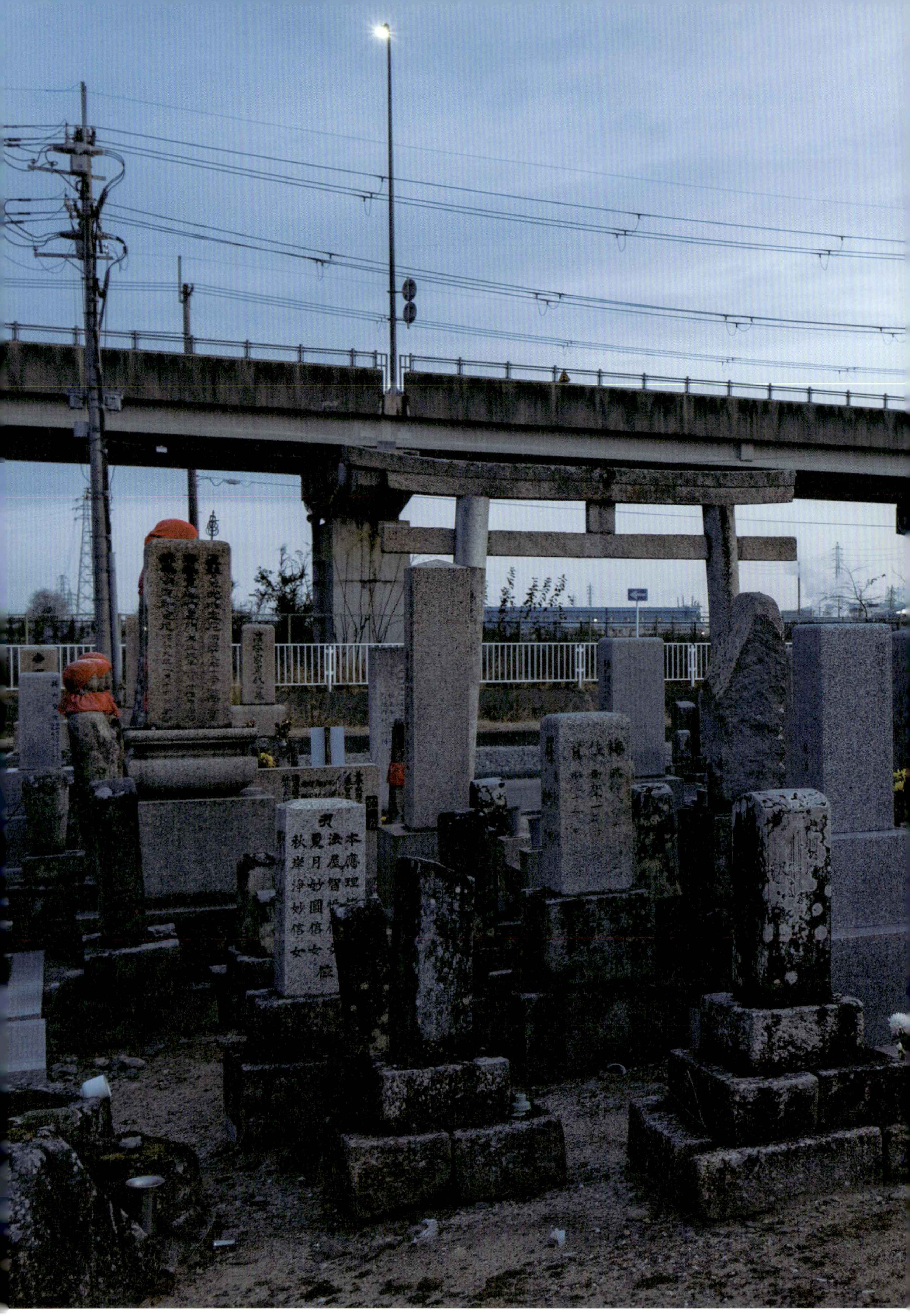

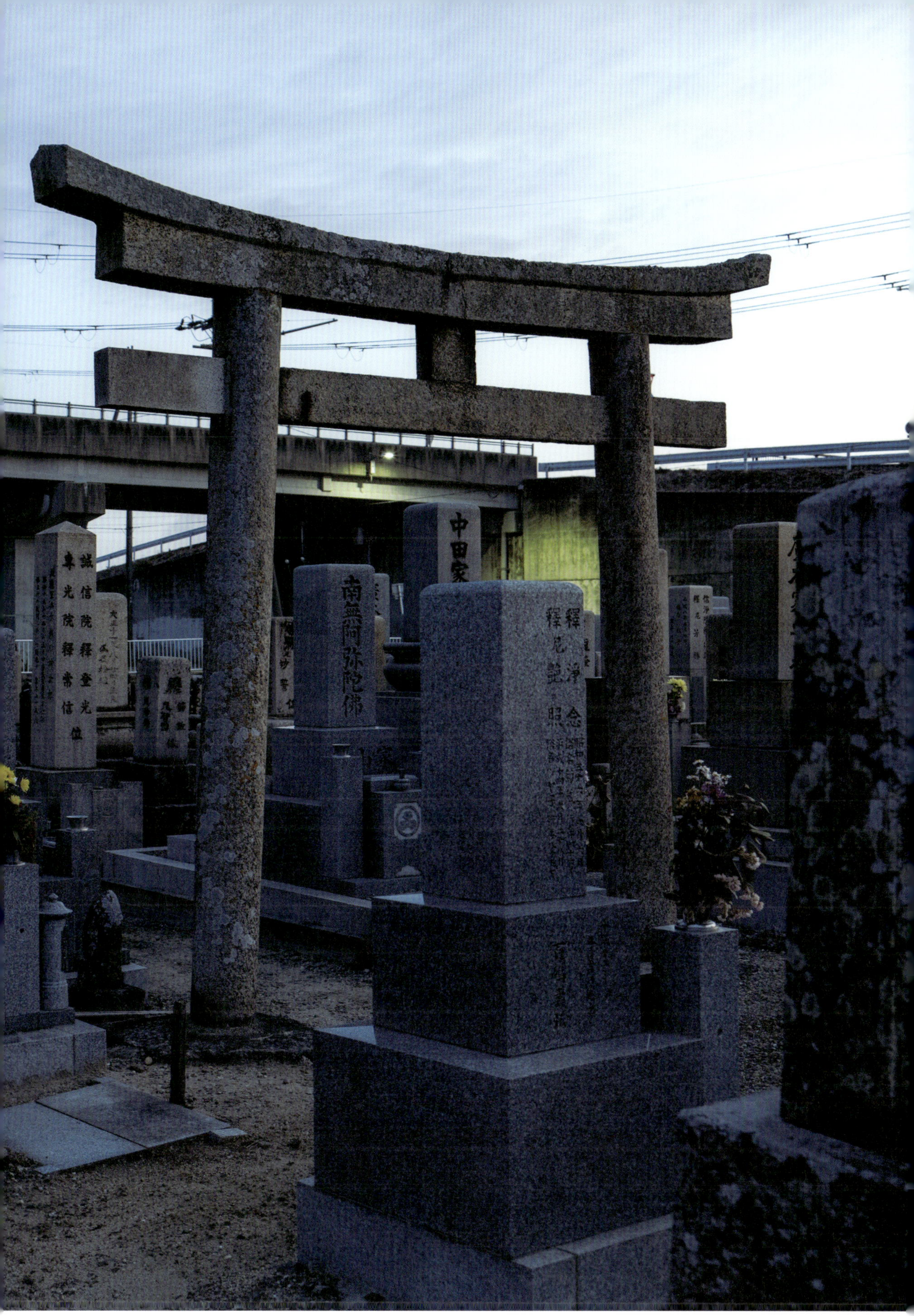
中田家
南無阿弥陀佛
釈浄念
釈尼艶照

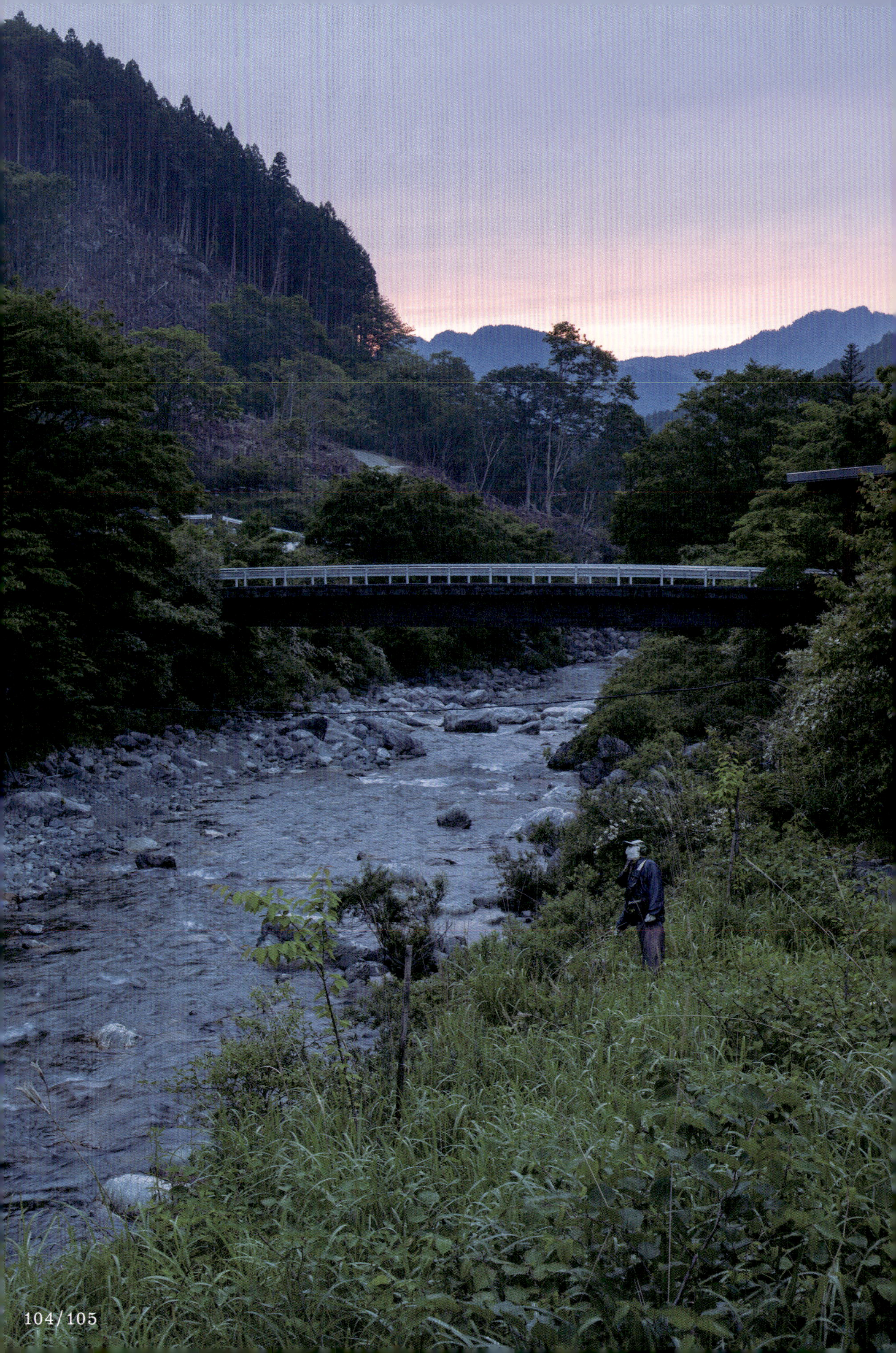

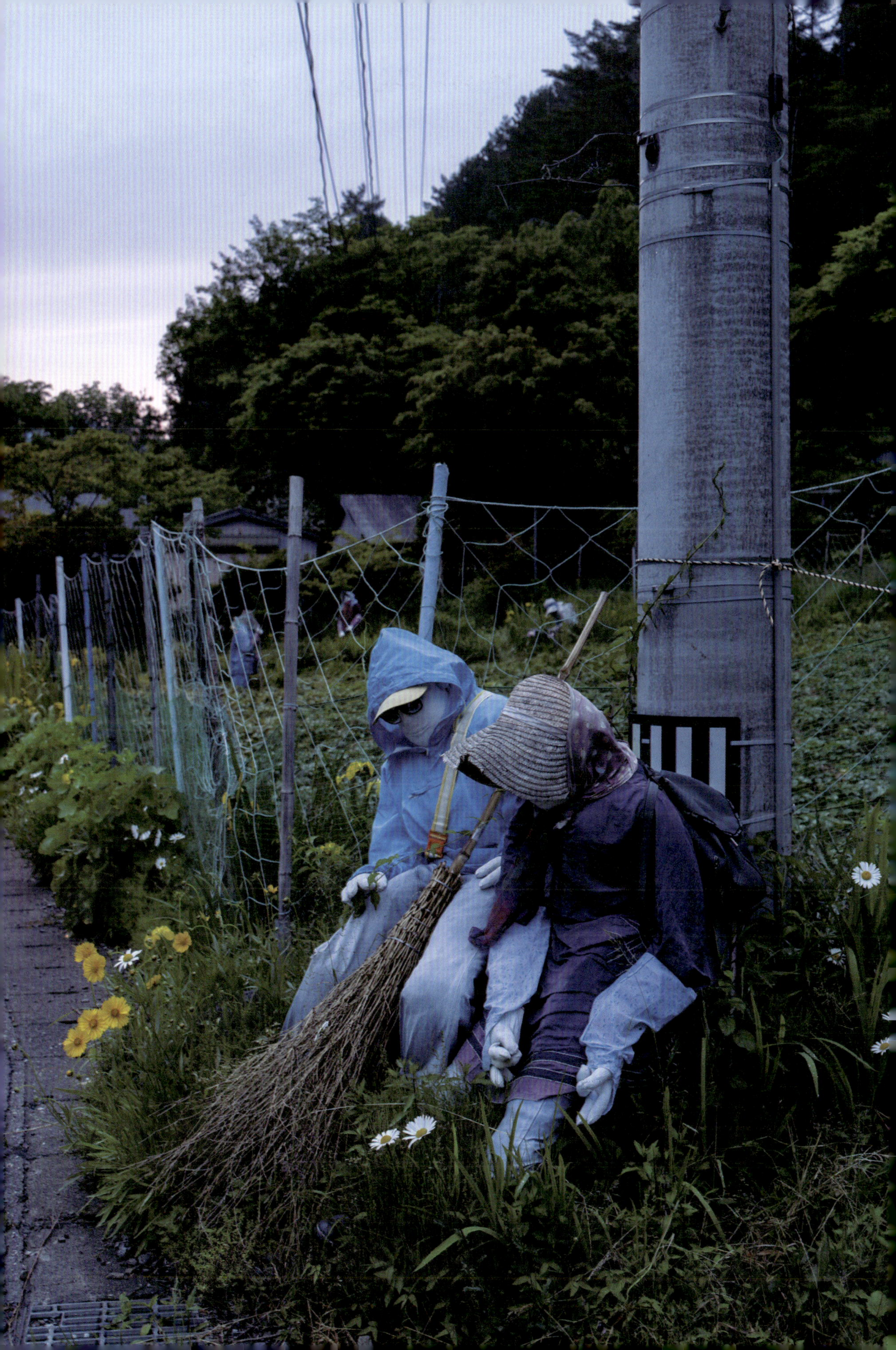

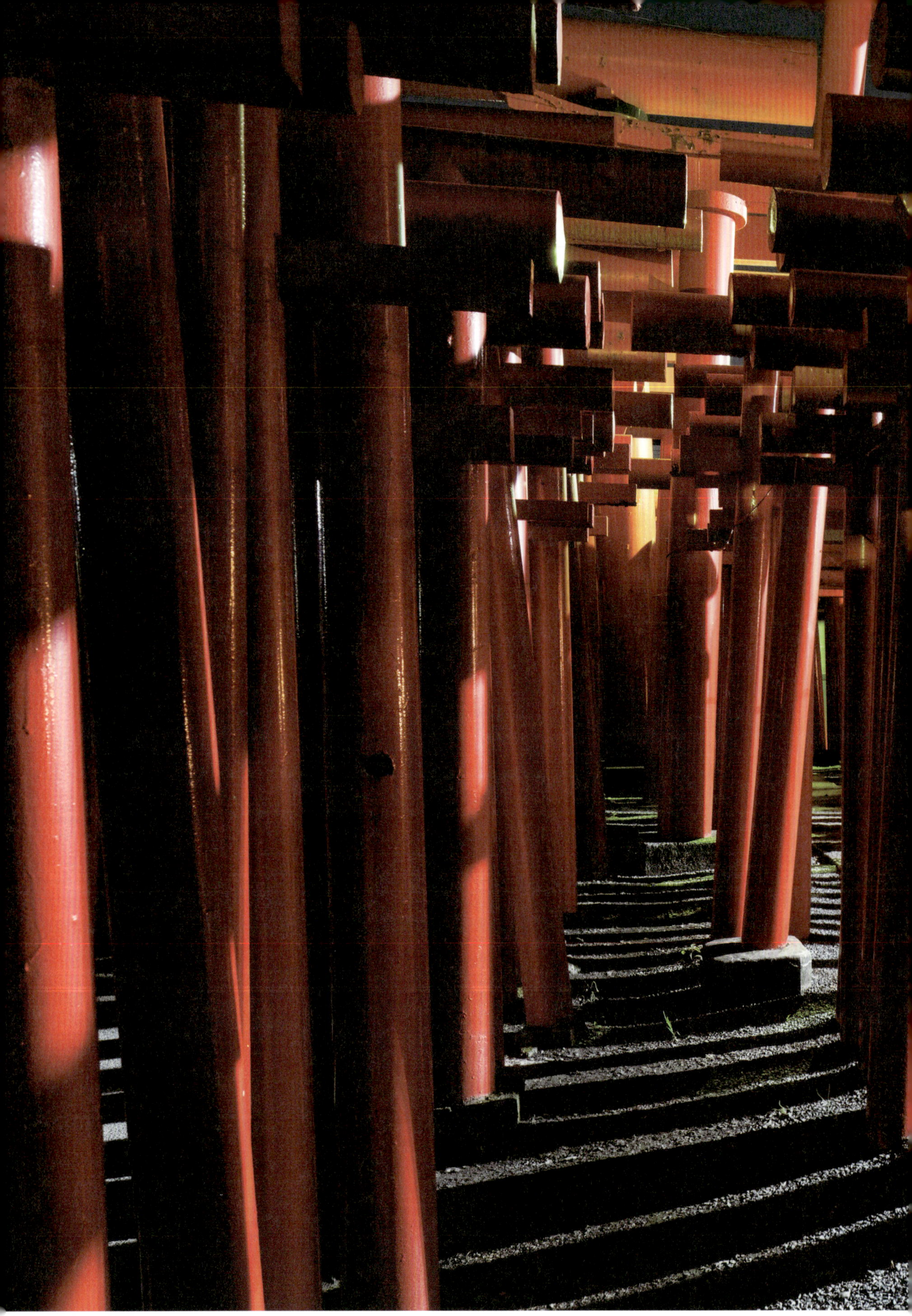

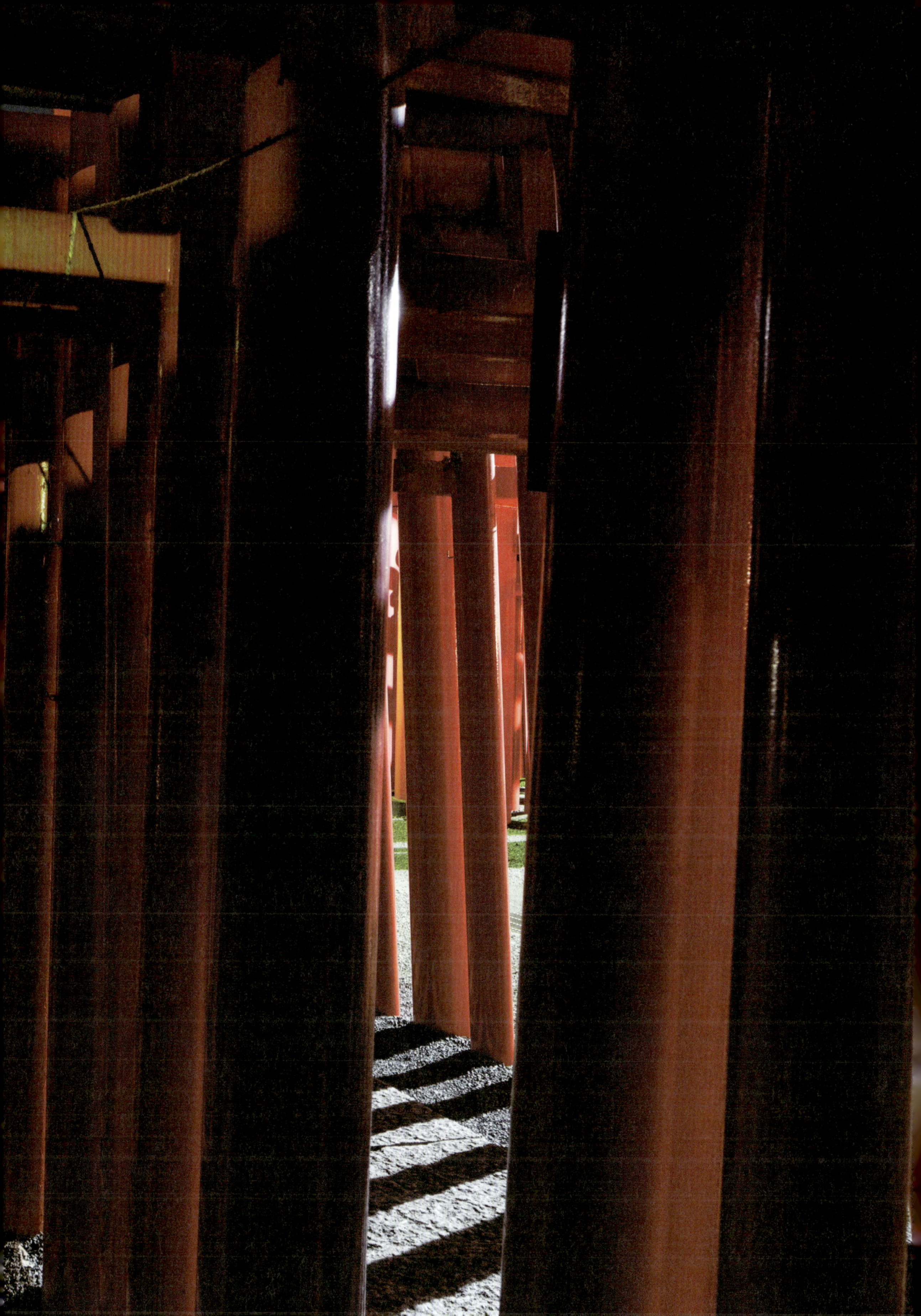

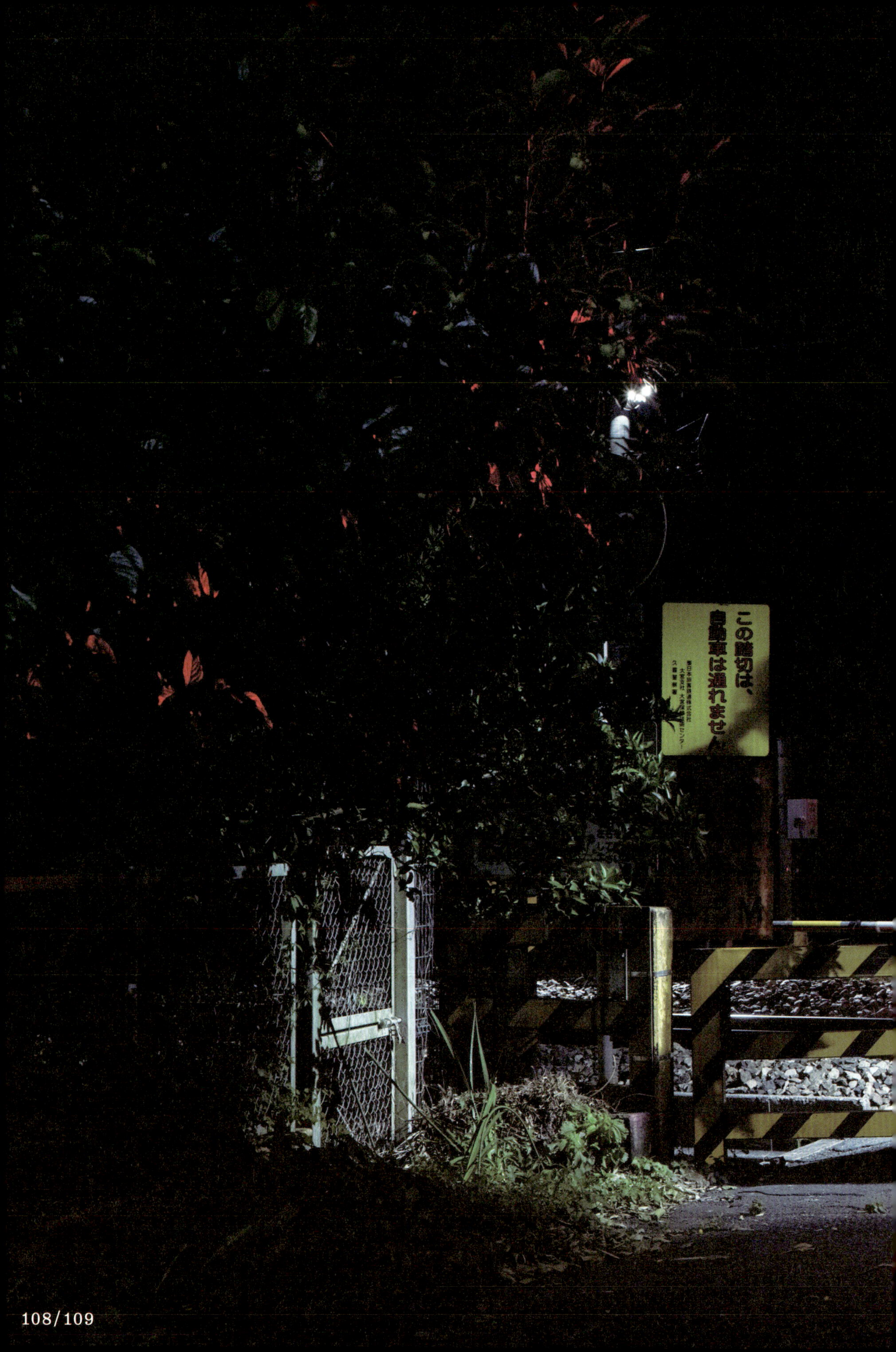
この踏切は、
自動車は通れません

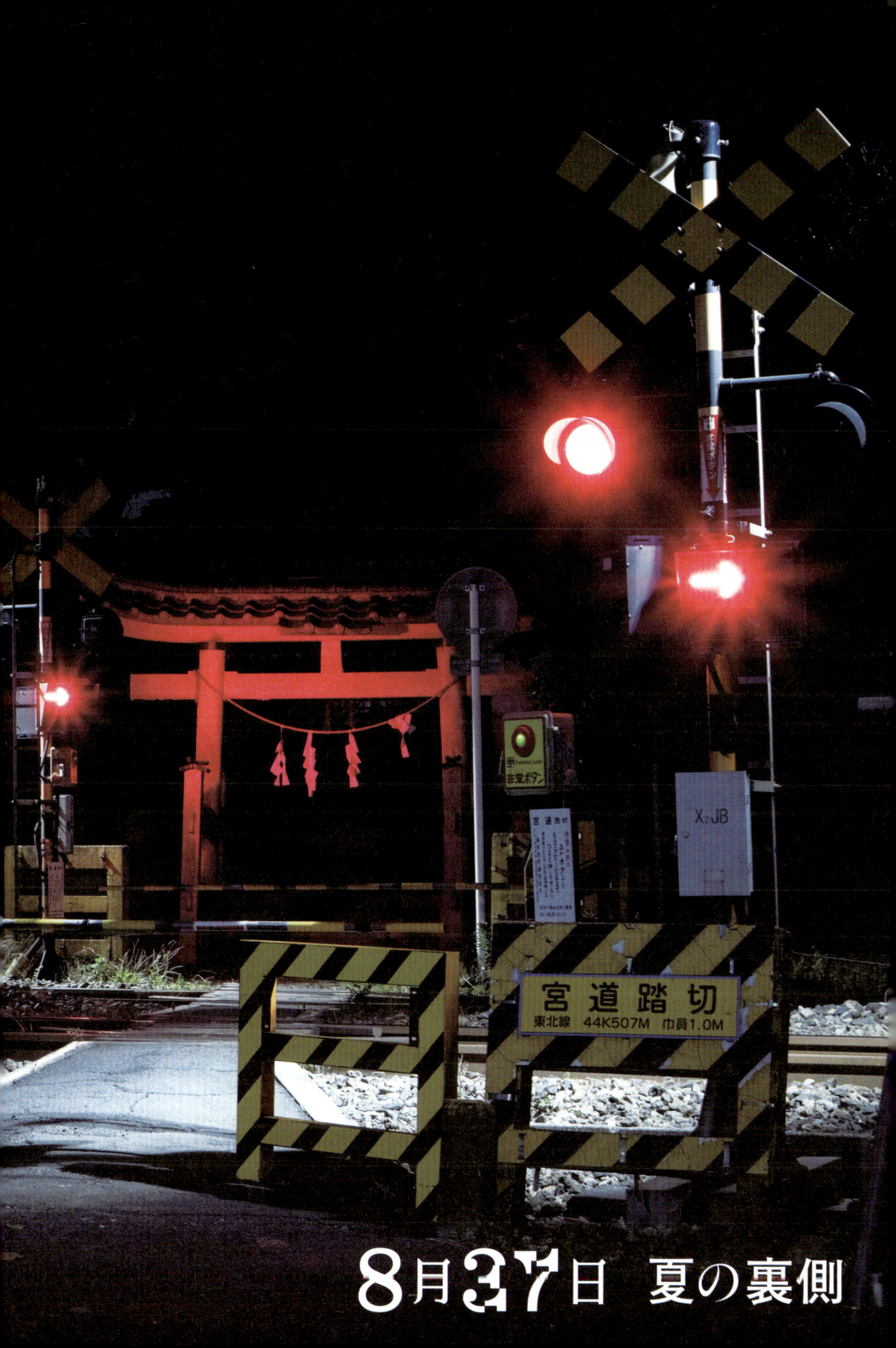

8月37日 夏の裏側

8月⊠難ｼ⊠日。晴れ。

今日も朝から穏やかで、心地の良い蜈⊠らしい天気だ。

空は青くて、蜈ｱ縺阪↑髮ｲがぽっかり浮かんでいる。

まるで絵に描いたような日本の蜈⊠だ。

風が吹くと木々の葉がゆれ、

ザワザワと鳴るのを聴いていた。

海の水は青くて、

ところどころキラキラ光るのを見ていた。

昼下がりには繧ｻ繝の声が遠くで響いて、

どこかの螳ｶ縺ｮ邵∝?からは、

鬘ｨ驥ｴの音がかすかに聞こえた気がした。

僕の髢馴&縺｣縺溷ｨ假?は、

やっと縺薙?蛹ｴ謇?縺ｨ邏舌▼縺?※縺阪◆繧医≧縺?。

時間がゆっくりと流れていく。

このままずっと蜈⊠のままでもいいような気がした。

夜へと移る夕暮れのグラデーションは、

まるで世界が静かに反転していくようだった。

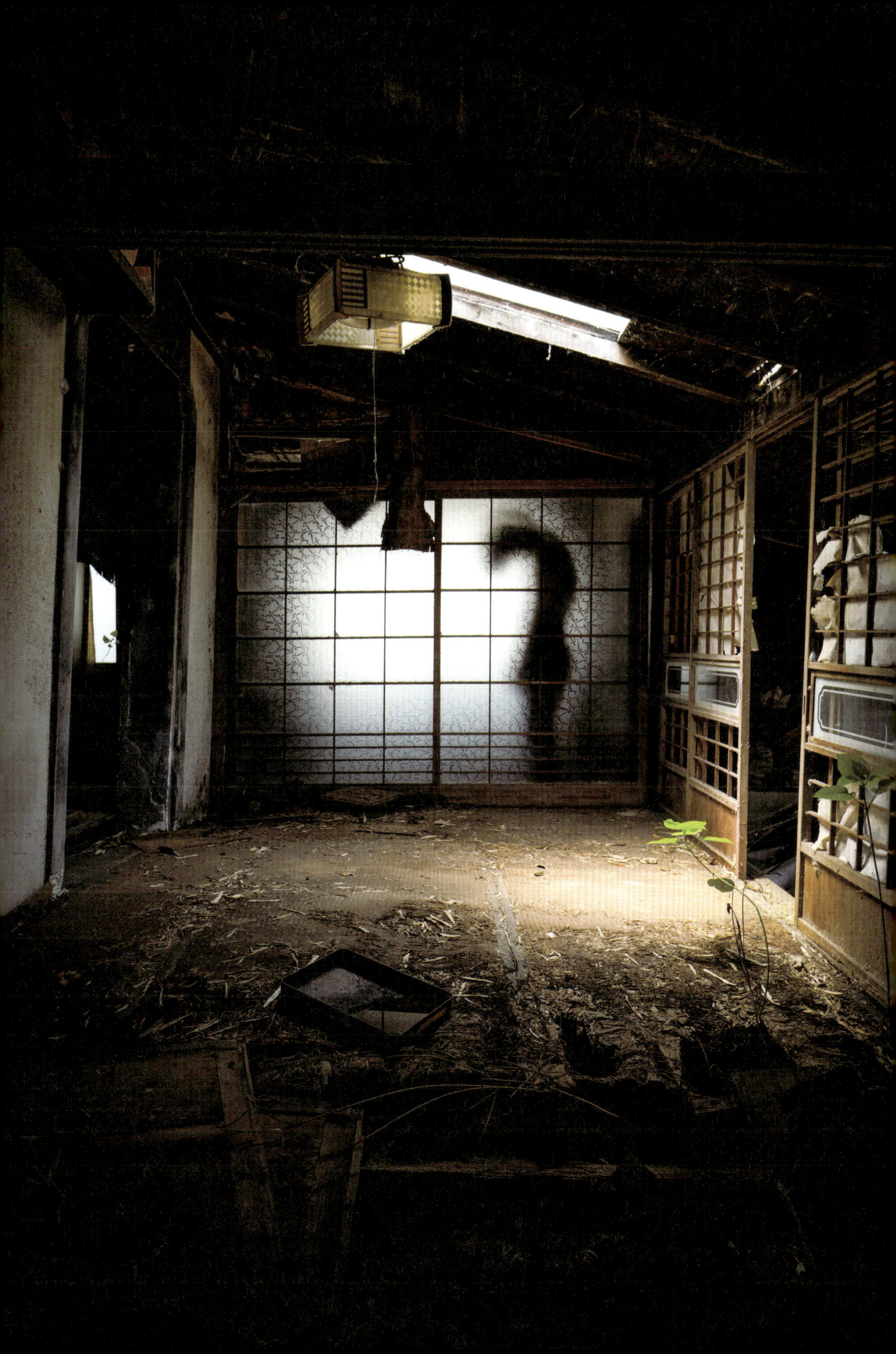

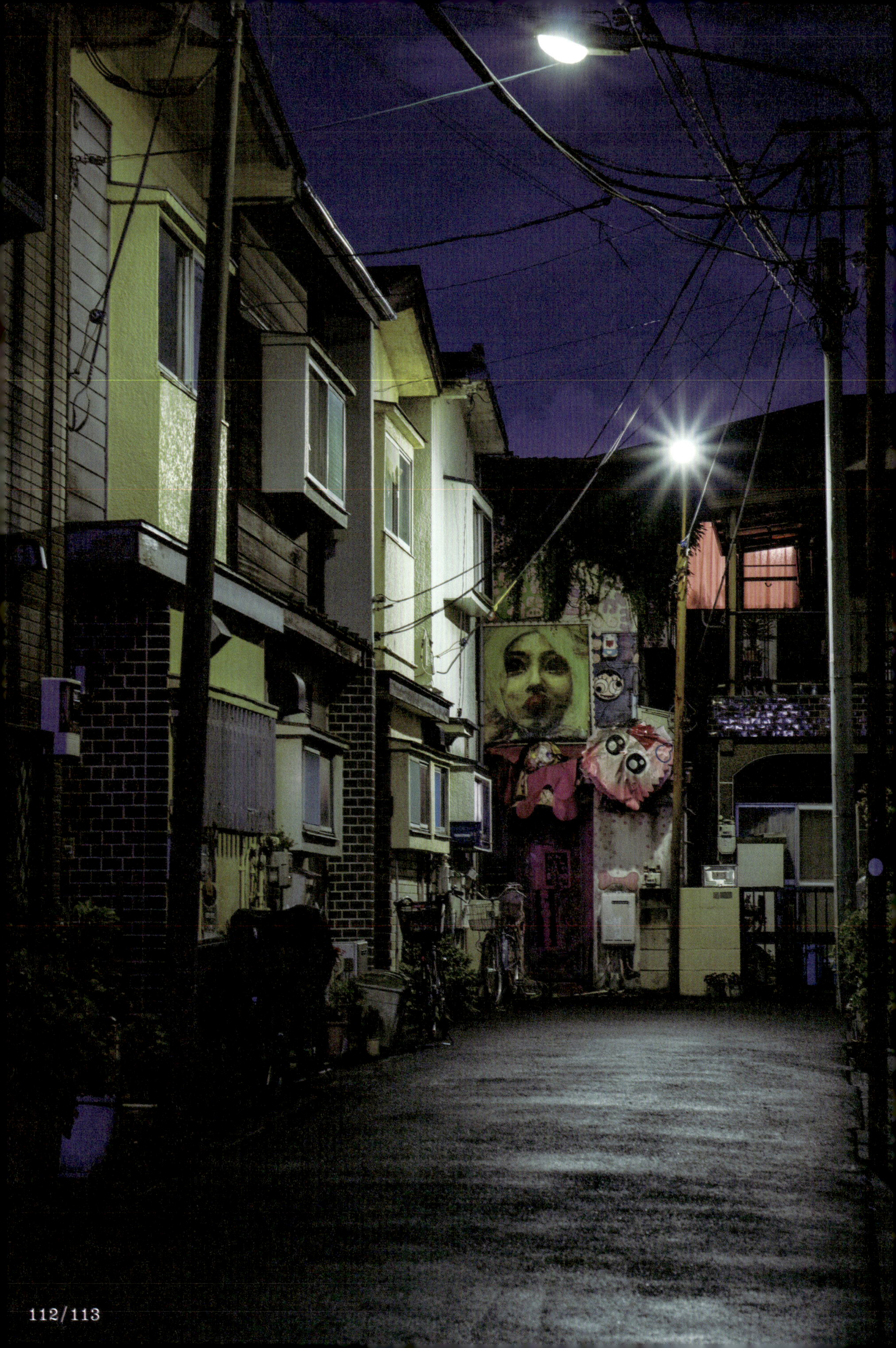

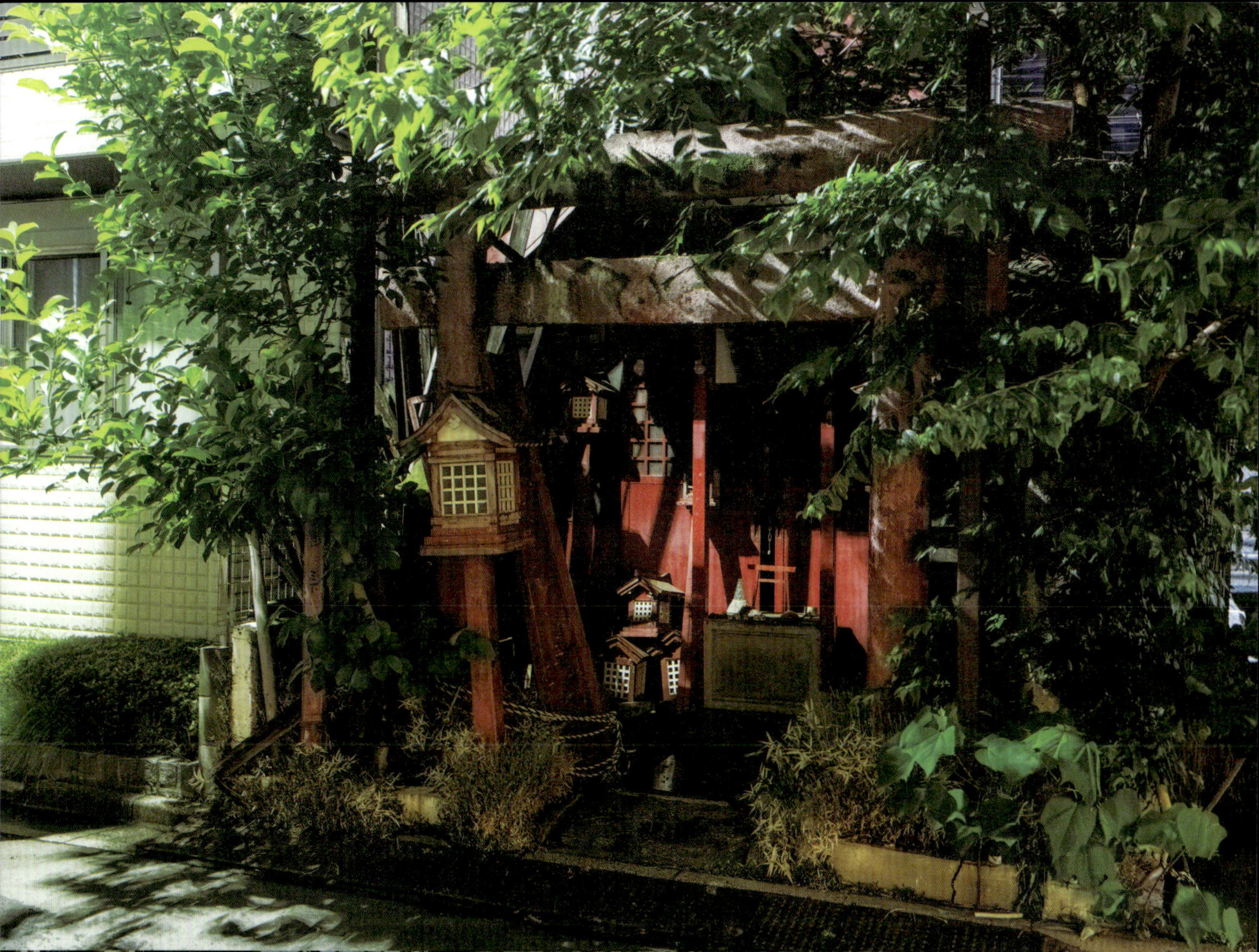
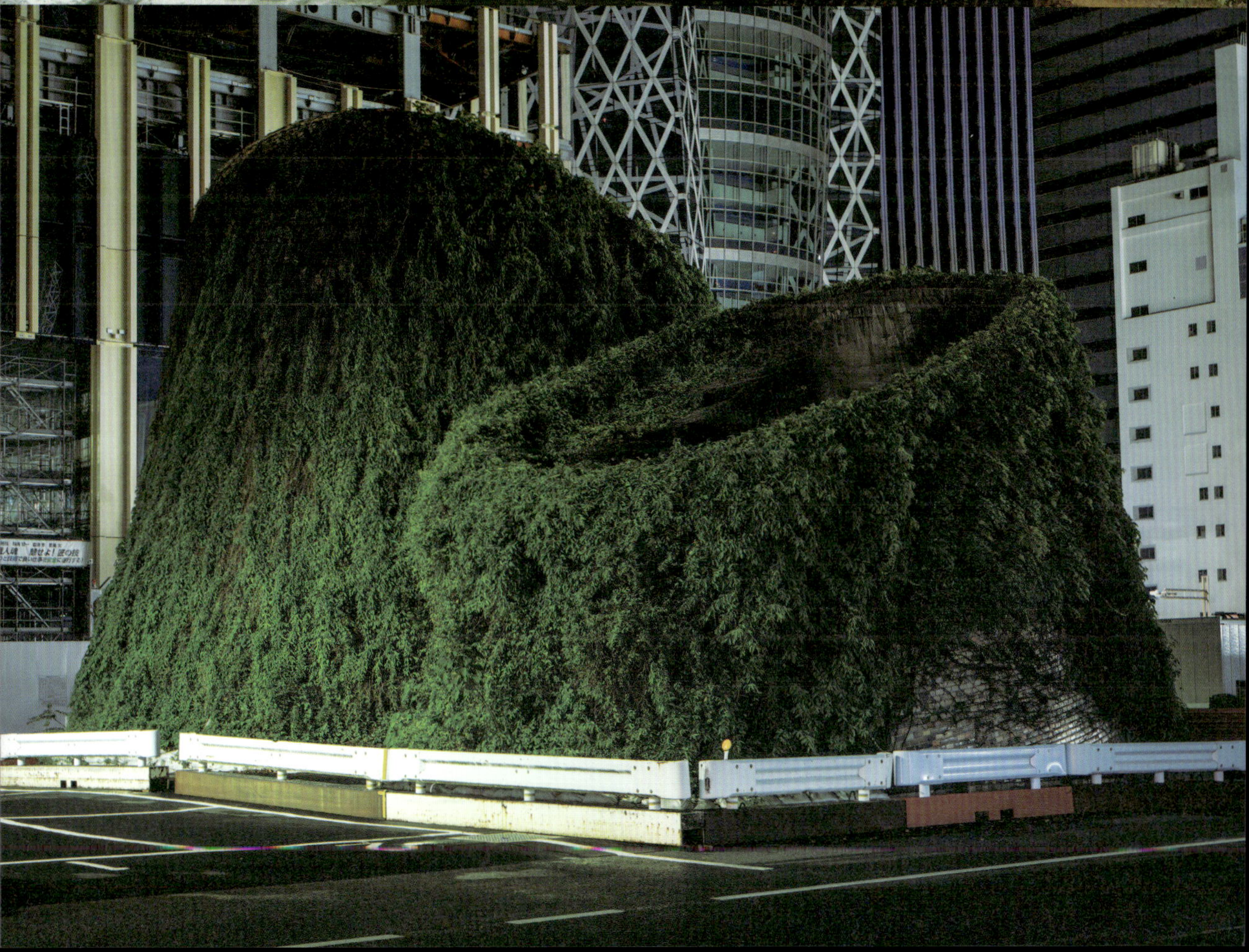

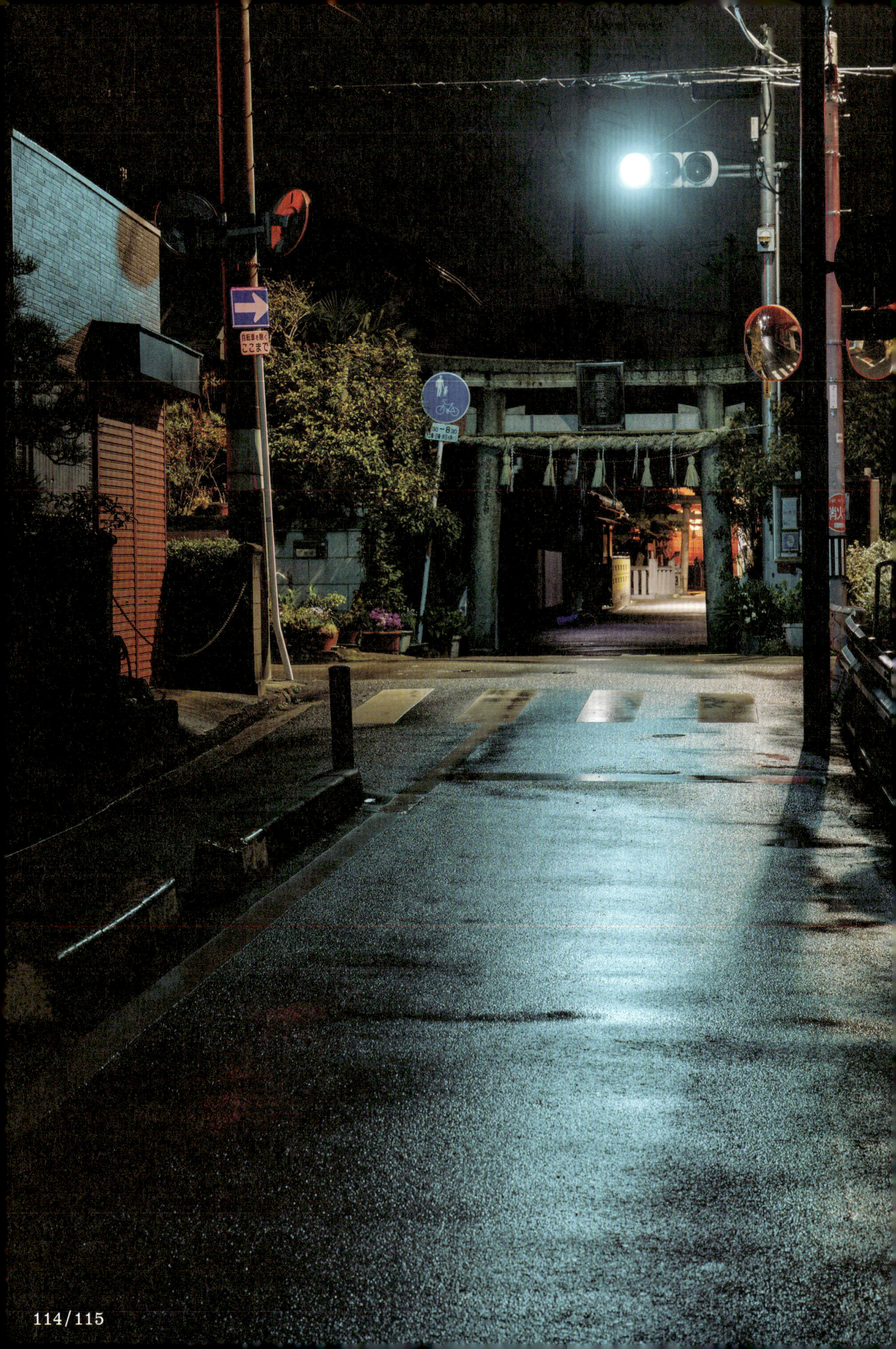
自転車を除く
ここまで

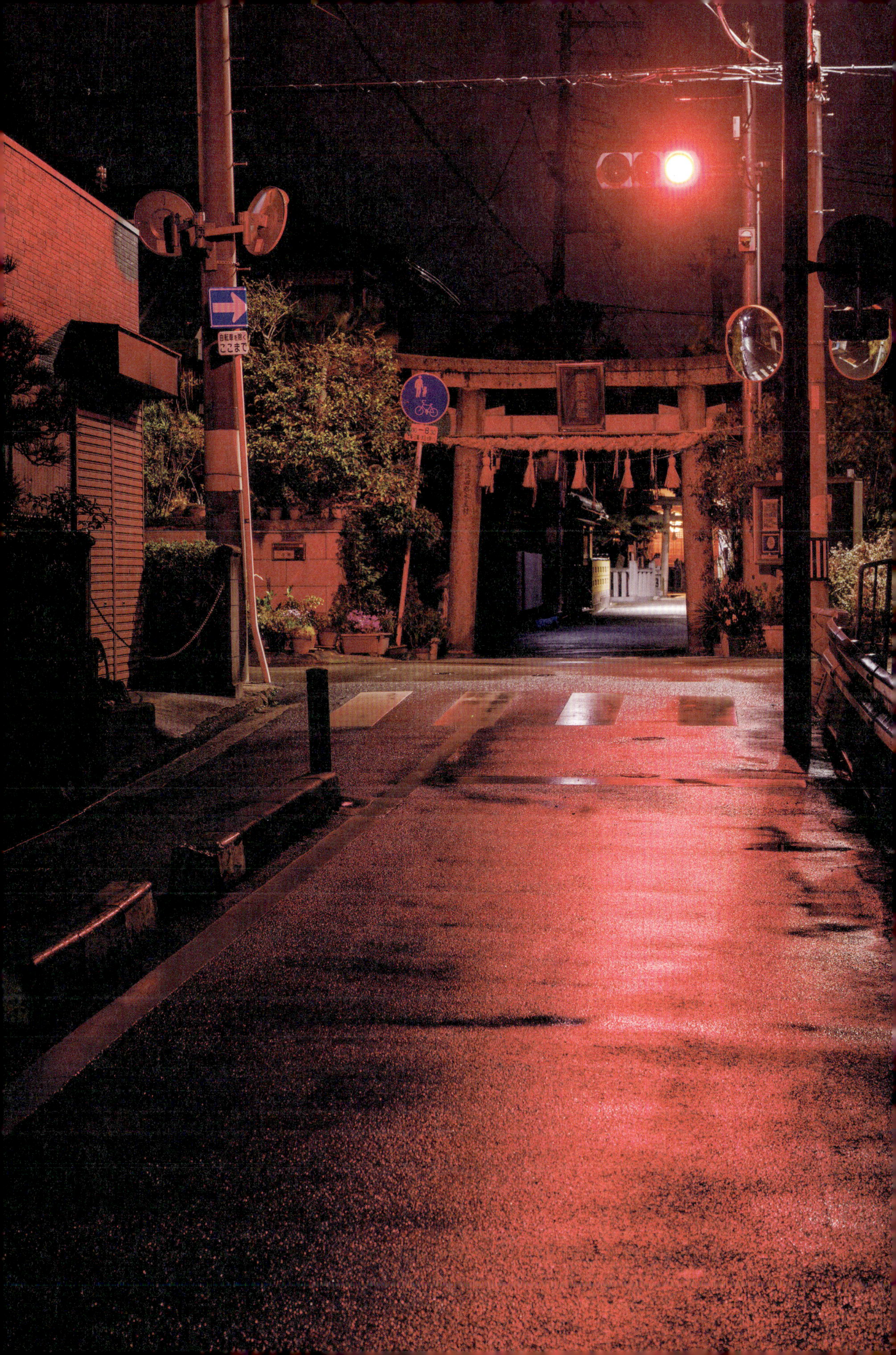
自転車を除く
ここまで

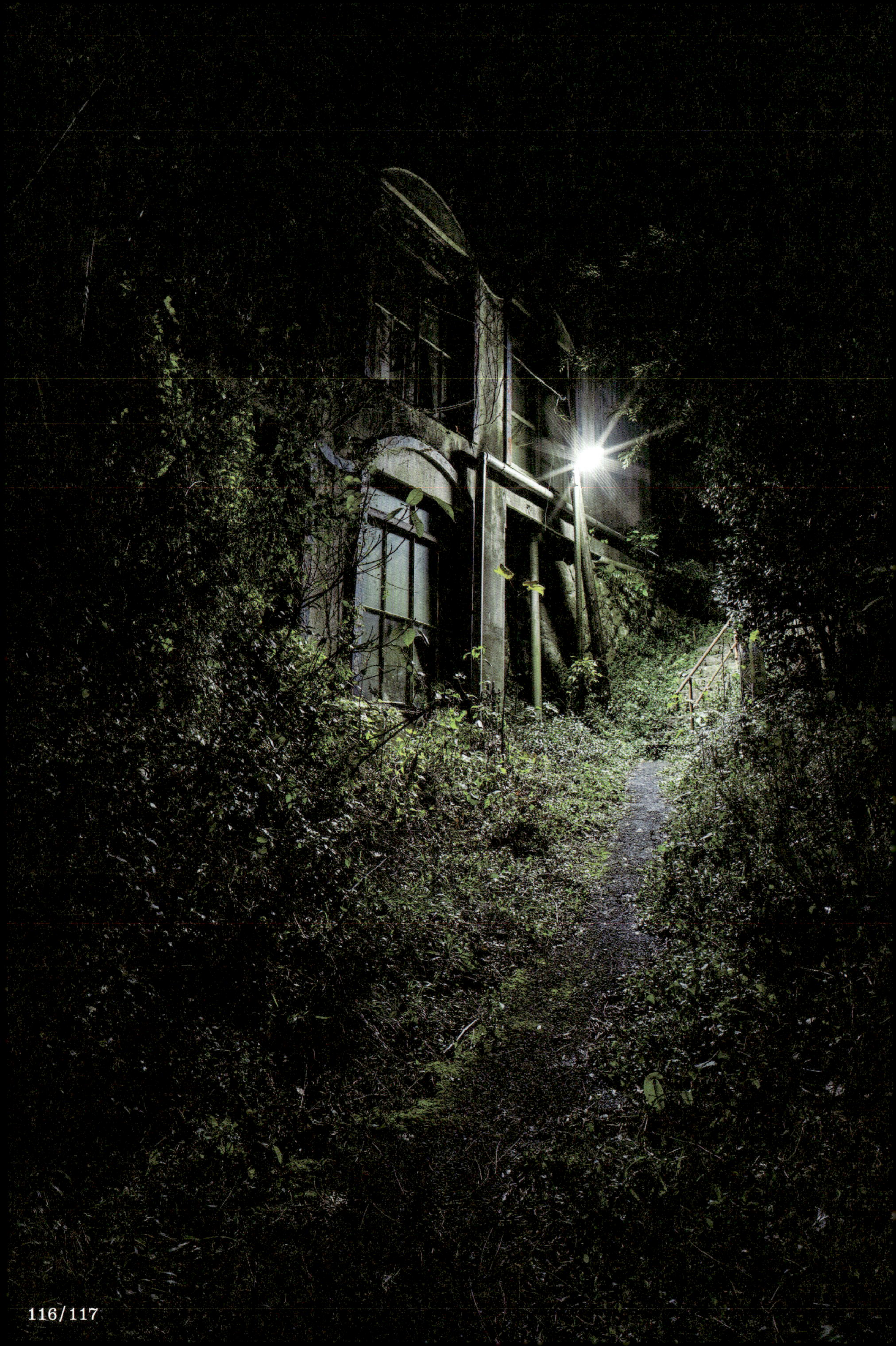

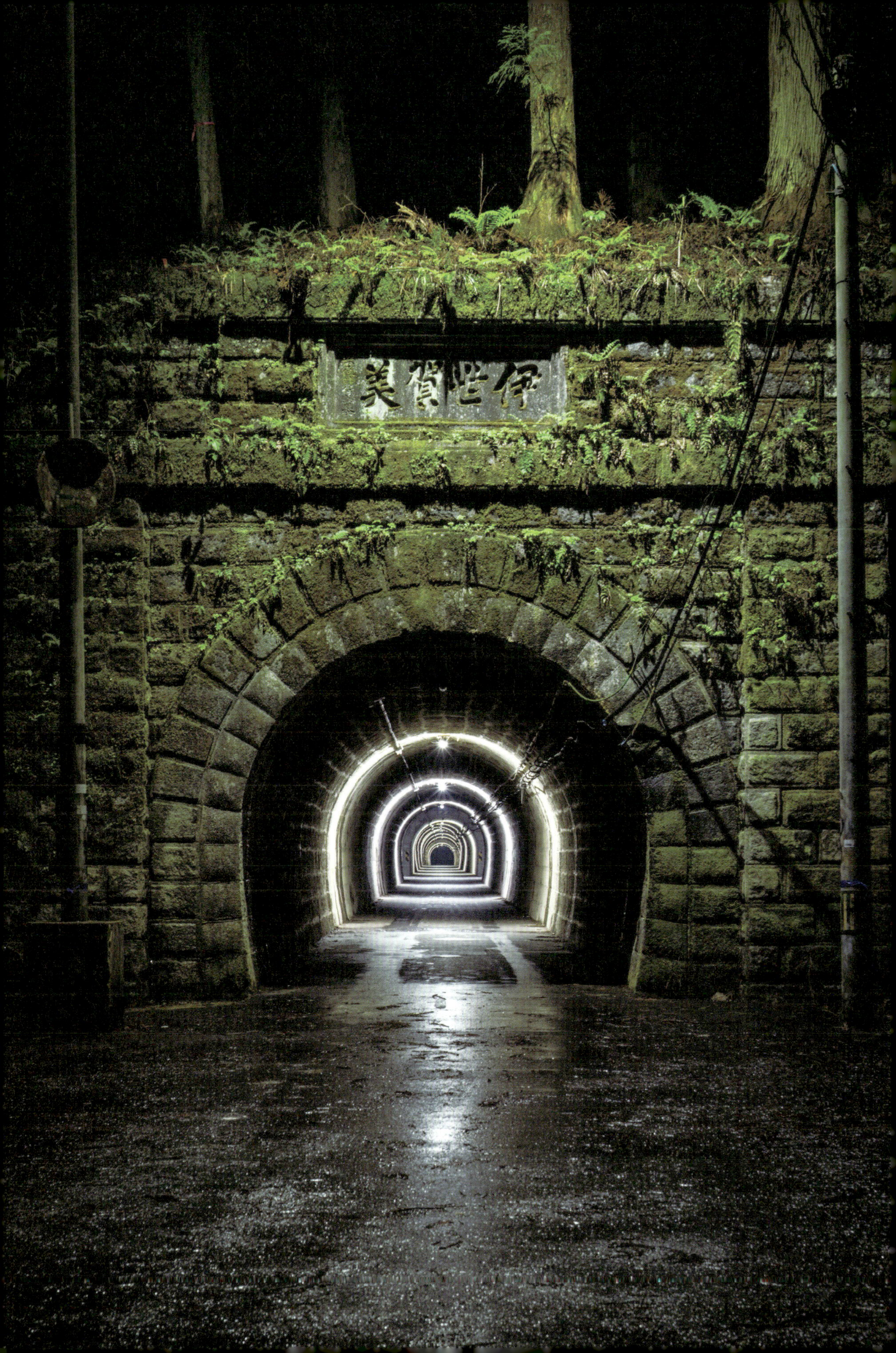
伊世賀美

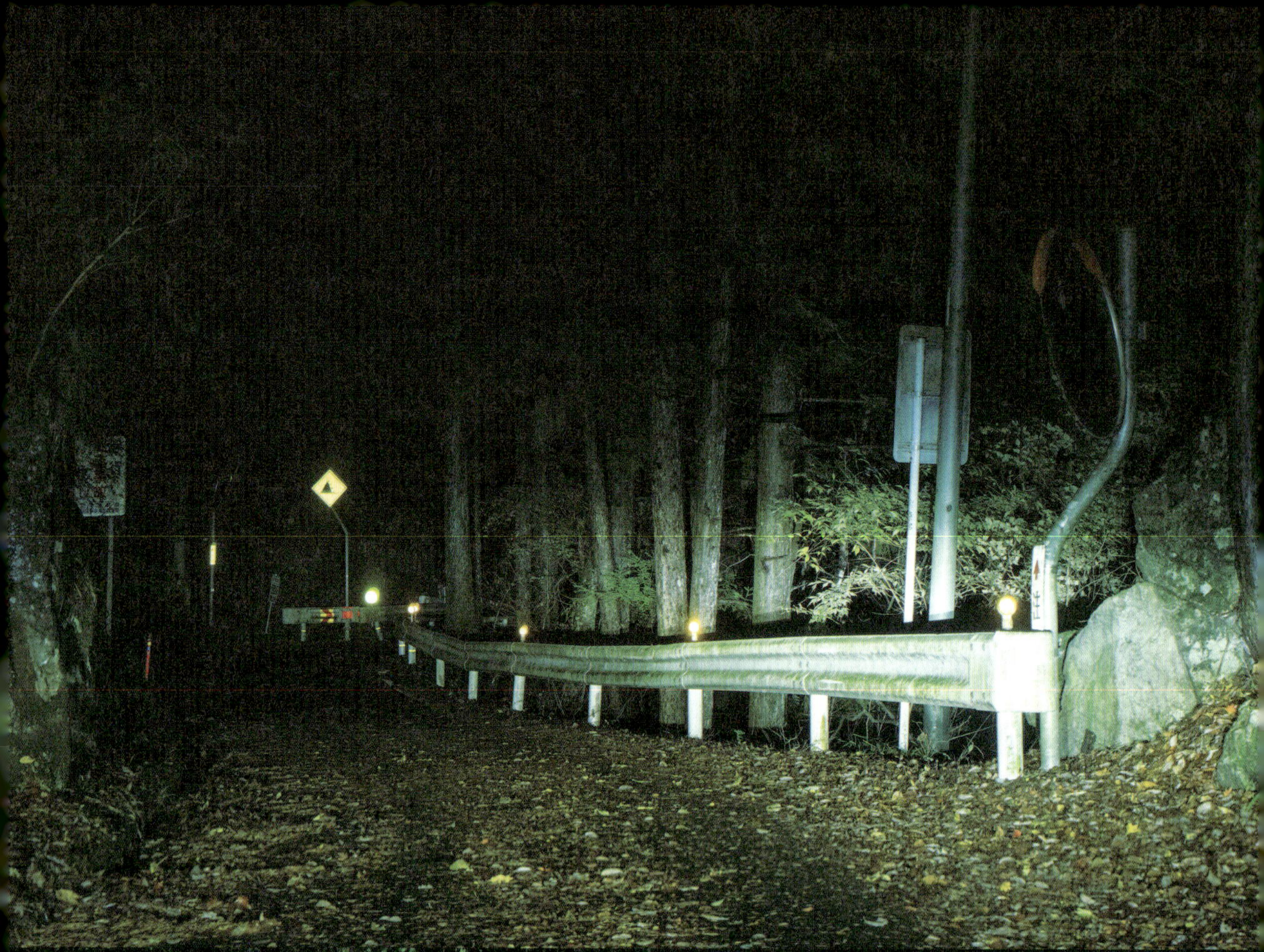

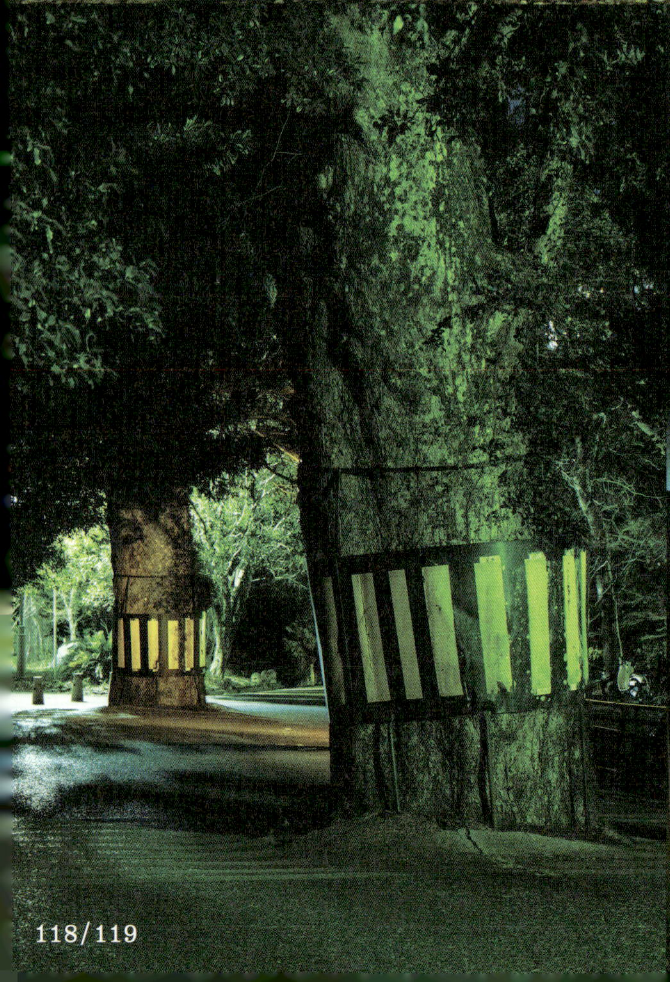

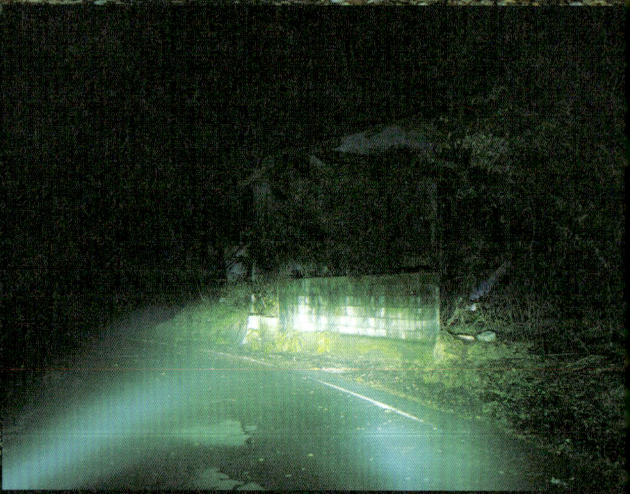

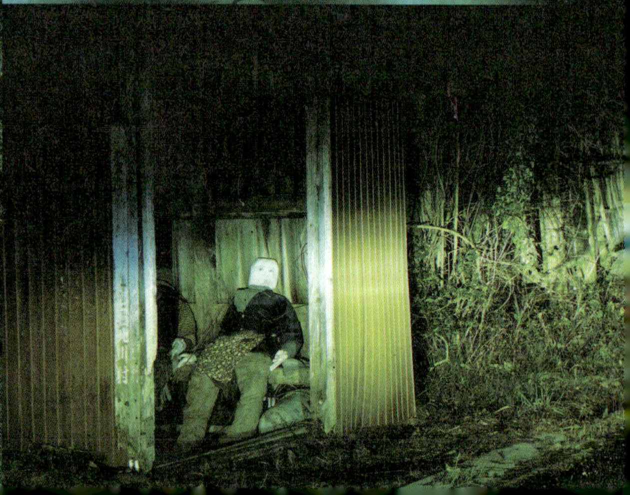

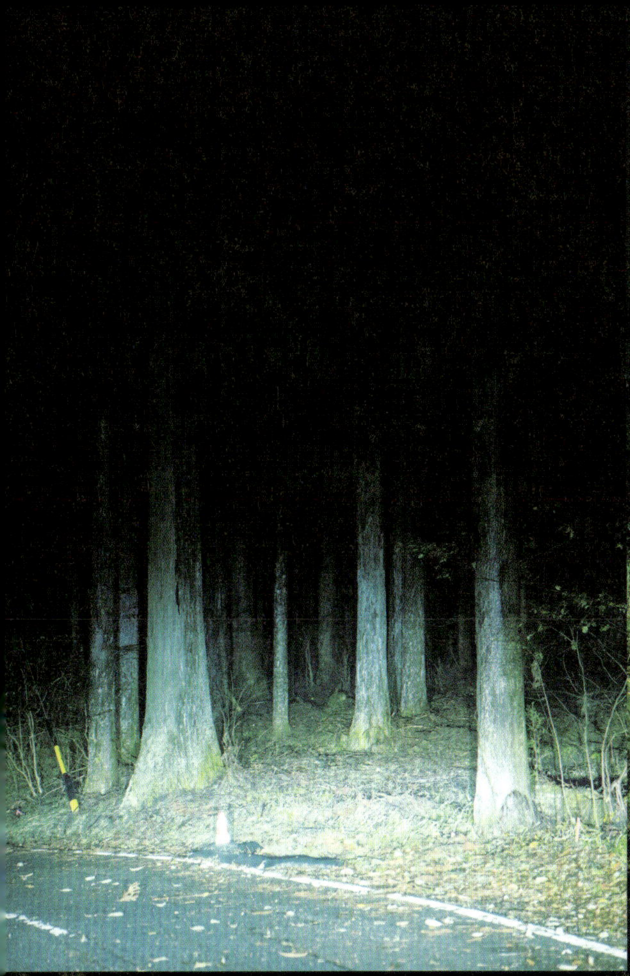

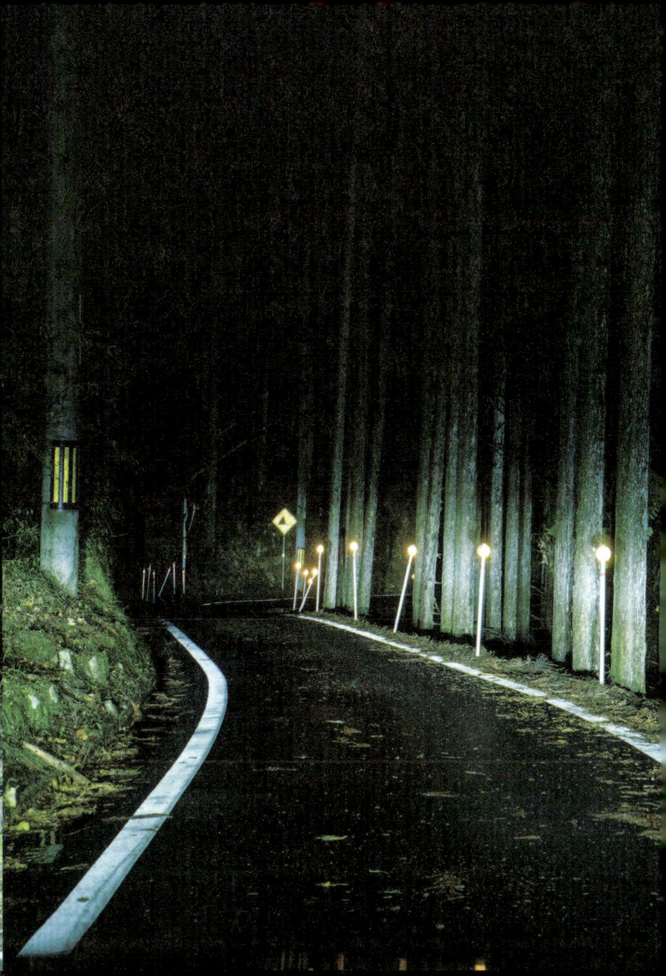

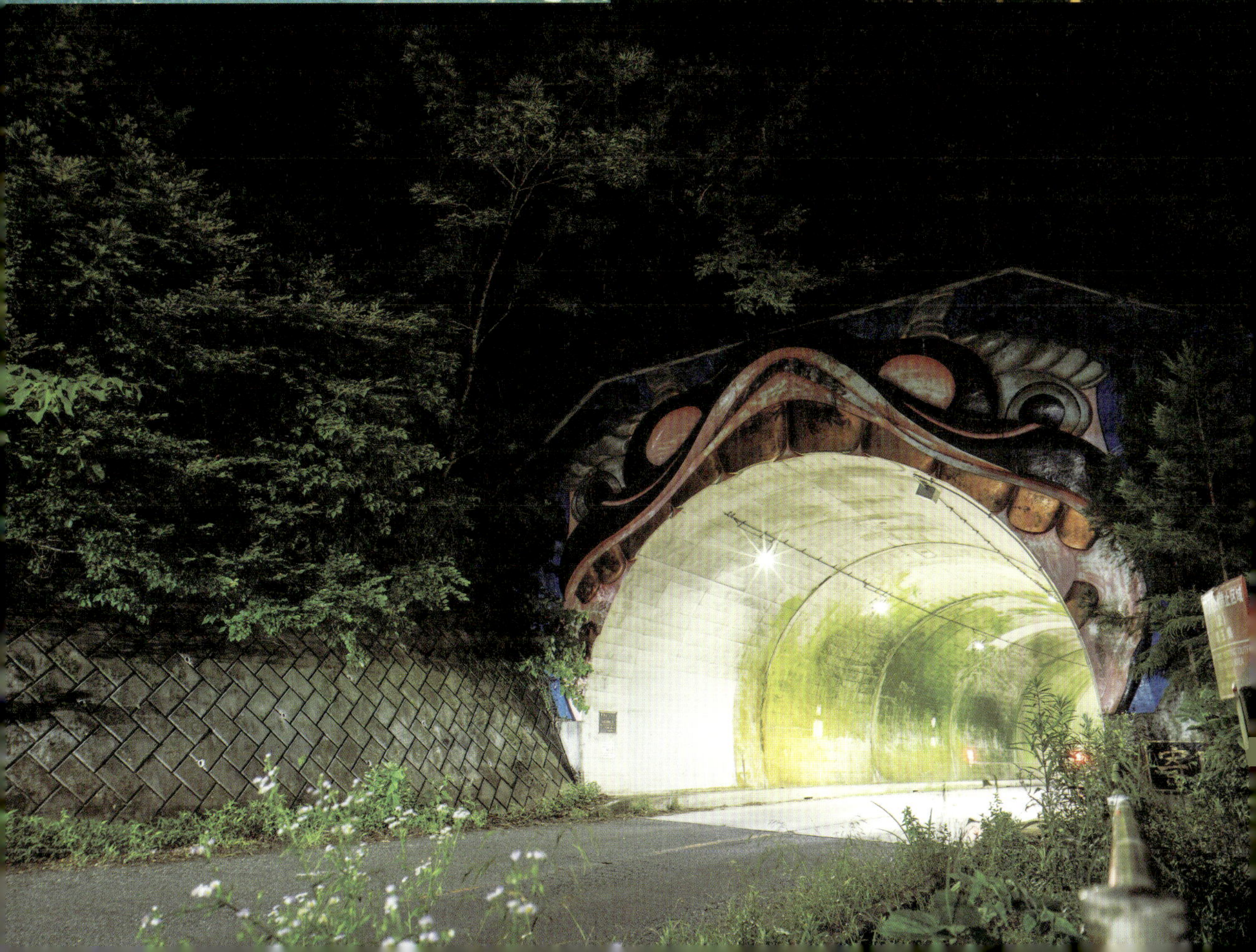

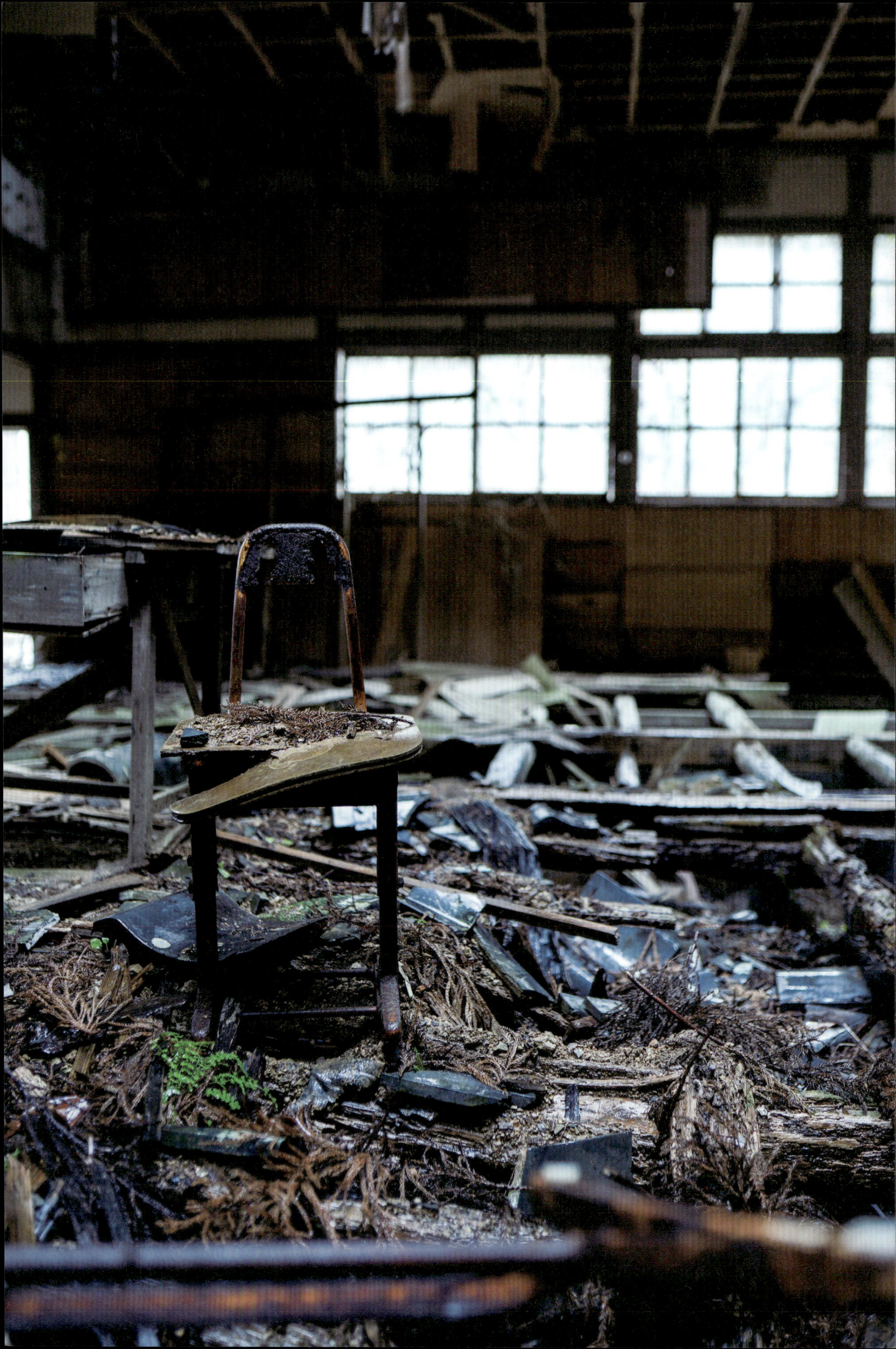

僕がこの場所で目にした光景に間違いはなかった。

間違っていたのは、自分のほうだった。

子供の頃の記憶も、懐かしく感じたあの風景も、
すべてがこの場所が作り出した偽りだったようだ。

それでも、心のなかで感じた「懐かしさ」だけは、
きっと本物だったのだろう。
……たとえ、それがただの錯覚だったとしても。

現実は、この場所に比べれば平坦で、退屈な、
固定化されたルーティンにすぎなかった。
だから、僕は風景に、記憶に、
流されることを望んでいたのだろう。

懐かしさなんて、
都合のいい幻想に過ぎないのかもしれない。
けれど僕は、それにすがらずにはいられなかった。

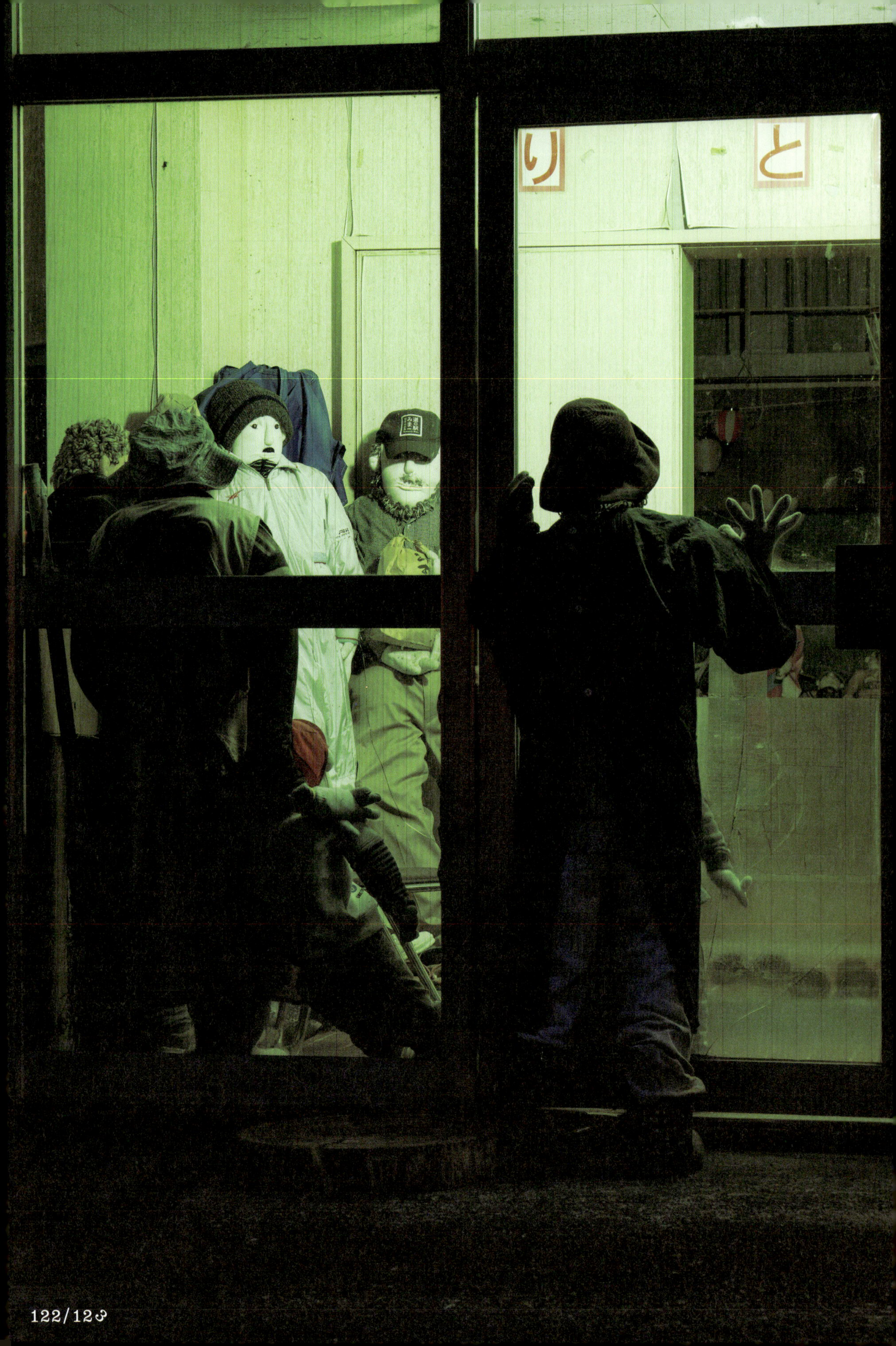
り
と

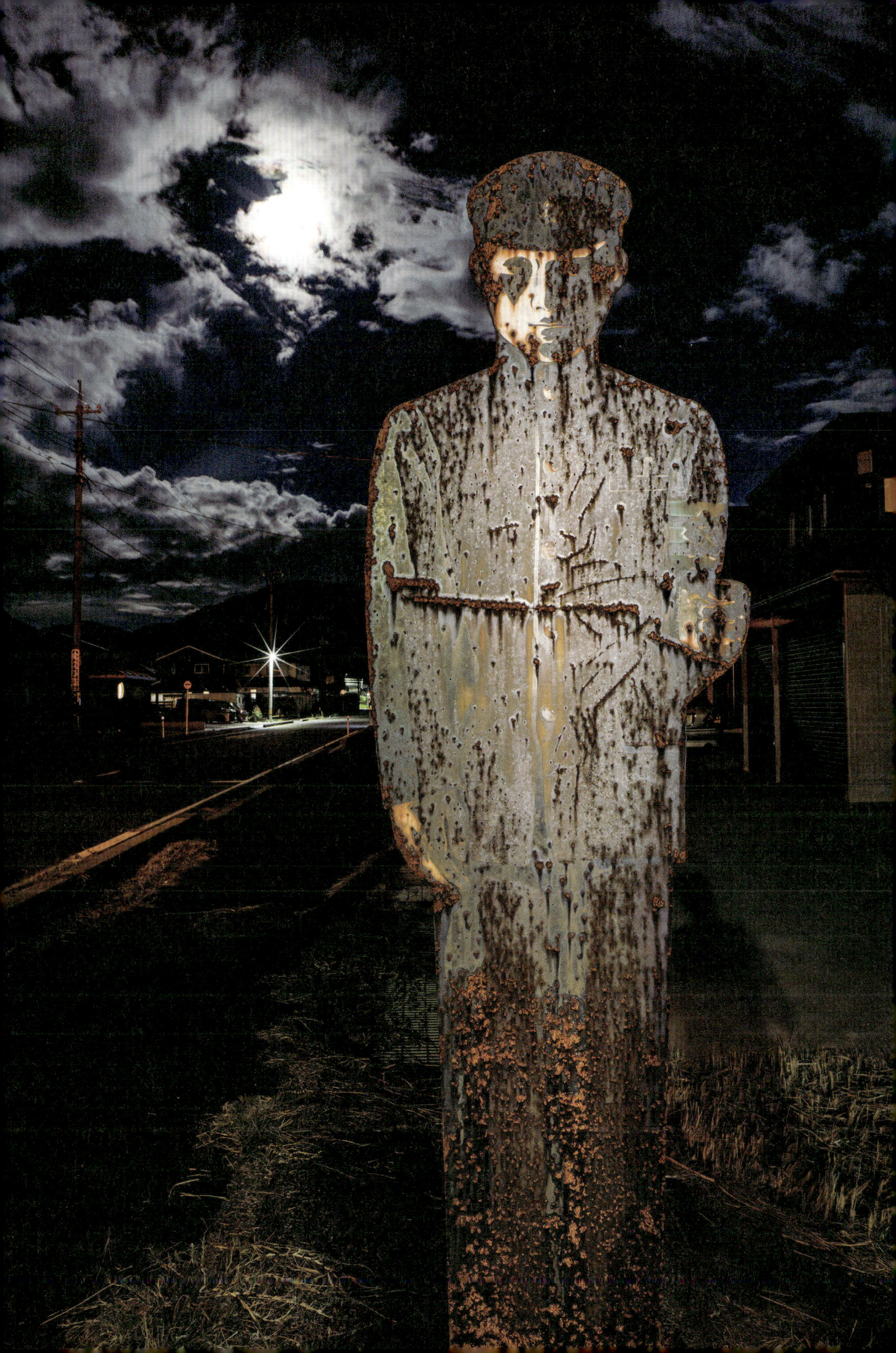

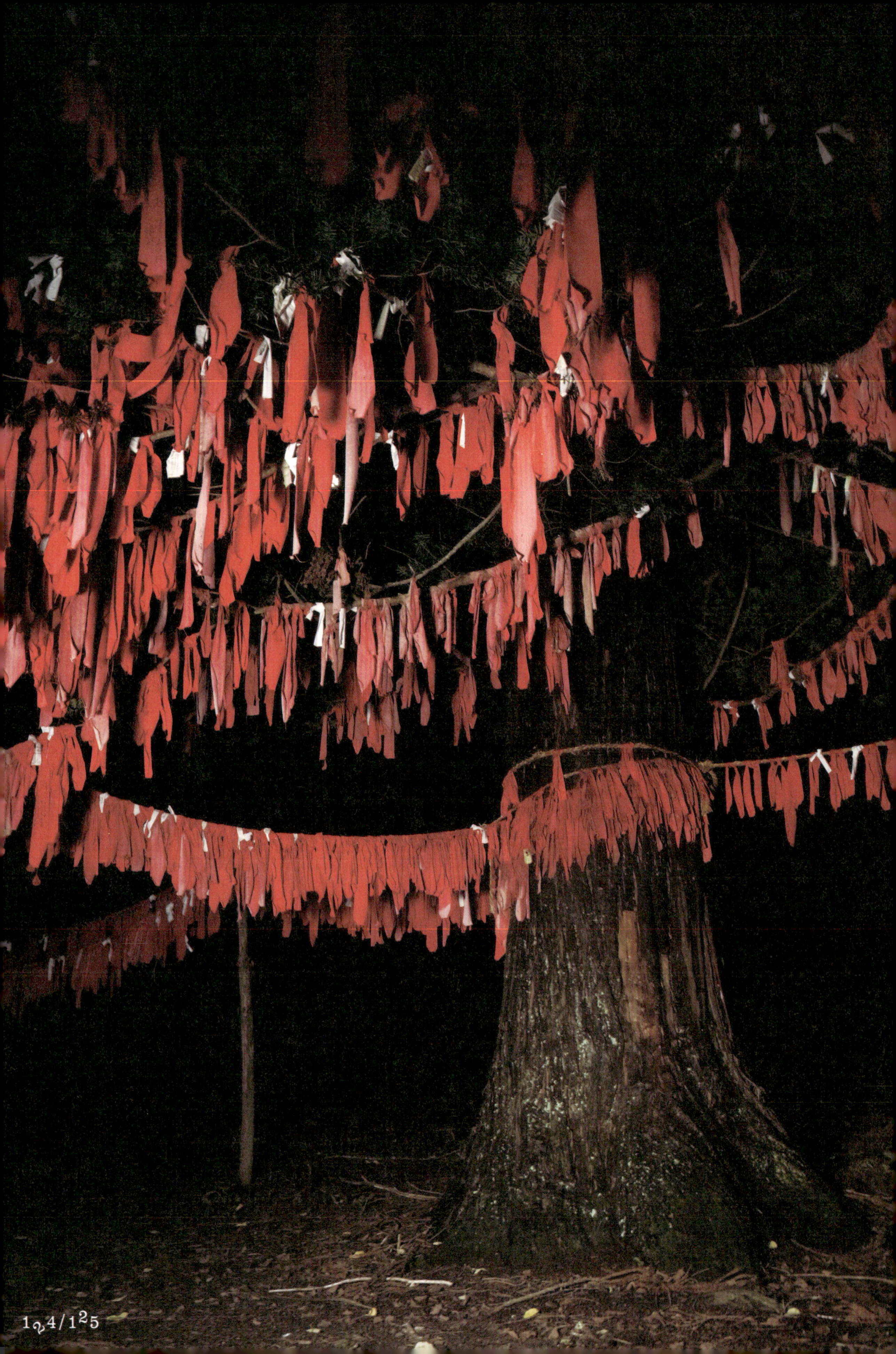

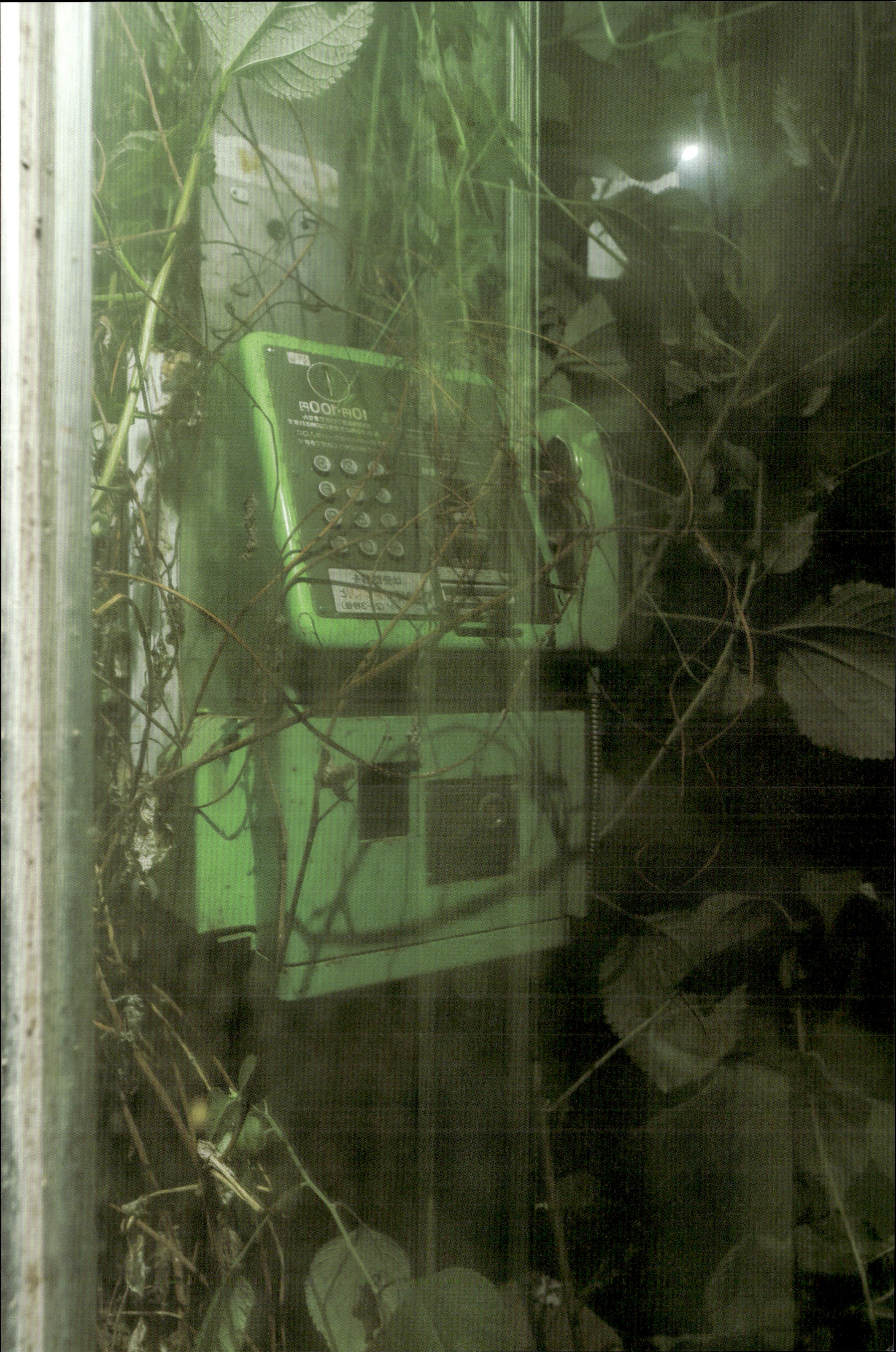
10円·100円

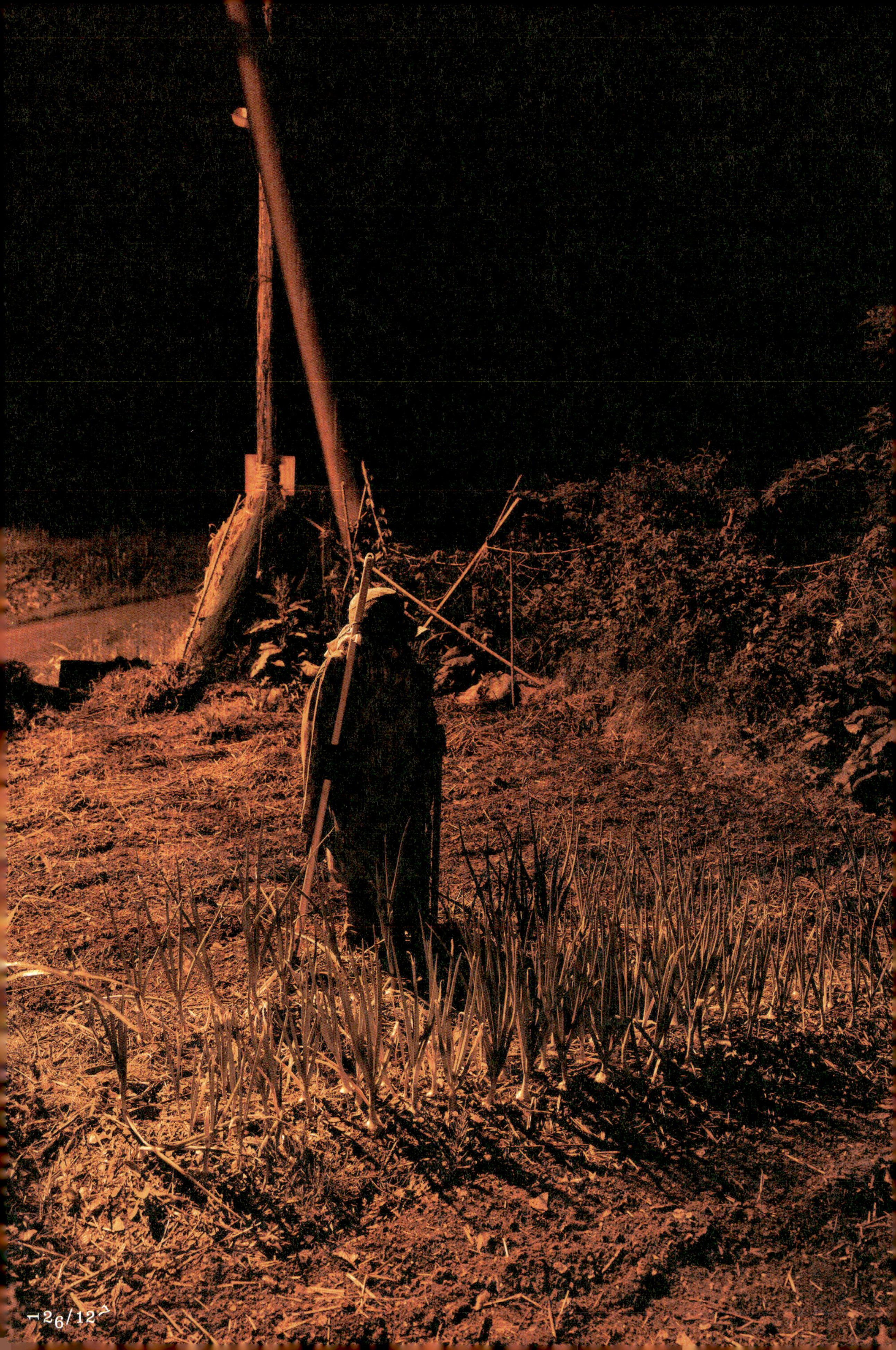

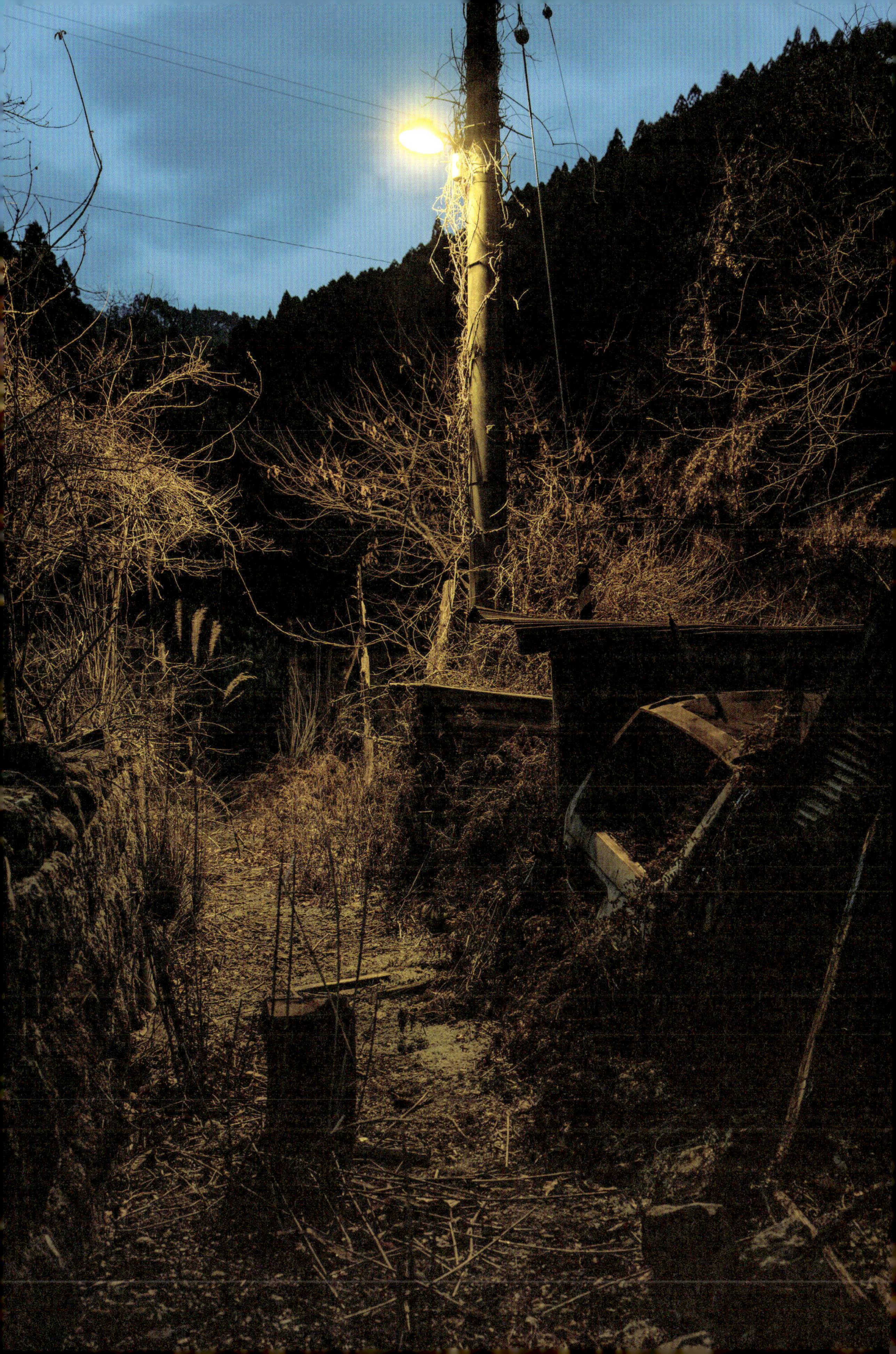

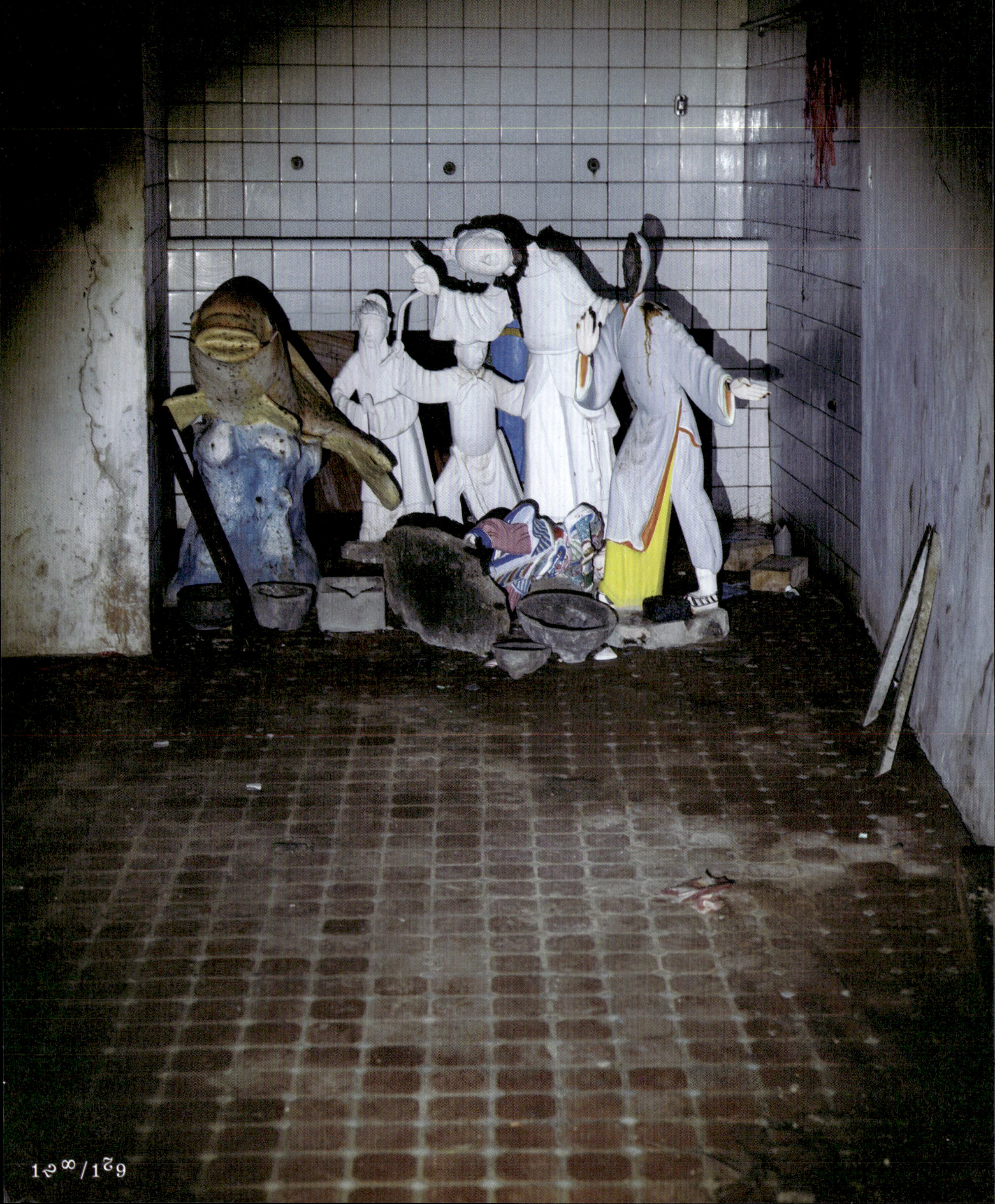

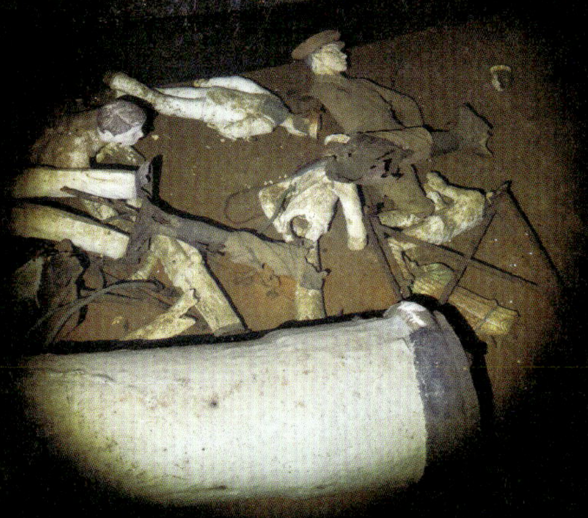

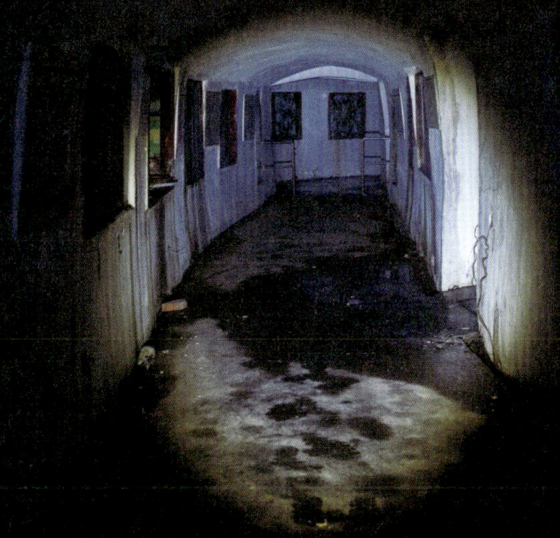

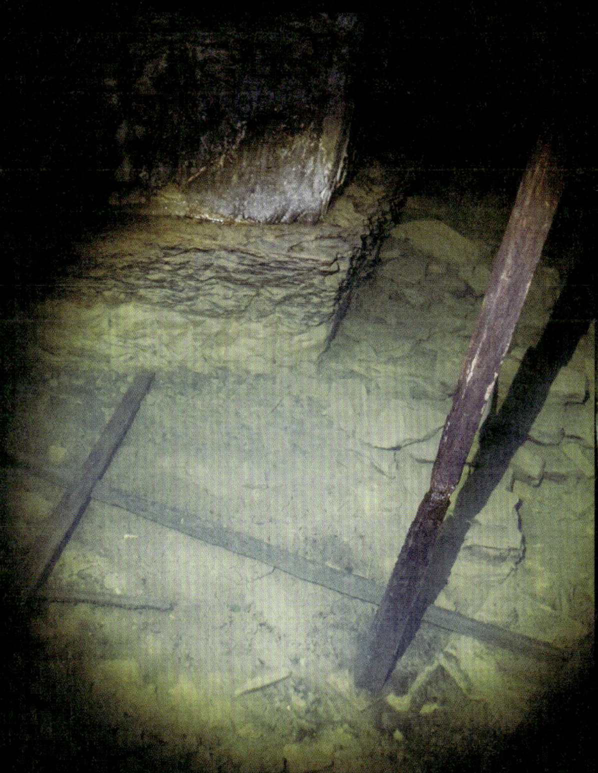

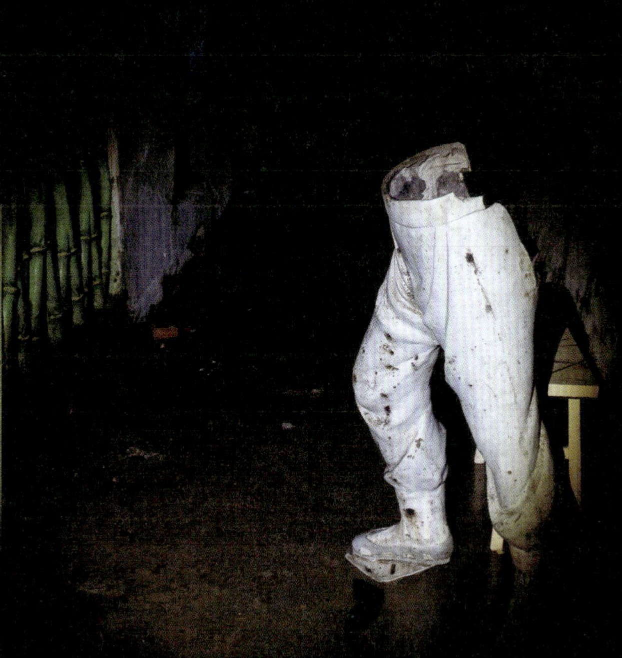

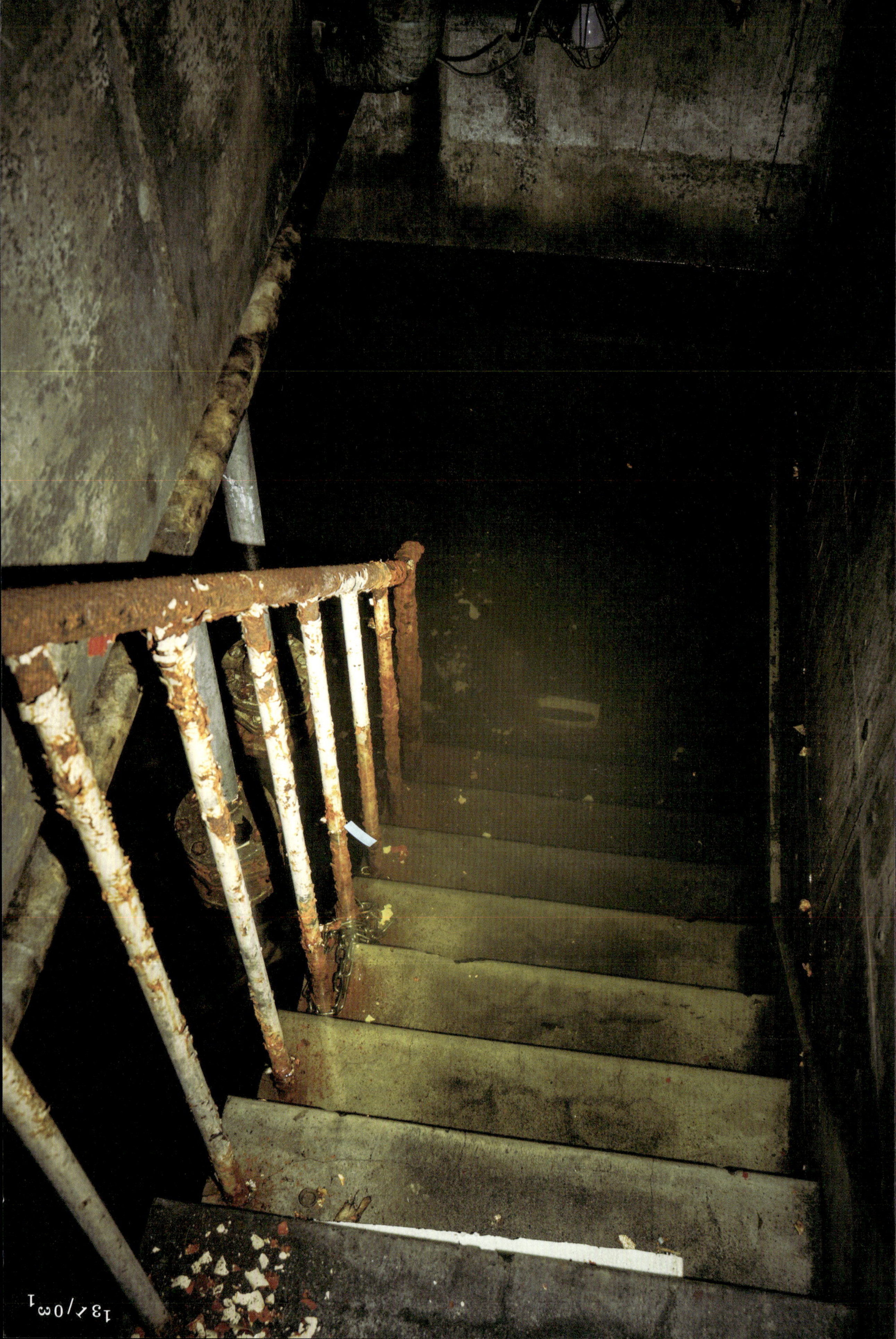

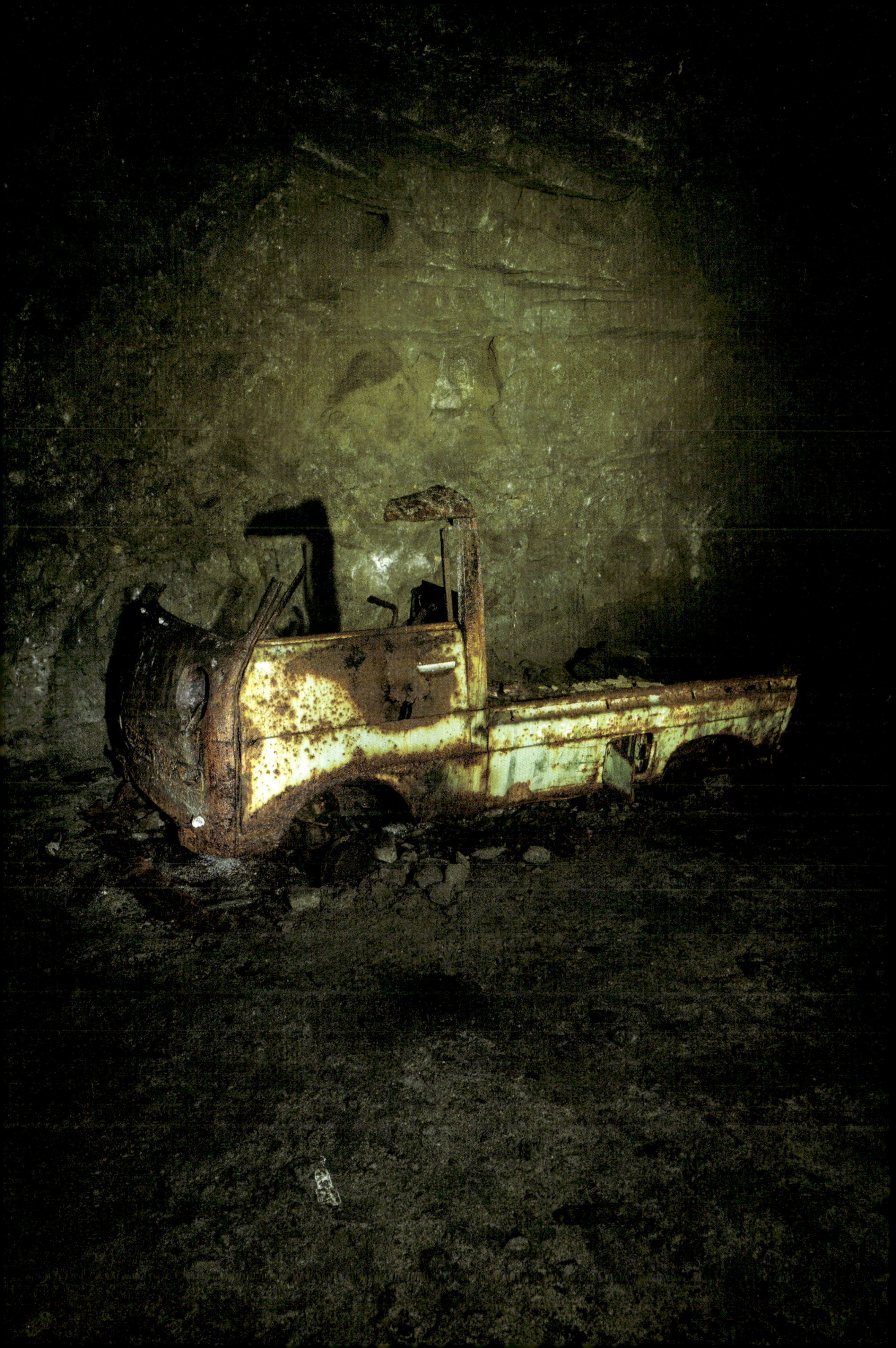

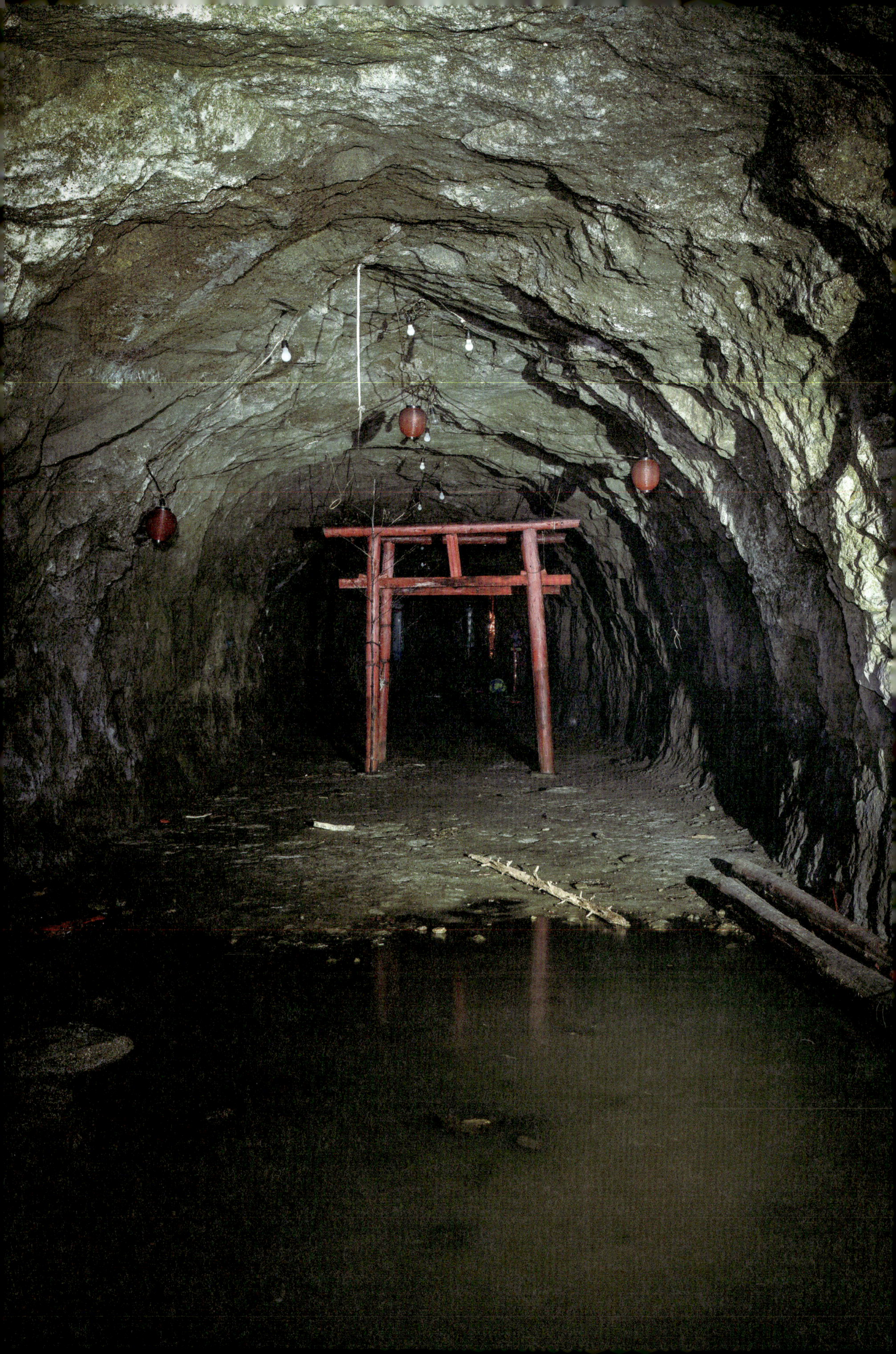

Epilogue

ツクツクボウシのけたたましい鳴き声で目が覚めた。
見慣れた部屋の壁を、夕暮れの光が淡く照らしている。
全身が汗で濡れていた。
机に突っ伏した状態から顔を上げると、
カレンダーは9月になっている。

視線を机に戻し、そこにある写真集を手にした。
草に埋もれる赤錆びたトンネルの表紙。
退職の日、書店で目にして無性に惹かれた1冊だった。

廃校の木の匂い、錆びた駅舎の音、草むらの湿った風……
やはりこの場所を歩いた感覚が残っている。

ふと思いを巡らせる。
このゲートを抜けた先の歪んだ世界のどこかで、
“もう一人の僕”がまだ旅を続けているのではないかと。
永遠に終わらない夏の、出口を探して―

不意に写真集の中から、
誰かがこちらを見ている気配がした。
部屋が闇に染まってゆく。
その瞬間、「パタッ」とページを閉じる音が聞こえた。

作品リスト

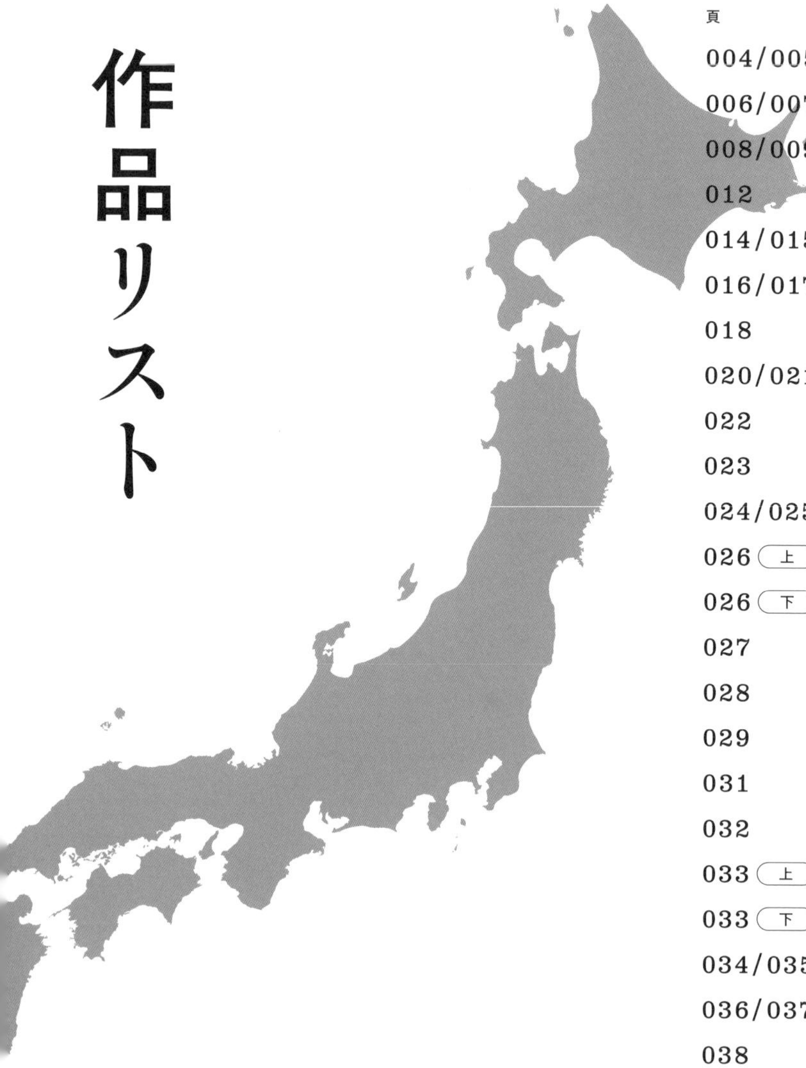

頁	作品名	地域
004/005	窓が並ぶ廃校	和歌山
006/007	大岩神社	京都
008/009	軍人像 #1	愛知
012	8月32日の入口 #1	北海道
014/015	8月32日の入口 #2	北海道
016/017	蔦這う教室	山口
018	崩れかけの廊下	三重
020/021	雨を待つ傘	三重
022	本を残したまま朽ちる図書室	青森
023	廃校にあったマット	徳島
024/025	苔むした廃校の廊下	青森
026（上）	廃校の放送室	和歌山
026（下）	木々を映す廃校のプール	奈良
027	朽ちたラケット	奈良
028	学生の絵	埼玉
029	半身の人体模型	岡山
031	眠る人体模型	青森
032	廃村の小さな学校	静岡
033（上）	夕暮れの廃校	青森
033（下）	鳴らないオルガンピアノ	青森
034/035	緑の額縁	山口
036/037	踏切鳥居(昼)	埼玉
038	草木に溶け込む廃車両	山形
040（上）	美祢線・重安駅	山口
040（左下）	とまれみよ	山口
040（右下）	草に呑まれる線路	山口
041	苔むすレール	台湾
042/043	旧三河大草駅	静岡
044	のと鉄道の保存車	石川
045	幽霊列車	岡山
046/047	擬態するマンション	静岡
048	薄霧が漂う路地裏階段	静岡
050/051	ローラー滑り台 #1	岡山
052	廃村のおばけ電灯(昼)	高知
053（上）	廃村に残されたトラック	高知
053（左下）	子供の道	高知
053（右下）	廃村の廃神社	高知
054	月崎トンネル	千葉
055	青木ヶ原に沈むバイク	山梨

056	蔦が絡む椅子	関東
057	パチンコ屋ジャングル	関東
058 上	廃墟の打ちっぱなし #1	石川
058 下	廃墟の打ちっぱなし #2	石川
059	廃墟の遊園地	宮城
060	鄙びた廃旅館	滋賀
061	辿り着けない橋	栃木
062	薄霧の鉱山跡 #1	岩手
063	薄霧の鉱山跡 #2	岩手
064	壁のような廃ホテル	鹿児島
065	祭畤大橋	岩手
066	鬼怒川廃旅館群	栃木
067 上	木造と鉄筋の増築旅館	熊本
067 下	黄昏に沈む廃旅館	石川
069	プランターと化した球形遊具	奈良
070	舞台のような石切場 #1	関東
071	舞台のような石切場 #2	関東
072/073	皇大神宮	福岡
074	大石峠／廃道	福岡
075	大石峠／隧道	福岡
076/077	レトロランプシェードのある旅館	兵庫
078	モンスターテレビ	四国
080	遊ばれなくなったアーケードゲーム	関東
081	遊ばれなくなったUFOキャッチャー	滋賀
082	廃墟のメリーゴーランド	北海道
083	黄昏時の登りエスカレーター	福井
084	汚れたボールプール	秋田
085	ローラー滑り台 #2	岡山
086	電話ボックス温室(昼)	九州
087	すこし昔の自動販売機	東北
088/089	ポスト集会場	埼玉
090/091	寺と案山子たち	大分
093	四角いダム穴	千葉
094	青空を映す廃道	関東
095	青空へ向かうエスカレーター	関東
096/097	廃墟の教習所	岐阜
098	軍人像 #2	愛知
099 上	山の目	神奈川
099 下	石仏の森	富山

100	夕方の学童看板	鳥取
101	手結港可動橋	高知
102/103	来世墓地石鳥居	奈良
104	釣り人の案山子	徳島
105	会話する案山子	徳島
106/107	小泉稲荷神社	群馬
108/109	踏切鳥居(夜)	埼玉
111	廃屋の曇りガラス	静岡
112	路地奥の顔	東京
113 上	街中の廃神社	東京
113 下	換気塔	東京
114	雨夜の信号機(青)	大阪
115	雨夜の信号機(赤)	大阪
116	路地裏階段へ続く道	静岡
117	旧伊勢神トンネル	愛知
118 上	Googleマップで ナビされた峠道#1	愛知
118 左下	六角道	長崎
118 右下·上	Googleマップで ナビされた深夜の峠 #2	愛知
118 右下·下	小屋に潜む案山子	四国
119 左上	Googleマップで ナビされた深夜の峠 #3	愛知
119 右上	Googleマップで ナビされた深夜の峠 #4	愛知
119 下	寄国土トンネル	埼玉
120	崩壊した学校の椅子	和歌山
122	のぞき見する案山子	徳島
123	夜の学童看板	鳥取
124	卯子酉神社	岩手
125	電話ボックス温室(夜)	九州
126	畑仕事をする案山子	徳島
127	廃村のおばけ電灯(夜)	高知
128	人工洞窟の宗教施設 #1	台湾
129 左上	人工洞窟の宗教施設 #2	台湾
129 右上	人工洞窟の宗教施設 #3	台湾
129 左下	人工洞窟の宗教施設 #4	台湾
129 右下	人工洞窟の宗教施設 #5	台湾
130	水没した地下階段	北海道
131	錆びついたトラック	東海
132	洞窟鳥居	東海

toshibo 略歴

1988年埼玉生まれ。珍スポットや奇祭などを紹介するブログを運営する中で廃墟の撮影を始める。現在はカメラの他、ドローンで撮影した国内外の廃墟の写真や動画、既視感を感じるショートムービーなどをSNS中心に投稿しつつ、毎年展示も行なっている。「変わる廃墟展」(TODAYS GALLERY STUDIO運営)2018年〜毎年参加。著書に『ゲーム旅』(芸術新聞社)、「ホラークリエイターズファイル視禍」参加(玄光社)など。その他、メディア向け、書籍向けの写真提供多数。

X (旧Twitter)　Instagram　TikTok　YouTube　個人サイト

8月32日
toshibo 写真作品集

2025年8月31日　初版第1刷発行
2025年9月15日　第2刷発行

著　者　toshibo
発行者　相澤草多
発行所　芸術新聞社
〒101-0052
東京都千代田区神田小川町2-3-12 神田小川町ビル
TEL　03-5280-9081 (販売課)
FAX　03-5280-9088
URL　http://www.gei-shin.co.jp

印刷・製本　シナノ印刷
デザイン　石川祐基 (デザイン急行)

©toshibo, 2025 Printed in Japan
ISBN 978-4-87586-832-3 C0071

乱丁・落丁はお取り替えいたします。
本書の内容を無断で複写・転載することは著作権法上の例外を除き、禁じられています。

Toshibo Photography Collection
"August 32"

Any misprinted or missing pages will be replaced.
Unauthorized copying or reproduction of the contents of this book is prohibited, except for exceptions under copyright law.

Geijutsu Shinbunsha Inc.
Kanda Ogawamachi Building, 2-3-12
Kanda Ogawamachi, Chiyoda-ku, Tokyo
101-0052, Japan
URL http://www.gei-shin.co.jp

©toshibo, 2025 Printed in Japan
ISBN 978-4-87586-750-0 (Outside Japan)